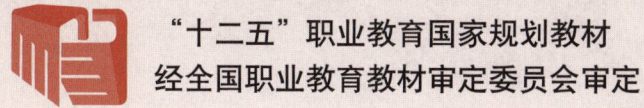

"十二五"职业教育国家规划教材

经全国职业教育教材审定委员会审定

出纳操作技术

（第三版）

新世纪高等职业教育教材编审委员会 组编

主　编　张格杨　吴树罡

副主编　王成艳　赵海霞

刘俊杰　夏志忠

主　审　麻鹏波

大连理工大学出版社

图书在版编目(CIP)数据

出纳操作技术 / 张格杨，吴树罡主编. -- 3 版. --
大连：大连理工大学出版社，2021.11（2023.1 重印）
新世纪高等职业教育大数据与会计专业系列规划教材
ISBN 978-7-5685-3348-5

Ⅰ．①出… Ⅱ．①张… ②吴… Ⅲ．①会计－出纳实
务－高等职业教育－教材 Ⅳ．① F231.7

中国版本图书馆 CIP 数据核字 (2021) 第 221995 号

大连理工大学出版社出版
地址：大连市软件园路 80 号　　邮政编码：116023
发行：0411-84708842　邮购：0411-84708943　传真：0411-84701466
E-mail：dutp@dutp.cn　　　URL：https://www.dutp.cn
大连图腾彩色印刷有限公司印刷　　大连理工大学出版社发行

幅面尺寸：185mm×260mm　　　印张：18.75　　　字数：480 千字
2014 年 10 月第 1 版　　　　　　　　　　2021 年 11 月第 3 版
2023 年 1 月第 2 次印刷

责任编辑：郑淑琴　　　　　　　　　　　　责任校对：王　健
封面设计：对岸书影

ISBN 978-7-5685-3348-5　　　　　　　　　　定　价：57.00 元

前　言

　　根据国家教材委员会印发的《全国大中小学教材建设规划（2019—2022年）》、教育部印发的《职业院校教材管理办法》（教材〔2019〕3号）和《高等学校课程思政建设指导纲要》（教高〔2020〕3号）等新的文件要求，结合大数据背景下出纳岗位工作内容和结算工具新变化，我们组织企业、银行有关人员和会计专业骨干教师对"十二五"职业教育国家规划教材《出纳操作技术》（第二版）进行了全面修订。

　　本教材突出了以下特色：

　　1. 对接真实企业岗位要求，突出职业能力培养

　　教材编写坚持问题导向，针对企业出纳岗位职业能力要求，以理论必须、够用为度，突出应用、技能为原则，以真实企业为蓝本设计仿真企业及其业务案例组织教材内容体系，真实再现出纳业务办理的基本过程，理实一体，强化培养学生出纳业务能力和职业素质养成，满足学生初次就业需要。

　　2. 一例贯通，融教学做于一体

　　教材设计坚持系统观念，从应聘出纳到上岗基本技能训练、日常业务办理、期末结账与编制报表，最后到年末出纳资料整理归档，以及特殊事项——出纳工作交接办理，形成了前后贯通衔接的案例体系。每个学习任务都设计了工作情境、知识准备、业务办理等环节，并在此基础上进一步进行总结与提升训练，让学生在学、做过程中获得专业知识与技能。

　　3. 立德树人，融入思政元素，落实德艺双馨育人任务

　　本次修订全面贯彻党的教育方针，落实立德树人根本任务，在内容设计上坚定育人方向，将思政学习和技能学习互相融合、有序设计，实现为党育人、为国育才的教育目标；将每个任务职业素质能力的培养融入教材，任务结束可通过填写综合自评表对素质提升情况进行自我评价；将润物细无声的思政元素融入教材，最终实现塑造学生正确价值观、养成良好的人格品质的目的。

4. 形式新颖，仿真性强

教材采用了新的票据单证和税率，高度仿真的业务表单，图文并茂，形象生动地呈现了出纳工作情境；对每个任务进行专项总结，设计了分岗模拟的提升训练案例。教材设计形式新颖，仿真性强，实现了与实践的零距离对接，力求让学生看得懂、愿意学、学得好。

5. 校企融合、校校联合打造精品教材

编写团队成员来自国家骨干高职院校、具有代表性的企业单位及银行机构，组成了"校企合作"编写团队，使教材既吸收了丰富的出纳课程教学经验，又融入了企业一线会计主管、银行主管的实战经验，使学生在学习中获得真实的业务操作体验。

6. 配套立体化学习资源，满足线上线下混合式教学需要

为方便院校教师教学和学生围绕知识点拓展学习，以二维码方式增加了电子活页内容，同时配套了微课讲解、课程标准、教学课件、电子教案、技能训练答案等丰富的数字化教学资源，形成可学、可练、可测试的全方位立体化教学体系。

本教材由滨州职业学院张格杨、吴树罡担任主编；滨州职业学院王成艳、东营职业学院赵海霞、滨州职业学院刘俊杰、愉悦家纺有限公司夏志忠任副主编；滨州职业学院仝童、邵婷，山东职业学院李勉参与编写。具体编写分工如下：吴树罡、王成艳编写项目一，邵婷、仝童编写项目二，张格杨编写项目三，刘俊杰、夏志忠编写项目四，赵海霞、李勉编写项目五。最后，由张格杨、吴树罡总纂成书，滨州职业学院麻鹏波审阅定稿。

在编写本教材过程中，编者参考、引用和改编了国内外出版物中的相关资料以及网络资源，在此表示深深谢意！相关著作权人看到本教材后，请与出版社联系，出版社将按照相关法律规定支付稿酬。

本教材是相关高职院校与企业倾力合作和集体智慧的结晶。尽管在教材的特色建设方面我们做出了很多努力，但不足之处在所难免，恳请各相关高职院校和读者在使用本教材的过程中予以关注，并将意见或建议及时反馈给我们，以便修订时完善。

编　者

2021 年 11 月

所有意见、建议请发往：dutpgz@163.com

欢迎访问职教数字化服务平台：https://www.dutp.cn/sve/

联系电话：0411-84707492　84706671

目　录

项目一　岗前准备

　　如果你是刚走出大学校门的毕业生，计划应聘出纳岗位，你首先要对出纳工作、任职条件等有一个全面的认知，树立正确的职业态度。如果想成为一名优秀的出纳员，正确、规范、熟练地书写会计数字，整点货币并迅速识别真伪，熟练使用点钞机、保险柜、电子支付密码器等常用机具，正确使用与妥善保管相关印章等都是必备的基本技能。本项目将帮助你进行这些知识与基本技能训练，让你迈出成功的第一步。

★ 项目分析

　　本项目主要进行出纳任职的岗前训练，具体内容包括：认知出纳工作，明确出纳任职要求，任职前的岗位基本技能训练，办理出纳工作交接。

　　通过学习达到以下要求：

　　1.了解出纳岗位职责，并开始培养做一名出纳员的责任与分工理念；理解企业出纳岗位与其他财务工作岗位的关系，并开始培养做一名出纳员的协作配合意识。

　　2.了解出纳业务内容与工作流程，明确做一名出纳员的专业学习方向。

　　3.了解出纳职业素质要求，并开始培养做一名出纳员的职业态度。

　　4.具备出纳岗位任职的基本技能，具体包括熟练掌握会计数字书写的规范要求，并能正确、规范地书写大小写金额、日期等会计数字；熟练掌握货币整点的常用方法与技巧，能熟练、规范地整点货币；熟练掌握人民币真伪识别方法，能在整点货币过程中迅速识别假币；熟悉点钞机、保险柜等出纳常用机具的功能，能熟练地使用与管理这些机具；熟知出纳工作常用印章及其用途，能正确使用和管理印章。

★ 学习导图

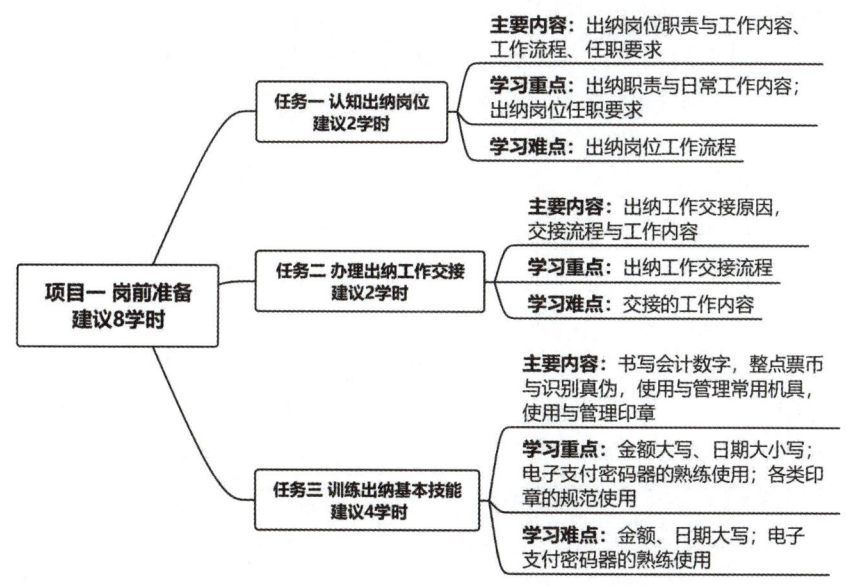

任务一　认知出纳岗位

📖 任务导入

2019年12月18日，山东利康食品有限公司原任出纳赵红辞职，公司急于招聘一名出纳员。2019年12月20日，公司在某招聘网上发布招聘信息，具体内容如下：

我公司现招聘出纳员一名，具体如下：

1. 岗位职责：

(1)负责日常收支的管理和核对；

(2)办公室基本账务的核对；

(3)负责收集和审核原始凭证，保证报销手续及原始单据的合法性、准确性；

(4)开具支票及负责登记现金、银行存款日记账，按时编制银行存款余额调节表；

(5)负责记账凭证的编号、装订，保存、归档财务相关资料；

(6)负责开具各项票据；

(7)负责单位的社保、工资指标、劳动合同及各种证照的年检工作；

(8)完成公司下达的各项工作指标。

2. 任职资格：

(1)具备从事会计工作所需要的专业能力；

(2)滨州市户口；

(3)年龄在25-32周岁；

(4)大学专科以上学历，会计学或财务管理专业毕业；

(5)具有出纳工作经验者优先录用；

(6)熟悉操作财务软件，以及Excel、Word等办公软件；

(7)记账要求字迹清晰、准确、及时，账目日清月结，报表编制准确、及时；

(8)工作认真，态度端正；

(9)了解国家财经政策和会计、税务法规，熟悉银行结算业务。

试用期3个月，工资待遇面议。期满后，转为正式员工，公司负责缴纳"三险一金"。联系电话：0543-51277778，联系人：郑先生。

2019年12月28日，即将会计专业毕业的高职学生魏丽前来应聘，并从众多竞争者中脱颖而出。尽管魏丽尚无工作经验，但公司考虑到她的计算机操作、点钞、财务软件使用等基本功扎实，有很强的上进心和学习能力，因此决定录用她，并通知她2020年1月2日到公司报到。

2020年1月2日魏丽按要求来公司报到，并开始熟悉公司出纳工作岗位。

📒 任务分析

出纳工作是单位经济工作和会计核算的前沿阵地，出纳员是各单位的管家，任何单位的经济活动都必须由出纳通过现金及银行存款的收支来完成。普遍认为出纳是个苦差事，而且都是诸如收支现金、购买签发支票、跑银行等简单工作，因此有"在企业不做出纳"的说法。其实不然，出纳工作是单位财务管理的基本环节，是控制单位每笔交易活动的第一道关口，也是出纳走向成功的踏板，是财务主管的基石，其重要性是不言而喻的。出纳员与会计员都是一个独立核算单位重要岗位上的工作人员，二者工作地位是平等的，是分工协作、相互配合、相互制约的财务管理有机整体。在正确认识出纳工作重要性的基础上，作为一名优秀的出纳人员，还要树立正确的职业态度，养成良好的职业习惯，并具备娴熟的职业能力。

本任务主要进行以下内容学习：

1.认知出纳工作。

2.熟悉出纳岗位职责与日常业务工作。

3.掌握出纳岗位工作流程。

4.明确出纳岗位任职要求。

📒 任务目标

1.知识目标

(1)认识出纳工作对于企业的重要性，了解岗位职业与出纳日常业务工作内容，及其与会计岗位的关系。

(2)了解出纳岗位的基本工作流程。

(3)熟悉出纳岗位任职要求。

2.能力目标

能够为求职企业出纳进行充分的岗位认知准备。

3.素质目标

(1)培养初入出纳岗位诚实守信的职业品格和爱岗敬业的责任担当意识。

(2)培养初入出纳岗位严谨细致、精益求精的工匠精神以及对企业内外部沟通协调的服务意识认知。

💰 工作情境

由于公司出纳员赵红辞职，公司计划招聘一名新任出纳员，2019 年 12 月 20 日，公司在某招聘网上发布招聘信息。即将会计专业毕业的高职学生魏丽做了充分的准备后前来应聘。

知识准备

一、出纳工作认知

（一）出纳的含义

出纳是财务工作术语，是货币资金的支出与收入。具体而言，出纳一词有两层含义，一是指出纳工作，二是指出纳人员。

出纳工作，一般是各单位会计部门专设的出纳岗位或人员，按照有关规定和制度，办理本单位的现金收付、银行结算及有关账务处理，保管库存现金、有价证券、财务印章及有关票据等工作的总称。

德知技并修

出纳与会计
之间的关系

出纳人员，从广义上讲，既包括会计部门的出纳工作人员，也包括业务部门的各类收款员（收银员）；狭义的出纳人员仅指会计部门专门从事货币资金收付与核算工作的人员。

出纳与会计都属于企业的财务人员，二者的工作既有区别，同时也存在着许多必然的联系。

（二）出纳工作职能

1. 收付职能

货币资金收付职能是出纳工作最基本的职能。企业经营活动中的货款收付、往来款项的结算，各种有价证券以及金融业务往来的办理，都必须由出纳进行。

2. 反映职能

出纳要通过其特有的现金与银行存款日记账、有价证券的各种明细分类账，对本单位的货币资金和有价证券进行详细地记录与核算，以便为经营管理和投资决策提供所需的完整、系统的财务信息。

3. 监督职能

出纳要对本单位货币资金收付业务的合法性、合理性和有效性进行全过程监督。

4. 管理职能

对货币资金和有价证券进行保管，对银行存款和各种票据进行管理，对企业资金使用效益进行分析研究，为企业投资决策提供金融信息。

（三）出纳机构设置与人员配备

为确保现金、银行存款等货币资金安全完整，要求企业在日常工作中建立和完善货币资金核算和管理制度，这一制度最显著的特点就是要求钱账分管：一部分会计人员（会计员）分管账目（总账与明细账）；一部分会计人员（出纳员）负责货币资金的收、付、存，互相制约，共同管理好货币资金。

各单位可根据单位规模大小和货币资金管理的要求，结合出纳工作的繁简程度来设置出纳机构。出纳机构一般设置在会计机构内部，如各企事业单位财会科、财务处内部设出纳室或专职出纳员。有些公司，为了资金的有效管理和总体利用效益，将其若干分公司的全部或部分出纳业务集中起来办理，成立专门的内部结算中心，实际上也是出纳机构。

实行独立核算的企业单位，在银行开户的行政、事业单位，有经常性现金收入和支出业务的企业、行政事业单位，都应配备专职或兼职出纳人员。出纳人员配备的多少，主要取决于本单位出纳业务量的大小和繁简程度，一般可采用一人一岗、一人多岗、一岗多人等几种形式。根据内部控制制度的要求，出纳人员不得兼任稽核、会计档案保管以及收入、支出、费用、债权债务账目登记等工作。

二、出纳岗位职责与日常业务工作

（一）现金结算与核算

1. 办理现金收入与日常管理，保证现金收付的正确性和合法性。

2. 及时逐笔登记库存现金日记账，并逐日结出余额。

3. 保管好现金，每天工作日结束前，及时与专门负责人共同盘点库存现金，并与有关报表和凭证进行核对，做到账实、账表、账证、账账相符。

4. 严格遵守现金管理制度，库存现金不得超过定额，不坐支，不挪用，不得用白条抵顶库存现金，确保现金实存数与账面结存数一致。

（二）银行存款结算与核算

1. 办理银行业务的日常结算。

2. 及时逐笔登记银行存款日记账。

3. 每月至少一次与银行核对存款余额，并编制银行存款余额调节表。

4. 掌握银行存款余额，不得签发空头支票，不得出租、出借公司银行账户。

（三）往来款项结算

1. 严格执行现金管理制度和结算制度，根据公司规定的费用报销和收付款审批手续，办理现金及银行结算业务。

2. 及时清理账目，督促借款人员按时报账，杜绝个人长期欠款。

（四）有价证券、支票、印章等重要财物保管

1. 认真保管现金，对于超限额库存现金及时送存银行。

2. 妥善保管各种有价证券，确保其安全和完整无缺；妥善保管财务印章，严格按照规定用途使用；妥善保管保险柜密码及钥匙，不得任意转交他人。

3. 严格管理空白收据和空白支票，详细登记备查账簿，认真办理领用、注销手续。

（五）其他职责

1. 配合会计员做好每月的报税和工资的发放工作。

2. 按照国家外汇管理或结汇、购汇制度规定，办理外汇出纳业务。

3. 妥善保管有关会计资料，年底整理归档。

4. 服从领导安排，及时配合会计员做好其他日常工作。

三、出纳岗位工作流程

1. 按照企业设定的工作流程办理货币资金收付业务

例如，费用报销工作流程如下：

审核经办人员的费用凭证（如差旅费报销单及食宿差旅发票等）——→根据费用凭证金额付款——→在费用凭证上加盖"现金付讫"章——→交会计制证。

再如，银行存款收取（收货款）工作流程如下：

整理销售人员传来的支票、汇票、发票等业务凭证——→核查和补填进账单——→交财务主管背书——→送交银行进账并取回回单——→将回单交会计员制证。

2. 遵循特定程序进行相关的账务处理

账务处理具体工作内容包括填制、审核原始凭证，根据记账凭证登记日记账等账簿，对账与结账，编制出纳报表等。账务处理流程具体如图 1-1-1 所示。

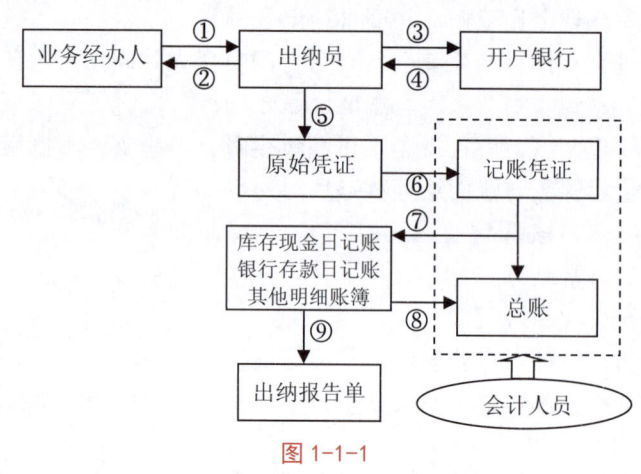

图 1-1-1

图中：

①持原始单据办理报销、借款、收货款等业务。

②审核单据，办理业务。

③持银行结算凭证办理转账、提现等业务。

④取回业务回单。

⑤整理审查业务单据。

⑥传递业务单据给各岗会计员制证。

⑦登记出纳账簿。

⑧对账。

⑨编制出纳报表。

四、出纳岗位任职要求

根据《会计法》《会计基础工作规范》等法规制度规定，对出纳人员的任职要求一般包括：

（一）任职总体要求

(1) 了解国家财经政策和会计、税务法规，熟悉银行结算管理规定。

(2) 熟练使用各种财务工具、计算机、办公软件和财务软件。

(3) 善于处理流程性事务，并具有良好的学习能力、独立工作能力和财务分析能力。

(4) 有较强的责任心，良好的职业操守，作风严谨，工作细致，并具备良好的沟通能力与团队精神。

　　根据《会计基础工作规范》第十六条的规定，国家机关、国有企业、事业单位任用会计人员应当实行回避制度。会计机构负责人、会计主管人员的直系亲属不得在本单位会计机构中担任出纳工作。需要回避的直系亲属为：夫妻关系、直系血亲关系、三代以内旁系血亲以及配偶关系。

（二）专业知识与业务技能要求

　　(1) 具备扎实的会计专业知识。从事出纳工作，出纳人员应通过教育学习掌握丰富的会计专业理论知识，每年按照国家有关规定参加会计业务培训，了解和掌握会计政策、专业知识的变化，提高业务水平，满足企业经营管理的需要。

　　(2) 掌握快速准确地清点钞票并识别真伪、使用与管理出纳常用机具、使用与管理财务印章等岗位基本技能；能熟练办理货币资金收支结算业务；能熟练进行日记账账务处理；能按企业要求编制出纳报表等。

（三）职业素质要求

　　出纳人员在工作中应具有爱国忠诚的基本职业素养，严格遵守各项国家财经法规和公司财务管理制度，具备诚实守信和爱岗敬业的基本职业品质和严谨细致、精益求精的工匠精神，牢固树立网络安全意识，严守工作纪律，善于对企业内外部沟通协调协作，努力提高工作效率和工作质量。除此之外，出纳人员还应特别注意要清正廉洁，坚持原则。

　　财政部门、业务主管部门应当定期检查财务人员遵守职业道德的情况，并作为财务人员晋升、晋级、聘任专业职务、表彰奖励的重要考核依据。财务人员违反职业道德的，由所在单位进行处罚。

五、了解利康公司

（一）公司基本情况

　　山东利康食品有限公司（以下简称利康公司）的基本情况见表 1-1-1。

表 1-1-1

单位名称	山东利康食品有限公司	法人代表	郑涛
公司地址	滨州市长江十二路 819 号	公司电话	0543-5127777
统一社会信用代码	91371600600039393H		
开户银行（基本账户）	中国建设银行滨州北海支行，行号：1053712	银行账号	3352028923567895
开户银行（一般存款账户）	中国农业银行滨州西城支行，行号：2057542	银行账号	7540010400056877
行业分类	制造业		
注册资金	5,000 万元	库存现金限额	9,200 元
主营业务	生产销售大豆蛋白粉、方便面、脱皮大豆、燕麦片、小麦粉、生榨豆油		
总经理	郑涛	出纳	魏丽
副总经理	张康健	记账会计	周全
会计主管	周亮	稽核会计	李晓娜

（二）公司主要客户及供应商

经过几年的经营，公司建立了稳定的客户网络，主要客户有德州市绿洲食品有限公司、青岛市福家乐商贸有限公司、中山市德福母婴用品贸易公司、滨城副食品批发有限公司、滨州红星副食批发公司、滨州华东食品公司、滨州人民连锁公司、山东济南人民百货有限公司、滨州市大庆食品有限公司等。

公司稳定的供应商主要有济南兴华商贸有限公司、山东振林粮油食品有限公司、淄博银河生物工程有限公司、滨州粮油食品有限公司、济南食品机械厂、济南中粮股份有限公司、上海宏大机械设备有限公司、淄博光华机械有限责任公司等。

🗄 业务处理

【业务】请教师模拟利康公司的招聘现场，并饰演公司招聘人员，学生以魏丽的身份求职，完成公司出纳招聘工作。

🗄 提升训练

在各类招聘网站上搜集整理企业出纳岗位的招聘信息，并对招聘条件、工作内容进行梳理分析和归纳总结。

📖 任务评价

一、任务测试

（一）单项选择题

1. 出纳一词的含义是（　　）。

A. 出纳工作　　　　B. 出纳法规　　　　C. 出纳人员　　　　D. A 和 C 都是

2. 出纳工作的最基本职能是（　　）。

A. 收付职能　　　B. 反映职能　　　C. 监督职能　　　D. 管理职能

3. 以下工作岗位不属于出纳的是（　　）。

A. 超市收银员　　　　　　　　　B. 银行现金柜柜员

C. 库存现金总账会计　　　　　　D. 银行存款日记账会计

（二）多项选择题

1. 出纳人员不得从事下列哪项工作（　　）。

A. 会计档案保管　　　　　　　　B. 债权债务账目登记

C. 收入、支出账目登记　　　　　D. 库存现金及日账和银行存款日记账登记

2. 严格遵守现金管理制度，库存现金的使用不允许出现下列哪些行为（　　）。

A. 在企业库存现金限额内支付　　B. 擅自坐支现金

C. 白条抵库　　　　　　　　　　D. 从本企业现金收入中直接用于支付

3. 下列各项属于出纳工作范围的有（   ）。

A. 现金结算与核算　　　　　　　B. 银行存款总账的登记

C. 财务印章的保管　　　　　　　D. 有价证券的保管

（三）判断题

参考答案

认知出纳岗位任务测试
参考答案与解析

1. 各单位可以根据规模大小和货币资金管理要求，结合出纳工作的繁简程度来设置出纳机构或出纳岗位。　　　　　　　　　　　　　　　　　　　　　　　　（   ）

2. 会计机构负责人和会计主管人员的直系亲属考核合格者可以在本单位会计机构担任出纳工作。　　　　　　　　　　　　　　　　　　　　　　　　　　　　（   ）

3. 出纳应每月至少一次与银行核对存款余额，并编制银行存款余额调节表。（   ）

二、综合自评

自评项目	自评内容	自评结果	
专业能力	规范地完成交接准备	A□　B□　C□　D□	A：85分及以上 B：75~85分 C：60~75分 D：60分以下
	规范地完成出纳工作移交	A□　B□　C□　D□	
素质提升	出纳工作交接中严格遵守国家财经法规和企业财务管理制度的职业素养提升	A□　B□　C□　D□	
	出纳工作交接中诚实守信、严谨细致的职业品格培养	A□　B□　C□　D□	
	出纳工作交接中善于沟通协调协作的服务意识提升	A□　B□　C□　D□	
查缺补漏 （分条列出尚未掌握的知识点和技能点）			

任务二　办理工作交接

📒 任务导入

《中华人民共和国会计法》规定："会计人员调动工作或者离职，必须与接管人员办理交接手续。"《会计基础工作规范》对会计工作交接做了更为详细的规定。遵循这些规定，企业出纳人员因工作调动、离职等原因不再继续担任出纳职务时，要做好工作交接，将有关工作和资料移交给后任出纳，以表示原工作的正式终结，分清接任前后的责任，并确保单位出纳工作的连续性。

按照相关法律法规和公司管理制度，在魏丽接任公司出纳之前，必须与上一任出纳做好工作交接。2020年1月3日，魏丽与前任出纳赵红、财务部门负责人周亮共同办理

工作交接手续。当天顺利完成了交接手续，魏丽也于1月3日正式接任公司的出纳工作。

任务分析

在当今社会，人才流动十分频繁，出纳人才亦不例外。企业出纳人员可能因辞职、企业内部工作变动等原因，不再继续担任原岗工作，需要将有关工作和资料移交给后任出纳人员。根据《会计法》《会计基础工作规范》等的相关规定，会计人员工作调动或因故离职的，必须将本人所经管的会计工作全部移交给接任人员，这是出纳人员应尽的职责，也是明确责任的重要措施。办好交接工作，可以使企业出纳工作前后衔接，顺利进行。会计法规要求，没有办清交接手续的，不得调动或者离职。

本任务主要进行出纳工作交接工作训练。

任务目标

1. 知识目标
(1) 理解出纳资料移交的重要意义及原因。
(2) 掌握出纳资料移交基本程序与工作内容。
(3) 掌握会计资料移交清册的编制方法。
2. 能力目标
(1) 能顺利完成出纳工作交接准备。
(2) 能规范地完成出纳工作移交。
3. 素质目标
(1) 提升出纳工作交接中严格遵守《会计法》《会计基础工作规范》等国家财经法规和企业财务管理制度的职业素养。
(2) 培养出纳工作交接中诚实守信、严谨细致、善于沟通协调协作的职业品格。

工作情境

由于公司出纳员赵红辞职，由公司新招聘的魏丽接任，2020年1月3日，二人与财务部门负责人周亮共同办理工作交接手续。

知识准备

一、工作交接原因

根据《会计法》《会计基础工作规范》等法律法规规定，企业出纳人员不再担任出纳职务或岗位职责调整时，原出纳人员必须将经管的出纳工作移交给接任人员。具体而言，当企业出现以下情况时，必须办理工作交接手续：

(1) 出纳人员辞职离开本单位。

(2) 企业内部岗位调整，出纳人员不再担任出纳职务。

(3) 财务机构内部岗位职责调整涉及出纳岗位职责变动。

(4) 出纳人员临时离职或者因病不能工作且需要接替或代理。

(5) 企业发生兼并、合并、分立、解散、破产等情况。

二、交接程序与工作内容

（一）交接准备

主要工作包括：正在办理的经济业务处理完毕，登记账簿，整理移交资料，编制移交清册等准备工作。

（二）交接办理

要按移交清册对财产物资、文件资料等逐项移交，具体包括：出纳账簿、凭证、报表等会计资料，现金、有价证券等贵重物品，银行存款账户，各种票据、印章、保险柜钥匙密码及其他实物等。交接时，要确保资料完整无缺，账实相符。此外，还需要移交方详细介绍诸如固定办理业务、历史遗留问题等。出纳人员办理交接手续，单位会计机构负责人、会计主管人员负责监交。

（三）交接后续

交接完毕后，交接双方和监交人员要在移交清册上签名或者盖章，并应在移交清册上注明：单位名称、交接日期、交接双方和监交人员的职务与姓名、移交清册页数以及需要说明的问题和意见等。移交完毕后，移交人员对所移交的会计凭证、会计账簿、会计报表和其他有关资料的合法性、真实性承担法律责任。接任人员应当继续使用移交的会计账簿，不得自行另立新帐，以保持会计记录的连续性。

业务处理

【业务】2020 年 1 月 3 日，在财务负责人周亮的监督下，原出纳赵红与接任出纳魏丽办理工作交接手续。

根据出纳工作交接的工作程序与工作内容，具体业务办理过程如下：

第一阶段，交接准备。

(1) 完成出纳账簿登记。将已经受理的货币资金收付业务完成库存现金、银行存款日记账以及相关明细账的登记工作，并在最后一笔余额后加盖人名印章。

(2) 对账。将出纳账与总账进行核对，并将库存现金日记账账面余额与实际结存数、银行存款日记账账面余额与银行对账单进行核对，确保一致无误。对保管的支票、发票、有价证券、重要结算凭证等进行清点，并按顺序登记核对。如有不符，查明原因。

(3) 整理应该移交的各项资料，对未了事项写出书面材料。清理核对各种借款、借据；分类整理各类现金、支票、发票、有价证券、结算凭证；整理清点各项账簿资料及归档的

出纳资料；对于已经到期但尚未结清的收支款项及其他未了事项做出书面说明。

(4)编制移交清册。列明应当移交的出纳凭证、出纳账簿、出纳报表、印章印鉴、现金、有价证券、支票簿、发票、文件、其他出纳资料和物品的具体名称或数量等内容。移交清册一式三份，交接双方各执一份，存档一份。

移交清册包括移交表与交接说明书两部分。移交表主要包括库存现金移交表、银行存款移交表、有价证券与贵重物品移交表、核算资料移交表、物品移交表等。

①编制库存现金移交表。赵红清点库存现金，核对账实相符。根据清点核对情况编制完成库存现金移交表，并签字或盖章（表1-2-1）。

②编制银行存款移交表。赵红进行银行对账，编制银行存款余额调节表，调节后账实相符。将编制的银行存款余额调节表、预留印鉴卡一同移交。根据银行存款移交情况编制完成银行存款移交表，并签字或盖章（表1-2-2）。

表1-2-1

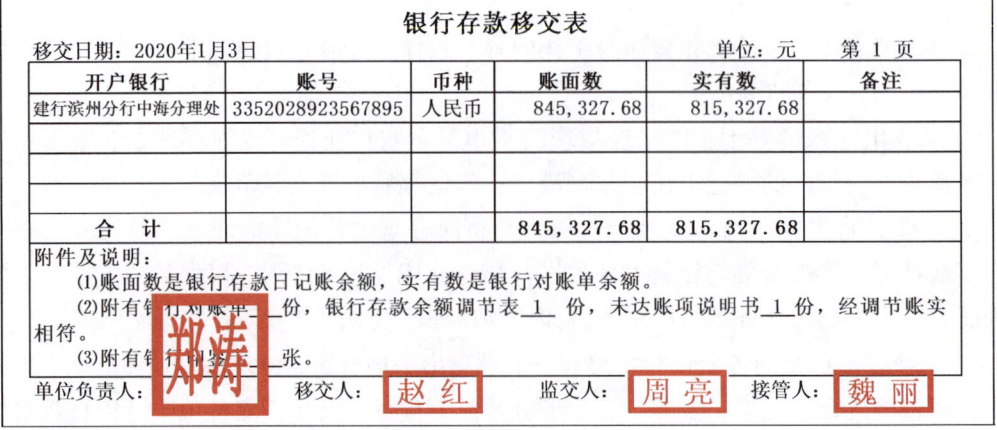

库存现金移交表

币种：人民币　　　移交日期：2020年1月3日　　　单位：元　　第 1 页

币别	数量	移交金额	接交金额	备注
100元	219	21,900.00	21,900.00	
50元	112	5,600.00	5,600.00	
20元	102	2,040.00	2,040.00	
10元	154	1,540.00	1,540.00	
5元	188	940.00	940.00	
1元	73	73.00	73.00	
5角	57	28.50	28.50	
1角	47	4.70	4.70	
合计		32,126.20	32,126.20	

单位负责人：郑涛　　移交人：赵红　　监交人：周亮　　接管人：魏丽

表1-2-2

银行存款移交表

移交日期：2020年1月3日　　　　　　　　单位：元　　第 1 页

开户银行	账号	币种	账面数	实有数	备注
建行滨州分行中海分理处	33520289235678 95	人民币	845,327.68	815,327.68	
合　计			845,327.68	815,327.68	

附件及说明：

(1)账面数是银行存款日记账余额，实有数是银行对账单余额。

(2)附有银行对账单 1 份，银行存款余额调节表 1 份，未达账项说明书 1 份，经调节账实相符。

(3)附有银行存 单 张。

单位负责人：郑涛　　移交人：赵红　　监交人：周亮　　接管人：魏丽

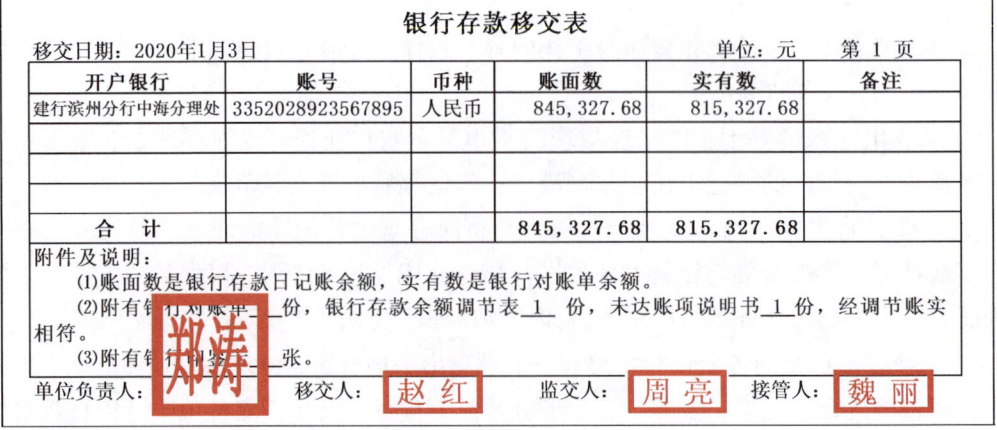

③编制有价证券与贵重物品移交表。赵红对有价证券和贵重物品分类整理，根据A股票、B股票、C债券的基本情况编制有价证券与贵重物品移交表并签字或盖章（表1-2-3）。

表1-2-3

有价证券与贵重物品移交表

移交日期：2020年1月3日　　　　　　　　　　　　　　单位：元　　第 1 页

名称	购入日期	单位	数量	面值	金额	到期日	备注
A股票	2009-05-15	张	5,000.00	100.00	500,000.00		
B股票	2010-06-20	张	1,000.00	100.00	100,000.00		
C债券	2010-10-18	张	5,000.00	5.00	25,000.00	2021-10-18	

单位负责人：郑涛　　移交人：赵红　　监交人：周亮　　接管人：魏丽

④编制核算资料移交表。赵红整理清点经管的核算资料，包括出纳凭证、账簿、报表、收据及收据领用登记簿、借据、银行结算凭证、票据领用登记簿，以及当年归档的核算资料。根据整理清点情况编制完成核算资料移交表，并签字或盖章（表1-2-4）。

表1-2-4

核算资料移交表

移交日期：2020年1月3日　　　　　　　　　　第 1 页

名称	年度	数量	起止时间	备注
库存现金日记账簿	2014	1本	2020.01.01至2020.01.02	
银行存款日记账簿	2014	1本	2020.01.01至2020.01.02	
其他货币资金-银行汇票账簿	2014	1本	2020.01.01至2020.01.02	
其他货币资金-外埠存款账簿	2014	1本	2020.01.01至2020.01.02	
收据	2014	1本		
收据领用登记簿	2014	1本	2020.01.01至2020.01.02	
现金支票	2014	1本		
转账支票	2014	1本		
支票领用登记簿	2014	1本	2020.01.01至2020.01.02	
现金盘点报告单	2014	4份	2020.01.01至2020.01.02	
已归档核算资料	2013	1套	2019.01.01至2019.12.31	

附件及说明：
已归档核算资料是指当年归档的2019年度出纳凭证、账簿、报表及其他资料，具体包括库存现金盘点报告单1册，库存现金日记账1本，银行存款日记账1本，其他货币资金-银行汇票明细账1本，其他货币资金-外埠存款明细账1本，出纳报告单1本，银行对账单1本，银行存款余额调节表1本，未达账项说明书1本，会计档案保管清册1册。

单位负责人：郑涛　　移交人：赵红　　监交人：周亮　　接管人：魏丽

13

⑤编制物品移交表。赵红整理清点经管的物品,主要包括文件柜、装订机、点钞机、保险柜、打印机、复印机、财务印章等出纳用品与用具。根据清点情况编制完成物品移交表并签字或盖章(表1-2-5)。

⑥编制交接说明书。交接说明说应将移交表中无法列入或尚未列入的内容进行具体说明。具体格式见表1-2-6。

表1-2-5

物品移交表

移交日期:2020年1月3日 第 1 页

名称	编号	型号	单位	数量	购入日期	备注
文件柜	08200305	百盾	组	3	2009.02.20	
装订机	08200308	得力	台	2	2009.10.12	
复印机	08201110	HPM4345x	台	1	2017.08.25	
打印机	08200811	HP1020	台	1	2014.05.20	
支票打印机	08201030	爱普生630K	台	1	2016.09.18	
保险柜	08200920	铁钢侠GTX9050	台	1	2015.11.25	
点钞机	08200702	康艺HT2900B	台	1	2013.12.18	
电脑	08200712	联想	台	1	2013.12.18	
财务印章	财务处转讫章、财务处现金收讫章、财务处现金付讫章、公司法人代表印章		个	4		

单位负责人:【郑涛】 移交人:【赵红】 监交人:【周亮】 接管人:【魏丽】

此外,接交人魏丽也要做好各种印章的更换工作,准备接交。

第二阶段,交接办理。

原出纳员赵红必须在规定的期限内按照移交清册,将财产物资、文件资料向接任出纳魏丽移交清楚,对于一些周期性业务以及在办未完事务还需要进行详细介绍。

在财务负责人周亮的监督下,赵红与魏丽进行正式移交。具体工作内容如下:

(1)移交库存现金、有价证券及贵重物品。库存现金根据日记账余额当面点清,有价证券要根据备查账簿余额当面点收,不得短缺(如有不一致,须由移交人说明原因,否则限期查清)。贵重物品根据登记簿的记录逐一清点验对后交接。交接完成后,接交人要在移交表上签章,以示收到。

(2)移交银行存款、票据并更换银行印鉴。交接双方应到开户银行当场复核银行存款实有余额。接交人还要核对银行存款日记账与银行对账单是否一致,核对一致后方可接交。如有不一致,应编制银行存款余额调节表调节相符,如调节后仍不一致,则必须查明原因,并在移交清册中注明。在银行存款日记账与银行对账单核对相符的条件下,移交有关票据,同时,接交人要更换预留在银行的私人印鉴。

(3)移交出纳核算资料。接交人要首先检查出纳核算资料是否完整无缺,确保无遗漏。然后核对日记账、明细账与总账是否相符,核对账实是否相符。核对无误后,接交人在各账簿交接余额下签名或盖章。交接双方还应在账簿启用表的交接记录中签章,并注明交接

表 1-2-6

出纳人员交接说明书

原出纳员赵红，因工作岗位调整，财务部决定由魏丽接替出纳工作，现办理如下交接手续：

一、交接日期

2020年1月3日。

二、具体业务的移交

1.库存现金：1月3日账面余额32,126.20元，与实存数相符，日记账余额与总账余额相符。

2.银行存款：1月3日账面余额845,327.68元，银行对账单余额815,327.68元，经编制银行存款余额调节表，核对相符。

三、移交的会计凭证、账簿、文件

1.本年度库存现金日记账1本；

2.本年度银行存款日记账1本；

3.本年度其他货币资金-银行汇票明细账1本；

4.本年度其他货币资金-外埠存款明细账1本；

5.空白现金支票16张（11223310号至11223325号）；

6.空白转账支票11张（11223321号至11223330号）；

7.收据1本；

8.收据领用登记簿1本；

9.支票领用登记簿1本；

10.本年度现金盘点报告单4份；

11.本年度1月份银行存款对账单1份，1月份银行存款余额调节表1份，未达账项说明书1份；

12.2019年度归档出纳资料一套，具体包括：库存现金盘点报告单1册，库存现金日记账1本，银行存款日记账1本，其他货币资金-银行汇票明细账1本，其他货币资金-外埠存款明细账1本，出纳报告单1本，银行对账单1本，银行存款余额调节表1本，会计档案保管清册1册。

四、移交的印章及其他

1.财务处转讫印章1枚；

2.财务处现金收讫印章1枚；

3.财务处现金付讫印章1枚；

4.公司法人代表印章1枚；

5.五珠算盘、多功能计算器、支付密码器各1个，功能完好；多功能防伪点钞机、电动凭证装订机、自动支票打印机各1台，功能完好；保险柜及钥匙1把，功能完好；电脑及密码、支付密码器密码，均核对无误。

五、交接前后工作责任划分

2020年1月3日前的出纳责任事项由原出纳赵红负责，2020年1月3日起的出纳工作由魏丽负责。以上移交事项均经交接双方认定无误。

六、本交接书一式三份，双方各执一份，存档一份。

移交人：赵红

接交人：魏丽

监交人：周亮

山东利康食品有限公司财务处

2020年1月3日

日期；如有不符，应由移交人查明原因，并在移交清册中注明。

(4) 移交保险柜密码、办公钥匙。保险柜密码，重要工作台 (室) 等办公钥匙应按照实际情况交接，交接完成后，应立即更换保险柜密码及重要办公锁具。

(5) 移交其他财产物资。接交人要按照移交清册点收由移交人保管的其他财产物资，如财务章、收据、科目印章等。

(6) 工作事项说明。对出纳工作职责与工作范围、在办未完结事项、缴纳水电费等周期性业务、各种重要联系电话和地址等工事项，要向接交人介绍清楚；对移交的工作计划，要由移交人详细介绍计划执行情况以及日后执行中可能出现的问题；对移交的待办事项，移交人应将处理方法和有关注意事项交代清楚。

需要注意的是，移交时，交接双方一定要当面看清、点准、核对，不得由别人代替。监交人要切实承担监督责任，如有交接不清的，监交人对交接事项负有连带责任。

第三阶段，交接后续事宜处理。

交接完成后，交接双方、监交人单位负责人要在移交清册上签名或盖章，并在移交清册上注明单位名称、交接日期、交接双方及监交人职务、姓名、移交清册的页数及需要说明的问题和意见。移交清册一式三份，交接双方各执一份，存档一份。

接任人员应当继续使用移交的会计账簿，不得自行另立新账，以保持会计记录的连续性。

移交人员对所移交的会计凭证、会计账簿、会计报表和其他有关资料的合法性、真实性承担法律责任。

🪙 提升训练

1. 交接工作要慎重

出纳工作移交主要是移交财产物资和文件资料，同时也移交了责任，一旦移交完成，就表示移交前的问题由原出纳负责，而移交后的问题由接任出纳负责。同样，如果移交时发现财物的金额数量有误，可以由原出纳负责，但是一旦移交后，再发现移交过来的财务有问题，则原出纳无须负责。

2. 暂时代替也要办理交接手续

暂时由他人替代工作的情况，也应该办理交接手续。由于是暂时情况，所以只办理短期内需要使用的相关资料、物品的交接即可，即办理部分交接手续。

需要办理部分交接手续的情况，一般包括婚假、产假、病假、事假、休假、外出学习、因公出差等。

出纳人员因为上述原因离开岗位后，过一段时间还要回来工作，所以出纳人员更要在移交时小心谨慎，在重新接收时细心认真，千万不能将印章、钥匙随便一交，点一点现金就了事。

出纳代替，可视单位业务量大小、代替时间长短等具体情况来办理部分交接手续。若单纯属于临时代替，可以把现金留下来，让代替人员打张收条，等出纳回来后再用收支的原始凭证结算。

如果企业的出纳业务较多，出纳离岗时间较长，甚至需要代替人员处理日常事务的，就需要代替人员刻个人名章，在顶替期间更换预留银行的私人印鉴，并且需将现金日记账、银行存款日记账、现金支票本、转账支票本等办理日常业务的账本、单据书面移交给代替人员，等出纳人员回来后再做书面移交手续。

特别需要指出的是，不管是哪种交接，即使是一两天的临时代替，都不能将自己的个人名章交由代替人员使用。

任务评价

一、任务测试

（一）单项选择题

1.出纳工作交接完毕后，（   ）要在移交清册上签名或者盖章。

A.仅交接双方　　　　　　　　B.仅监交人

C.仅企业负责人　　　　　　　D.交接双方和监交人

2.完成交接手续后，接管的出纳人员应（   ）。

A.开设新账簿，以明确交接前后责任划分

B.开设新账簿，同时存档移交的账簿，以保持会计记录的连续性

C.继续使用移交的账簿，同时开立新账，以保持会计记录的灵活性

D.继续使用移交的账簿，不得自行另立新账，以保持会计记录的连续性

3.单位原出纳老刘今年三月份因病离职，未来得及办理交接手续，小夏接替工作后，审计公司发现去年年末现金少了 10,000 元，这项责任应由（   ）来承担。

A.老刘　　　　　B.小夏　　　　　C.老刘和小夏　　　　　D.企业

（二）多项选择题

1.企业出现（   ）情况时，出纳人员必须办理工作交接手续。

A.出纳人员辞职　　　　　　　B.出纳人员长期外出培训学习

C.企业更换会计主管　　　　　D.企业内部岗位调整，不再担任出纳职务

2.出纳人员需要按移交清册对以下（   ）内容逐项移交。

A.出纳凭证（原始凭证、记账凭证）

B. 有价证券（债券、股票、股权证书等）

C. 现金、银行存款及其日记账账簿

D. 支票簿、发票、收款收据、印章等

3. 下列说法正确的是（　　）。

A. 因企业原因如兼并、合并、分立、解散、破产等情况不需要办理出纳交接工作

B. 未办理交接手续的出纳人员，不得调动或离职

C. 空白支票、空白收据不需要进行交接

D. 交接后出纳工作发现问题时，原出纳人员也应积极配合进行调查

（三）判断题

1. 出纳人员在婚假、产假、病假、出差等临时离岗期间，留下印章、交出钥匙、清点现金后，可不办理正式交接手续。　　　　　　　　　　　　　　　　（　　）

2. 出纳人员办理交接手续，单位会计机构负责人、会计主管人员负责监交。　（　　）

3. 交接双方应到开户银行当场复核银行存款实有余额，同时接交人要更换预留在银行的私人印鉴。　　　　　　　　　　　　　　　　　　　　　　　（　　）

办理工作交接任务
测试参考答案与解析

二、综合自评

自评项目	自评内容	自评结果	
专业能力	规范地完成交接准备	A□　B□　C□　D□	A：85分及以上 B：75~85分 C：60~75分 D：60分以下
	规范地完成出纳工作移交	A□　B□　C□　D□	
素质提升	出纳工作交接中严格遵守国家财经法规和企业财务管理制度的职业素养提升	A□　B□　C□　D□	
	出纳工作交接中诚实守信、严谨细致的职业品格培养	A□　B□　C□　D□	
	出纳工作交接中善于沟通协调协作的服务意识提升	A□　B□　C□　D□	
查缺补漏 （分条列出尚未掌握的知识点和技能点）			

任务三 训练出纳基本技能

任务导入

2020年1月4日，魏丽在了解了出纳岗位职责、工作内容、工作流程等基本情况后，根据会计主管周亮的安排，开始复习巩固自己在大学期间学习的出纳基本技能，规范书写各类数字，票币整点与真伪识别，电子计算器、支票打印机、点钞机、保险柜等出纳常用机具的使用，以及企业印章的使用与保管要求等。

任务分析

正确、规范的书写能给人以标准、清晰、庄重、美观的感受，因而成为出纳员的一项基本功。书写是否正确、规范不仅是衡量出纳员职业素质的一项基本标准，还会直接影响会计信息真实性和正确性。点钞机、电子计算器和保险柜是出纳工作的常用机具，支票打印机和电子支付密码器也是出纳的必备机具。尽管点钞机广泛应用，但手工点钞可以弥补点钞机的补足，因此票币整点以及真伪识别对出纳人员来说依旧是一项十分重要的工作。由于出纳工作中会经常使用企业的各种印章，对于印章的使用与管理要求也是出纳要掌握的一项基本技能。

本任务主要进行以下训练：

(1)书写会计数字。

(2)整点与识别票币。

(3)使用与管理常用机具。

(4)使用与管理印章。

任务目标

1.知识目标

(1)了解会计数字书写对出纳工作的重要意义；熟练掌握大小写金额、日期等会计数字书写规范。

(2)掌握点钞的程序和基本要求；熟练掌握手工点钞的常用方法与技巧；熟练掌握人民币的真伪识别方法与技巧；熟悉假币鉴定、收缴管理规定。

(3)了解计算器、支票打印机、支付密码器、多功能点钞机、保险柜等各种常用出纳机具的基本结构与功能；掌握计算器、支票打印机、支付密码器、多功能点钞机、保险柜等各种常用出纳机具的使用方法、使用注意事项及日常管理要求。

(4)熟悉企业印章的种类与用途；掌握各种财务印章的使用要求和管理要求。

2.能力目标

(1)能正确、规范地书写大小写金额、日期等会计数字。

(2)能规范、熟练使用手持式单指单张法整点钞票，达到出纳岗位对点钞的基本要求；能够迅速、准确地识别人民币真伪，并能规范处理残假币。

(3)能规范、熟练使用计算器、支票打印机、支付密码器、多功能点钞机、保险柜等各种常用机具，并进行日常管理与维护。

(4)能根据经济业务的内容正确使用各种财务印章。

3.素质目标

(1)培养在出纳岗位技能训练中爱岗敬业、精益求精的的工匠精神。

(2)提升珍惜爱护人民币，热爱祖国的基本职业素养。

(3)提升出纳机具使用中严格遵循企业管理制度的职业素养。

子任务一　书写会计数字

🏦 工作情境

财务经理要对新上岗的出纳员魏丽进行业务培训，于是问："出纳书写数字包括金额大小写和日期大小写，你知道各种数字书写的规范和要求吗？"魏丽不好意思地回答："学过，但都记不太清楚了"。于是，经理一边将数字书写的要求、方法及格式等娓娓道来，一边拿起碳素笔与账页纸书写示范，给魏丽上了生动的一课。

🏦 知识准备

出纳岗位的业务工作包括填制收据、支票、发票、合同等业务原始单据，登记日记账、明细账簿，编写出纳报告单等内容。归纳起来，这些业务工作涉及书写内容包括阿拉伯数字与文字两大类。阿拉伯数字的书写主要用于各类凭证、账簿及财务报表中的业务金额的填写；中文大写数字主要用于支票、发票、传票、合同数据等重要票据的填写；在出纳的各类业务工作中同样也离不开中文大小写日期书写，例如用以反映经济业务发生、处理时间及支票、汇票等各类票据的开具日期等。作为一名训练有素的出纳员应严格根据规范要求进行书写。

一、阿拉伯数字书写要求

（一）基本要求

1.书写正确，占位准确

数字书写首先要做到正确无误。在会计工作中，阿拉伯数字经常书写于有严格位数的凭证、账表中，要准确定位书写位置，并确保一个数字占一个数位格。

微课

规范书写
阿拉伯数字

2.标准规范，清晰可辨

规范书写是财会人员素质的基本体现。数字书写要符合国家财经法规、会计制度的各项规定，还应做到书写工整、字迹清晰，不能连笔，不能潦草。

3.书写流畅，整洁美观

书写数字时，要做到长短宽窄比例匀称、大小一致、用力均匀、疏密有度、排列整齐，不得随意涂改，污染账目，应给人以整洁美观的感受。

此外，关于书写用笔，根据会计工作基础规范要求，登记账簿要用蓝黑墨水或者碳素墨水笔书写，不得使用圆珠笔（银行的复写账簿除外）或者铅笔书写。填写支票必须使用碳素笔书写。

（二）书写规范

阿拉伯数字在凭证和账表中书写与普通书写有所不同，其规定更为严格，必须遵从特定规范。具体要求是：

1.书写顺序。应从左到右，逐个顺序书写；在笔画顺序上，要自上而下、先左后右书写。除4和5外，其他数字要一笔写成，不能人为增加笔画。

2.书写高度。除6、7、9三个数字以外，其他数字高度要求一致，数字底部要紧贴数字格底线，不要悬空写在数字格中间，数字高度一般应占数字格高度的1/2，不能超过2/3，为更正错误留有余地。书写6时，上端比其他数字略高1/4，书写7、9时，上端比其他数字略低1/4，下端要过数字格底线比其他数字略长出1/4。

3.书写角度。每个数字要保持倾斜度一致，自右上方向左下方倾斜45～60度为宜。

4.数字排列。每个数字要左右居中，上下对齐。数字之间要保持同等距离，同行相邻两个数字间距大小以不能增加数字为宜。在有数位格的凭证、账表中，要正确对位，同位对齐，一个数字只能占一格。如果没有数位格，数字书写时也要同位对齐。数字整数部分，可以按国际通用的"三位分节制"记数法，即从个位起，向左每三位数字作为一节，用分节点","分开或通过空四分之一格分开，以易于辨认和汇总计算。

二、中文数字书写要求

中文数字分为大写和小写两种。大写数字主要用于支票、汇票、收据、发票等重要票据。大写数字由数码和数位两部分组成，其中数码字包括：零、壹、贰、叁、肆、伍、陆、柒、捌、玖，数位字包括：拾、佰、仟、万、亿、元、角、分、整（正）。这些大小写数字与阿拉伯数字的对照见表1-3-1。

表1-3-1

阿拉伯数字	1	2	3	4	5	6	7	8	9	0
中文小写数字	一	二	三	四	五	六	七	八	九	〇
中文大写数字	壹	贰	叁	肆	伍	陆	柒	捌	玖	零

通过对比发现，不管是阿拉伯数字，还是中文小写数字，由于笔画简单，容易被涂

改伪造，所以一般文书和商业财务票据上的数字都要采用中文大写数字。

中文大写数字的书写规范要求：

1.书写顺序与读数字的顺序一致。

2.应用正楷或行书书写，不得用草体等其他字体。

3.字迹整齐清晰，大小均称，书写流畅，不得连笔。

4.不得用一、二（或两）、三……九、○（或另）等代替，不可随意简化汉字或用谐音字，更不得擅自造字。如果使用繁体字，如贰、陆、億、萬、圆，也属正确。

以上书写规范对于财会工作中的其他文字书写同样适用。

三、金额书写要求

微课

规范书写
金额数字

（一）小写金额书写规范

小写金额，就是用阿拉伯数字书写的金额，是在财会工作中最常用的数字书写方法。书写小写金额除了达到阿拉伯数字书写的基本要求外，还必须遵守以下规范：

1.正确使用货币符号。小写金额前面必须书写币种符号（如人民币是￥，美元是＄，英镑是£等）。人民币符号￥，既代表了人民币的币制，还表示了人民币"元"的计量单位。金额数字前面有币种符号的，数字后面不再写计量单位。如果不适合写币种符号，数字后面必须写上计量单位。币种符号与阿拉伯数字之间不得留有空白。

2.以元为单位（其他货币为货币基本单位）的金额数字。除表示单价等情况外，一律写到角分，其他位小数四舍五入，元和角之间要用小数点隔开。无角分的，不能空位，角位、分位均填写0，或者填写"—"代替。有角无分的，分位须填写0，不得用符号"—"代替。

3.在凭证、账表中书写时，要遵循书写习惯。首先找出数值的最高位数字（或称首位数字）在凭证、账表中的准确位置，其他数字的位置便可相应确定。

（二）小写金额书写错误更正

在凭证、账表中小写金额书写错误时，不能涂改、刮擦、挖补，也不能用涂改液、消字药水消除字迹。要先用红笔在全部错误的数字上画一条单红线（红线不能过粗，要能看到被划掉的原数字），然后在错误的数字上面用蓝黑色墨水或碳素笔书写正确的数字，并由经办人在更正的数字后面加盖印章，以明确责任。如果一个完整的金额还没写完就发现数字有错，应该把没写完的正确数字写完或用"0"补齐，再划线更正。

（三）大写金额书写规范

大写金额，就是用中文大写数字书写的金额。其书写规范要求是：

1.大写金额前应标明货币名称（如"人民币"）字样。货币名称与金额数字之间不得留有空白。如果大写数字前没有印好货币名称，应手写添加上。

2.正确使用"整"字。大写金额到元或角的，应在元或角后面写"整"字；到分的，在分后面不再写"整"字。

3.正确书写数字中间的"零"。小写金额数字中有"0"时，要针对"0"的不同位置，在大写金额中正确使用"零"字。

第一种情况，小写金额数字中间有一个或连续几个"0"，且元位不是"0"时，大写金额只写一个"零"字。

第二种情况，小写金额元位是"0"，但角位不是"0"时，大写金额可以写"零"字，也可以不写，但"零"字之前必须写上"元"字；如果元位和角位都是"0"，但分位不是"0"时，大写金额只写一个"零"字，"零"字之前也必须写上"元"字。

第三种情况，小写金额数字末位有"0"时，不论是一个还是连续几个"0"，大写金额一般不写"零"，而用"整"字结尾（有角无分的不能用"整"）。

4.在印有大写金额数位的凭证中书写大写金额时，应对位填写，在小写金额中有"0"的，均要在相应的数位上对应写上"零"字，金额前面有空位的，可划"○"或"×"。

5.小写金额以"1"开头的，大写金额应加写上"壹"字，这与数字读出有所习惯不同。

6.各种票据和结算凭证的中文大写金额一律不许涂改，一经写错，必须作废凭证，重新填写。

四、日期书写要求

根据《支付结算办法》附件的相关规定：票据的出票日期必须使用中文大写，如果使用小写填写，银行不予受理。大写日期未按要求规范填写的，银行可予受理，但由此造成的损失，由出票人自行承担。《支付结算办法》未明确规定的其他票据，可按票面提示书写（一般可以使用小写日期）。

（一）小写日期书写规范

1.年份书写

应当按照公历习惯，以阿拉伯数字和"年"字完整书写。

2.月份

(1)1～9月份，在月份前加"0"。

(2)10～12月的，按照正常数字书写。

3.日数书写

(1)1～9日，在日数前加写"0"。

(2)10～31日，按照正常数字书写。

（二）大写日期书写规范

1.年份书写

应当按照公历习惯，以中文大写数字和"年"字完整书写。

2.月份书写

(1)1、2和10月，在月份前加写"零"字。

(2)3～9月，按照数字的中文发音规律直接书写。

虽然在《支付结算办法》中仅对1、2和10月的写法做出了明确规定，但在实际工作中，人们已经习惯在1～9月的数字前都加写"零"字，因而成为约定俗成的惯例。

(3)11月和12月，按数字的中文发音规律，在第一个数字加写"壹"字。

3.日数书写

(1)1～9日和10、20、30日，按数字中文发音规律在第一个数字前加写"零"字。

(2)11～19日，按照数字中文发音规律在第一个数字前加写"壹"字。

(3)21～29日和31日，按照数字中文发音规律直接书写。

💰 业务处理

【业务1】根据上述规范，书写0～9十个阿拉伯数字。

0～9十个阿拉伯数字手写体示范如图1-3-1所示。

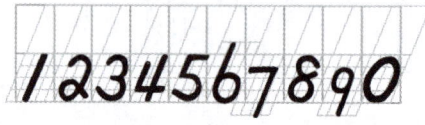

图1-3-1

注意："2"的手写体与印刷体区别。

为了方便掌握书写规范，可以在账页上或专门的数字书写练习纸进行练习。

【业务2】根据规范要求，书写0～9十个阿拉伯数字对应的中文大写数码字，以及拾、佰、仟、万、亿、兆、元、角、分、整等数位字。

书写示范见表1-3-2。

表1-3-2

阿拉伯数字	1	2	3	4	5	6	7	8	9	0
中文大写数字（正楷）	壹	贰	叁	肆	伍	陆	柒	捌	玖	零
中文大写数字（行书）	壹	贰	叁	肆	伍	陆	柒	捌	玖	零
数位字（正楷）	拾	佰	仟	万	亿	兆	元	角	分	整
数位字（行书）	拾	佰	仟	万	亿	兆	元	角	分	整

提示：出纳也可以使用"正"代替"整"字。

在训练过程中还应注意：

(1)文字书写一般要紧靠左竖线，文字与左竖线之间不得留有空白，以防止在空白处添加文字或数字。同一行相邻文字之间应空出不超过半个汉字大小的位置。

(2)与阿拉伯数字书写要求一样，文字书写高度同样也占空格1/2高度为宜，不得超过2/3高度，预留错误更正空间。

【业务3】书写下列金额的小写数字。

(1)人民币壹拾伍元贰角整

(2)人民币壹仟零柒拾元肆角陆分

(3)人民币捌万肆仟柒佰陆拾伍元玖角叁分

(4)人民币伍拾叁万柒仟伍佰陆拾肆元整

(5)人民币柒佰叁拾万元零伍角玖分

其小写金额分别是：

(1)￥15.20

(2)￥1,070.46

(3)￥84,765.93

(4)￥537,564.00

(5)￥7,300,000.59

【业务4】书写下列金额的大写数字。

(1)￥10.16

(2)￥2,060.40

(3)￥98,256.12

(4)￥188,369.57

(5)￥3,487,365.09

其大写金额分别是：

(1)人民币壹拾元壹角陆分

(2)人民币贰仟零陆拾元肆角整

(3)人民币玖万捌仟贰佰伍拾陆元壹角贰分

(4)人民币壹拾捌万捌仟叁佰陆拾玖元伍角柒分

(5)人民币叁佰肆拾捌万柒仟叁佰陆拾伍元零玖分

【业务5】在上述业务训练的基础上，2020年1月5日给赵天泽开具缴纳网费收款收据。

收款收据开具结果如图1-3-2（第一、三联略）所示。

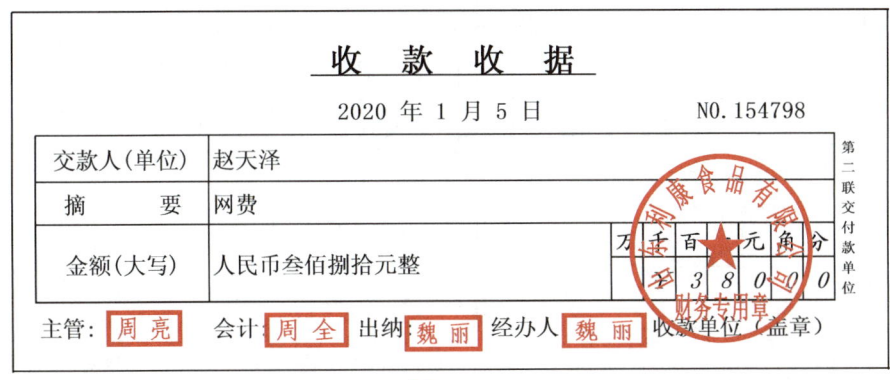

图1-3-2

出纳操作技术

【业务6】书写下列日期大写。

(1)1月12日

(2)2月13日

(3)10月30日

(4)2008年4月9日

(5)2019年10月20日

正确、规范的书写如下：

(1)应写为：零壹月壹拾贰日

(2)应写为：零贰月壹拾叁日

(3)应写为：零壹拾月零叁拾日

(4)应写为：贰零零捌年（零）肆月零玖日

(5)应写为：贰零壹玖年零壹拾月零贰拾日

提升训练

1.在账页上练习阿拉伯数字书写

按照上述标准，在账页上（图1-3-3）将0~9十个阿拉伯数字反复书写30遍。要求财会专业达到三级，非财会专业达到四级。试试你达到了几级。（四级：4分钟以内完成；三级：3.5分钟以内完成；二级：3分钟以内完成；一级：2.5分钟以内完成）

年 月 日	凭证 种类 号数	对方科目	摘　要	总页	借　方 亿千百十万千百十元角分	贷　方 亿千百十万千百十元角分	借或贷	余　额 亿千百十万千百十元角分

图1-3-3

26

2.练习书写下列四组数字的大小写金额（表1-3-3）

表1-3-3

第一组	第二组	第三组	第四组
231,094.69	6,509.00	3,405.54	586.22
3,904.00	942.00	36,508.59	5,601.43
785.13.00	1,078.71	297.60	70,924.01
50,162.32	706,385.14	741.00	483.56
678.85	204,317.33	60,281.00	173.75

要求：

(1)小写金额数字在空白账页上完成练习（图1-3-4）。

(2)大写金额数字在没有数位格的纸张上完成练习，注意同位数对齐。

(3)练习过程中，如遇书写错误，请根据规范要求更正。

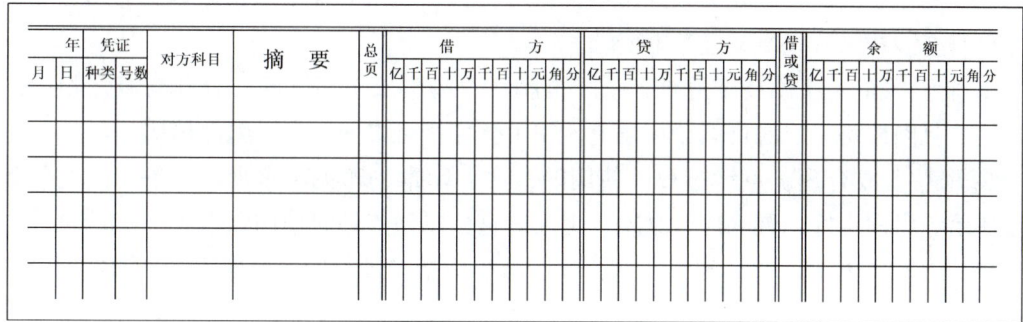

图1-3-4

3.书写下列日期大写

(1)2019年3月8日

(2)2020年10月11日

(3)2021年1月20日

(4)2018年5月30日

(5)2021年11月10日

子任务二　整点票币与识别真伪

工作情境

魏丽收到一笔158,762.80元的现金，有100元、50元、20元、10元、5元、1元等不同面额的纸币以及1元、5角、1角面额的硬币若干。关于点钞，魏丽没怎么实际练过手，只好凭借以前模拟练习的手工点钞技术，总算比较成功地完成了清点工作。老会计周全目

睹了魏丽点钞的全过程，于是给魏丽介绍了点钞的基本要求，并演示了几种常用的点钞方法，还告诉了魏丽一些经验与技巧。最后，周全拿了一张100元纸币让魏丽鉴别真假，魏丽仔细看、认真摸了一番，最终告诉会计主管是一张真钞。周全问她是怎么辨别出来的，魏丽说感觉它好像是真的。周全告诉魏丽说，辨别人民币真伪不能单凭感觉，要看、摸、听、测结合起来，才能准确识别。

知识准备

据了解，目前超市收银员的点钞速度要求单指单张达到30秒内100张；银行职员的点钞速度要求单指单张达到10秒内100张，多指多张要求达到8秒内100张。捆扎钞票以每2秒扎一把为快。手工点钞初学者要在掌握基本要领的基础上，通过大量刻苦练习，才能达到岗位任职的基本要求。

一、点钞的基本要求

点钞操作规范与否，既关系到出纳员点钞工作的质量和速度，也影响其劳动强度，因此，学习点钞技术首先要掌握基本要领。

(1) 坐姿端正。座位高度适合，直腰挺胸，双脚平放地面，两腿分开与肩宽相近，身体自然，肌肉放松，双肘自然放在桌上，左手腕部接触桌面，右手腕部稍抬起。

(2) 用品摆放合理。点钞过程中使用的钞券、印章、印泥、水盒、腰条（捆扎条）等要按使用顺序固定好位置，摆放紧凑，距离适宜，以便点钞时使用顺手。

(3) 动作轻快流畅。捻钞尽量使用指尖，减小手指与钞券的接触面积。手指用力轻快，动作幅度要小，不要让整个手臂振动。要保持动作连贯，双手协调，速度均匀。

(4) 计数准确。点钞最基本的要求是"准"，在准确计数的同时还要挑出残、破、假币。因此，点钞时要做到手中点钞，眼睛看钞，大脑计数，手、眼、脑协调配合。

(5) 捆扎合格。捆扎的基本要求是既快又紧。每100张钞券扎为一把，每10把扎为一捆。扎把，以不散把且提起第一张钞券抽不出为准；扎捆，按"#"形捆扎，以用力推不变形且抽不出票把为准。

(6) 盖章清晰。腰条要盖个人名章，以明确责任，图章以行号、姓名清晰可见为准。

二、点钞的基本程序

手工点钞一般要经过拆把、持钞、点数、扎把、盖章5个环节。

(1) 拆把。把待清点的成把钞券的腰条拆掉（可脱去并保持原样，也可用手指勾断）。如果是零散票币，要先按面值分类，分开摆放，并将明显破损、质软的钞券挑出。

(2) 持钞。对折角、弯折、揉搓过的钞券要弄直、抹平，墩齐钞券（四边整齐，不露头），左手持钞，准备清点。持钞姿势因点钞方法不同而有所差异。

(3) 点数。这是点钞的关键环节。

(4) 扎把。把清点好的钞券墩齐,用腰条从中间扎把。不足 100 张时,将腰条捆扎在钞券一端的 1/3 处,并将张数、金额写在腰条正面。

(5) 盖章。在扎好的钞把侧面腰条上加盖经办人员个人名章。成捆钞券还要在顶端十字结上加贴封签,并加盖捆扎人员个人名章。

三、点钞的基本方法

依据持钞姿势不同,手工点钞可分为手持式点钞和手按式点钞。

手持式点钞方法是将钞券拿在手上进行清点,手按式点钞方法是将钞券放在桌面上操作。在指法上,手持式点钞又可分为单指单张点钞法、单指多张点钞法、多指多张点钞法、扇面式点钞法等;手按式点钞又可分为单指单张点钞法、多指多张点钞法、多指拨动点钞法等。手持式点钞方法是在手按式点钞方法的基础上发展而来的,其速度远比手按式点钞方法快,因此,其应用比较普遍。

四、人民币防伪特征

我国发行过五套人民币。目前,国内市场上正在流通的是第四套与第五套。其中第五套人民币是 1999 年开始陆续发行的。第五套人民币到目前为止,一共发行了 17 个版别的纸币,最近的一次发行是 2020 年版,包括 1999 年版 6 张,2005 年版 5 张,2015 年版 100 元 1 张,2019 年版 4 张,2020 年版的 5 元 1 张,一共发行了 17 张纸币,3 枚硬币。人民币主要有 100 元、50 元、20 元、10 元、5 元、1 元、5 角、1 角八种面额。在出纳工作中,要对目前流通的 100 元、50 元、20 元、10 元等较大面值的人民币格外注意,这些面值假币较多,一旦收取了假币,个人和企业利益都将受到较大损失。每版人民币都有一套防伪特征。下面主要以 2005 年版第五套人民币为例介绍人民币的防伪特征。该版人民币有固定水印、阴阳互补对印图案、双色异形横号码、光变油墨面额数字、白水印、全息磁性开窗安全线、雕版凹版印刷、手工雕刻头像、隐形面额数字、凹印手感线、盲文面额标记、胶印缩微文字等。100 元、20 元防伪特征具体如图 1-3-5,图 1-3-6 所示。

50 元面值人民币除了安全线、微缩文字、隐形面额数字、白水印均有面额"50"字样,以及光变油墨面额数字变色效果不同外,其他与 100 元面值人民币基本相同。10 元面值人民币除了上述防伪处面额字样、固定水印图案与 20 元不同外,其他与 20 元面值人民币基本相同。

五、假币种类及识别方法

假币主要包括伪造币和变造币。伪造币是指仿照真币的图案、形状、色彩等,采用各种手段制作的假币。变造币是指在真币的基础上,利用挖补、揭层、涂改、拼凑、移位、重印等多种办法制作,改变真币原形态的假币。由于纸币制造成本较低,不法收益丰厚,所以不论多么高超的防假、打假措施都不能完全杜绝假币现象。

双色异形横号码　胶印缩微文字　　雕刻凹版印刷　　　　　　　　隐形面额数字
固定人像水印　阴阳互补对印图案　　　　　　　凹印手感线

T0T4041137
100

光变油墨面额数字　白水印　　全息磁性开窗安全线　　手工雕刻头像　　盲文面额标记

全息磁性开窗安全线
雕刻凹版印刷　　　　　　　阴阳互补对印图案

图 1-3-5

　　由于假币的种类众多，单一的方法不能满足辨别的需要，实际工作与日常生活中主要通过一看、二摸、三听、四测四种方法结合使用。

💰 业务处理

【业务 1】整点纸币。

本业务以最基本的方法——手持式单指单张点钞法为例进行训练。

这种方法是用一根手指一次点一张，是实际工作中最为常用的一种点钞方法，主要用于收款、付款和整点各种新、旧大小钞券，尤其适合于清点不足 100 张的零票。由于持票面小，能看到的票面较大，容易发现残、破、假币。具体操作过程如下：

(1) 持钞

左手横执钞券，下边缘朝向身体。左手中指和无名指夹住钞券的左端中部，中指、无

手持式单纸
单张点钞

双色异形横号码
固定花卉水印
雕刻凹版印刷
隐形面额数字
凹印手感线

阴阳互补对印图案　白水印　全息磁性开窗安全线　胶印缩微文字　手工雕刻头像　盲文面额标记

雕刻凹版印刷　全息磁性开窗安全线　阴阳互补对印图案

图 1-3-6

名指、小指自然弯曲，夹紧钞券。左手拇指将钞券从背面向上翻起，同时，右手拇指将钞券翻成弓形，并反复推压使钞券侧面成微扇形。左手食指在后顶住钞券，左手拇指置于钞券侧面下端起 1/3 处，配合左手食指轻轻压住钞券。右手手腕稍向里弯曲，使钞券弓形凸面正对点钞者。注意：小臂轻置于桌沿上，不要悬空，更不要直立于桌面上；钞券要均匀错开，便于捻动，防止夹张。

(2) 清点

右手拇指、食指沾水后，右手拇指在右上角开始向右下方轻轻捻动钞券，食指在钞券的右上角配合拇指捻钞。右手无名指将捻下的钞券向身体方向拨弹，捻一张，拨一张，这就完成了一组动作。左手拇指要随着钞券的捻动配合向后移动，食指配合向前推动钞券，以加快钞券下落速度。当点到剩余三四张时，右手拇指和食指捻开清点张数，然后再用无名指同时拨出，完成清点。注意：右手拇指捻钞时不要抬得太高，用力过紧，捻出一张后迅速移回右上角；食指尽量不动；中指不要触及钞券，以免影响无名指动作；无名指要轻点快拨。左手中指、无名指要夹紧钞券，防止散把。

(3) 计数

由于单指单张点钞法每次只捻动一张钞券，所以计数也必须一张一张地进行，直到计到 100 张。在点钞速度较快的情况下，应采用分组计数法。每 10 张为一组，并把 10 记作 1，把 20 记作 2，以此类推，当默记组数到 10 时，即点到了 100。具体计数方法如下：

1、2、3、4、5、6、7、8、9、1（代表 10）

1、2、3、4、5、6、7、8、9、2（代表 20）

......

1、2、3、4、5、6、7、8、9、10（代表 100）

这种计数方法省力又好记。注意：计数时要默记，不要出声，要做到手、眼、脑密切配合，既准又快；要把握计数节凑，逢十在意念上应有停顿，以控制准确性。

(4) 挑残

在清点过程中，如发现残、破、假币，为了不影响点钞速度，不要急于抽出，而是将其折向外边，待清点完成后再抽出并补上完整钞券。

(5) 扎把

常用的扎把方法主要有缠绕式捆扎法和纽结式捆扎法。下面主要介绍缠绕式捆扎法。

票币清点的
其他常用方法

这种方法多用于柜台收款，需要使用牛皮纸腰条。具体操作过程如下：

①将清点好的 100 张钞券正面向内墩齐横执，左手从钞券左侧握住，拇指在钞券正面，其余四指在钞券背面，然后，拇指向外用力，四指向内用力，将钞券压成瓦状。注意：瓦形的幅度直接影响捆扎的松紧，在捆扎中幅度不能变。

②左手食指放在钞券上边缘，将钞券从中间拨开一条缝。

③右手将腰条的一端插入缝隙夹在钞券中间，右手拇指、食指中指捏住腰条由内向外缠绕两圈。（注意：要拉紧腰条）

④右手拇指、食指、中指压住腰条，并沿钞券上沿向右折 90 度。右手食指或中指将腰条余端向左掖在腰条与钞券之间，再用右手拇指压紧，将钞券抚平即可。

(6) 盖章

按规范要求将出纳个人名章盖在钞把侧面腰条上。

【业务 2】识别 100 元面值人民币真伪。

根据假币识别的方法，对 100 元面值人民币要进行如下几个方面的辨别。

（一）看

1. 看整体。真币印刷精美，色彩鲜明，线条清晰，光洁度好。

2. 看水印。在正面左侧的空白处迎光透视，可以看到与主景人像相同、立体感很强的毛泽东头像固定水印；在正面双色异形横号码下方迎光透视，可以看到透光性很强的"100"字样。

3. 看安全线。在背面偏右处有一条全息磁性开窗安全线（也称为金属线），开窗部分可见微缩文字"￥100"。该安全线仪器检测有磁性。

4.看光变油墨面额数字。票正面左下角的面额数字"100"，从与票面垂直角度观察为绿色，倾斜一定角度则变为蓝色。

5.看互补对印图案。迎光透视，在正面偏左、背面偏右处可见阴阳互补对印图案，正背图案组合成一个完整的古钱币图案。

6.看隐形面额数字。在右上角有装饰性图案，将票币置于与眼睛较近平行位置，面对光源做上下倾斜晃动，在可见隐形面额数字"100"字样。

7.看胶印缩微文字。用5倍以上放大镜观察，在正面椭圆形胶印图案中清晰可见微缩文字"RMB"和"RMB100"字样。

8.看双色异形横号码。在正面左下方面额数字上面有一行号码，前半部分是红色，后半部分是黑色，号码形状呈中间高、两头低的变异形状。

（二）摸

1.摸纸质。真币厚薄适中，挺括度好，坚韧耐折，质感性强。

2.摸凹凸感。触摸正面的"中国人民银行"行名、主景人像、右下角盲文点、右侧边缘的凹印手感线，都有明显凹凸感。

（三）听

人民币纸张具有挺括、耐折、不易撕裂的特点，用力抖动、手指轻弹或两手一张一弛地对称拉动，能听到清脆响亮的声音。

（四）测

可借助一些简单的工具和专用仪器识别人民币真伪，如借助放大镜可以观察票面的线条清晰度、胶印及凹印缩微文字等；用紫外灯光照射票面，可以观察纸票币纸张、油墨的荧光反映；用磁性检测仪可以检测金属线、双色横号码的磁性。在实际工作中，识别人民币真伪最好是人机结合。

提升训练

1.常用点钞方法练习

主要进行手持式单指单张、四指四张点钞法，以及手按式单指单张等方法练习。

基本要求：进行1把计时，姿势动作要领正确，计数结果准确。成绩标准见表1-3-4。

表1-3-4

鉴定成绩	单指单张点钞法鉴定标准	多指多张点钞法鉴定标准
不合格	45秒以上	40秒以上
合格	41～45秒	36～40秒
中等	36～40秒	31～35秒
良好	30～35秒	25～30秒
优秀	30秒以内	25秒以内

2.钞券扎把练习

按照扎把的基本要求进行评价。成绩标准见表1-3-5。

表1-3-5

鉴定成绩	以1把计时鉴定标准	以60秒定时鉴定标准
不合格	多于10秒钟或捆扎不合格	少于4把
合格	9～10秒	4～6把
中等	7～8秒	7～8把
良好	4～6秒	9～10把
优秀	4秒以下	多于10把

3.点钞综合练习

在大量练习各种点钞方法的基础上，准备15把点钞练功券进行点钞综合练习。

考核要求：

(1) 以5分钟定时，计量完成的点钞把数。

(2) 每把都要完成清点、扎把、盖章等工序。

(3) 出现下列情况之一者，该把不计成绩：

计数不准确；扎把不紧，最上面一张轻轻一拉就能抽出；腰条断裂造成散把；钞券墩不齐，露头部分成梯形，上下错开超过5毫米。

(4) 成绩标准见表1-3-6。

表1-3-6

鉴定成绩	单指单张点钞法鉴定标准	多指多张点钞法鉴定标准
不合格	少于5把/5分钟	少于7把/5分钟
合格	5把/5分钟	7把/5分钟
中等	6把/5分钟	8把/5分钟
良好	7把/5分钟	9把/5分钟
优秀	不少于8把/5分钟	不少于10把/5分钟

4.根据100元面值人民币的真伪识别方法，结合人民币防伪特征，进行50元、20元、10元面值人民币真伪识别练习。

子任务三　使用与管理常用机具

🏦 工作情境

2020年4月25日，是出纳员魏丽忙碌而充实的一天。

上午，仓库保管员小赵对当天的库存商品出库情况进行分类整理，并完成汇总计算，根据领导安排将汇总表交与魏丽。魏丽一看，迅速地取出计算器进行了进一步核对计算，确认无误后报送领导查阅。

采购部收到一批生产大豆蛋白粉的优质大豆，已办理入库手续，需要给对方单位10万元货款。采购员小李持发票来到财务处要求魏丽开一张转账支票。由于魏丽刚接手出纳工作不久，对支票打印机使用还不是很熟练，怕出现错误，于是在主管周亮的帮助下开出了一张10万元的转账支票。

有一名往来单位的办事员找到魏丽，声称2天前开具的转账支票银行给退票了。魏丽接过支票对每一项内容进行核对，最后发现是密码编辑错误造成的。魏丽只好给对方重新开出一张支票。

公司销售大豆蛋白粉1吨，价款为50 000元。采购商拿现金到财务交款。魏丽熟练地用点钞机完成了验伪、清点收款工作，并将5万元进行扎把。

下午，主管周亮带魏丽到商场选购保险柜，在途中周亮问魏丽对保险柜的知识了解多少，使用注意事项知道多少。由于平时没有接触、使用过保险柜，魏丽不好意思地说基本没什么概念。周亮便耐心给魏丽讲解有关保险柜的常识。

🪙 知识准备

一、电子计算器

电子计算器是在微型计算机基础上衍生的一种计算工具，广泛应用于各行业和日常生活中，它具有操作简单、速度快、准确性高、携带方便等特点，可以节省大量的计算时间，大大提高工作和学习效率。

（一）电子计算器的类型

常见的电子计算器有能进行四则运算的算术型计算器，有能进行算术、代数和统计等方面运算的科学型计算器，还有可以把较复杂的计算步骤存储起来以便多次重复某些运算的可编程序计算器。

图1-3-7

（二）电子计算器功能键简介

现在出纳常用的电子计算器大多属于算术型计算器，如图1-3-7所示，功能比较简单，操作也比较方便。

这种计算器常用功能键如下：

(1)C：归零。

(2)AC：在数字输入期间，第一次按下此键将清除除存储器内容外的所有数值。

(3)GT：总和存储器。

(4)MU：损益计算键。

(5)MC：清除独立存储器内容。

(6)MR：调出独立存储器数据。

(7)M+：将显示数值加入独立存储器。

(8)M-：从独立存储器减去显示数值。

(9)%：百分率键用于计算百分率。

(10)平方根$\sqrt{}$：计算平方根。

（三）电子计算器的操作方法

出纳常用的电子计算器习惯以右手操作，类似台式计算机右侧数字小键盘。右手食指、中指、无名指分别放在4、5、6数字键上，并以此为基准上下延伸，三手指就近负责相应数字键及功能键。

二、电子支票打印机

电子支票打印机也称支票机，外观精美，体积小巧，操作方便。电子支票打印机打印字体清晰、美观、规范、准确，具有凹凸感，使用油墨防水、防酸、防碱，防止涂改，能长期保留，是专门为防止填写不规范造成银行退票而设计的专业打印机，代替手工填写支票。同时，其打印效果也有效避免了涂改支票等金融犯罪，保证开户单位资金安全，降低出纳人员的劳动强度。随着支票的流通日益频繁、全国支票的统一，支票填写越来越规范严格。目前，支票打印机已成为各单位不可或缺的财务专用设备。

（一）支票打印机功能简介

出纳常用的电子支票打印机有多种，不同种类、型号使用方法略有差异，下面以普霖PR-03自动支票打印为例进行介绍，如图1-3-8所示。

（1）打印金额方法

将支票的"小写金额方格"对在支票打字机的"金额定位框"中，从左边对齐后，将拨叉拨到压紧位置固定支票，用按键输入出票金额后，按"金额"键打印即可。

（2）打印日期方法

将支票的"小写金额方格"放在支票打字机的

图1-3-8

"日期定位框"中，从右边对齐后（注意：转账支票和现金支票对齐位置不同），将拨叉拨到压紧位置固定支票，输入出票日期后，按"日期键"打印。

（3）打印密码方法

将支票"密码"位置下划线对到支票打字机的"密码定位框"中，支票"密码"位置下划线对齐"密码框"下划线后，将拨叉拨到压紧位置固定支票，先按"密码"键，输入密码后，再按"密码"键打印。

（二）日常维护及使用注意事项

如果支票打印机使用时间较长，打印字迹色泽太淡或墨轮发干，应适时添加墨或更换墨轮。方法如下：

关闭电源，拆下油墨盒盖，用拇指和食指捏住墨轮的柄部，将贴着金属支架的塑料片向内压一下，即可将墨轮从支架中拔出。然后添加油墨，用手挤出墨瓶中的油墨，均匀涂抹在墨轮的泡沫塑料上（若字轮被杂物堵塞，可用针和细毛刷清除）。最后把加好油墨的墨轮放回墨轮滚动支架上，装好油墨盒盖。

支票打印机如操作不当，一般会发出提示音。主要有以下情况：支票未定好位；试图打印负数或0；输入数字超过十个后继续输入；试图打印金额超过八位整数；总张数溢出；运算溢出；等等。

三、电子支付密码器

针对传统的票据验印方式防伪能力差、结算效率低、资金风险大等难以控制的缺点，一种崭新的票据验证系统——电子支付密码系统应运而生。电子支付密码器是一种可与银行的计算机网络结合，构成一种支付密码系统的支付密码器。

图1-3-9

（一）构成及特点

电子密码支付器（图1-3-9）由器壳、键盘、单片机及液晶显示模块等部件组成，具有准确性高、抗破译性与安全性好、携带方便、结构简单、使用方便舒适等特点。

电子支付密码器一般使用电池，电源开关位于密码器顶端，键盘由数字、确认、取消、浏览、▲、▼、←等键组成，日常使用中通过这些按钮进行操作。

（二）电子支付密码器的基本原理

电子支付密码系统的基本原理是，企业利用银行发行的支付密码器，在签发票据时，对票据上的各要素综合进行加密运算产生支付密码，企业在签发票据时将票据对应的支付密码填写在票据上，作为票据真伪的主要鉴定手段或印鉴的辅助鉴定手段。银行通过计算机网络对票据及票据上支付密码的有效性和合法性进行快速验证。

四、点钞机

点钞机是一种自动清点钞票数目的机电一体化装置，一般带有伪钞识别功能，是具有计数和辨伪双重功能的机器。随着业务量的增加，现金流通日益频繁，出纳现金处理工作繁重，与此同时，随着印刷技术、复印技术和电子扫描技术的发展，伪钞制造水平越来越高，点钞机已成为出纳工作不可缺少的设备。

（一）点钞机构成及功能简介

点钞机一般有捻钞、出钞、接钞、机架、电子电路等部分组成，如图1-3-10所示。

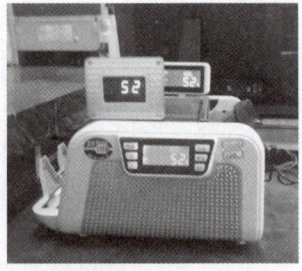

图1-3-10

(1)捻钞部分。主要由滑钞板、送钞舌、阻力橡皮、落钞板、调节螺丝、捻钞胶圈等组成。将要清点的钞票逐张捻出是保证计数准确的前提。

(2)出钞部分。主要由出钞胶轮、出钞对转轮组成，其作用是以捻钞胶圈两倍的线速度把连续送来先到的钞票与后面的钞票有效地分开，送往计数器与检测传感器进行计数和辨伪。

(3)接钞部分。主要由接钞爪轮、托钞板、挡钞板等组成。点验后的钞票逐张卡入接钞爪轮的不同爪中，由托钞板将钞票取下并堆放整齐。

(4)机架组件。该组件为运动中的钞票得到有效识别提供了所需的定位精度。

(5)电子电路部分。该部分是由主控部分、传感器部件、驱灯组件、电源板等组成一个单片机控制的系统。它通过多个接口把紫光、磁性、红外穿透、计数信号引入主控器，把正常钞票在正常清点中在各传感器接收到的信号进行统计取样、识别并寄存起来，作为检测的依据。当清点纸币时，把在各通道接口接收到的信号参数与原寄存起来的信号参数进行比较、判断，当有明显差异时立即送出报警信号并截停电动机，同时送出对应的信号提示。

（二）点钞机辨伪方法与基本原理

点钞机是机电一体化产品，涉及机械、电、光、磁等多个领域的知识，需要各方面互相配合。

1.荧光检测

荧光检测的工作原理是针对人民币的纸质进行检测。人民币采用专用纸张制造，假钞通常采用经漂白处理后的普通纸进行制造，经漂白处理后的纸张在紫外线的照射下会出现荧光反应。荧光检测就是利用这一特性来对人民币进行真假检测的。

在荧光检测中，需要注意两个问题：

(1)检测空间的遮光。外界光线进入检测空间会造成误报。

(2)紫外光源和光电池的防尘。在点钞过程中有大量粉尘，这些粉尘粘附在光源表面会削弱检测信号，造成漏报。

2.磁性检测

磁性检测的工作原理是利用大面额真钞的某些部位是用磁性油墨印刷，通过一组磁头对运动钞票的磁性进行检测，通过电路对磁性进行分析，辨别钞票的真假。人民币的磁性检测方法主要有：

(1)检测有无磁性。

(2)按磁性分布检测磁性。采用两组或三组磁头分路检测磁性，辨伪水平可提高一个档次，市场上部分点钞机采用此种方法。

(3)检测第五版人民币金属线磁性。

(4)检测第五版人民币横号码磁性。

3.红外穿透检测

红外穿透的工作原理是利用人民币的纸质特征与假钞有一定的差异，用红外信号对钞票进行穿透检测时，利用对红外信号的吸收能力不同来辨别真伪。人民币的纸张比较坚固、密度较大及用凹印技术印刷的油墨厚度较高，因而对红外信号的吸收能力较强，致使每一种面额的人民币都有自己相应的红外值，以此来辨别钞票的真假。

4.激光检测

用一定波长的红外激光照射第五版人民币上的荧光字，会使荧光字产生一定波长的激光，通过对此激光的检测可辨别钞票的真假。由于其仿制困难，故用于辨伪很准确。

（三）点钞机常见故障及处理方法

1.开机后无显示

处理方法：(1)检查电源的插座是否有电；(2)检查点钞机的插头是否插好；(3)检查点钞机的保险丝是否已熔断。

2.开机后出现故障代码

一般点钞机具有故障自检功能，开机后点钞机就自诊是否有故障。不同的点钞机，故障代码也不一样。

3.计数不准

主要处理方法：(1)调节托钞盘后部的垂直螺钉，沿顺时针方向拧一周或两周；(2)清理光电记数传感器上的积尘；(3)清尘后仍不能恢复正常，看阻力橡皮、捻钞轮是否严重磨损，换完后再进行调整；(4)调节送钞台光电计数器传感器的对正位置。

4.荧光鉴伪不报警或检伪灵敏度降低

主要检测方法：(1)调节电路板灵敏度按键或灵敏度调节电位器（荧光鉴伪的灵敏度）；(2)荧光灯管光传感器（紫光灯探头）是否积灰尘；(3)荧光灯管是否老化。

5.启停方式失灵

主要检查：(1)送钞传感器是否积灰尘；(2)送钞传感器和主电路板连接，接好即可；(3)点钞机皮带是否折断。

（四）点钞机日常保养

要保障点钞机正常工作，平时应注意对点钞机进行日常的保养和维护。保养点钞机主要有以下几点：

1.除尘。灰尘中带有大量自由电荷，产生"静电"，会对机器产生影响，影响鉴伪。在机器内灰尘积累较多的地方是紫外灯管。紫外灯管是点钞机利用光学技术进行鉴伪的光源，当它被遮挡时，光源的强度就会下降，鉴伪的灵敏度也会随之下降。

2.更换易损件。点钞机的易损件主要包括橡胶器件和紫光灯管。橡胶器件使用一段时间后会由于磨损而导致摩擦力下降，从而导致机器的性能也随之下降，在这种情况下就需要更换相应的橡胶器件。另外，紫外灯管工作一段时间后紫外光的发射能力也会下降，导致机器鉴伪能力下降，这时就需要更换紫外灯管。

3.调节点钞的间隙。点钞机有一个调节摩擦力的"旋钮"，沿顺时针方向调整，摩擦力增大，沿逆时针方向调整，摩擦力减小。

4.要避免强光照射和强磁场干扰。

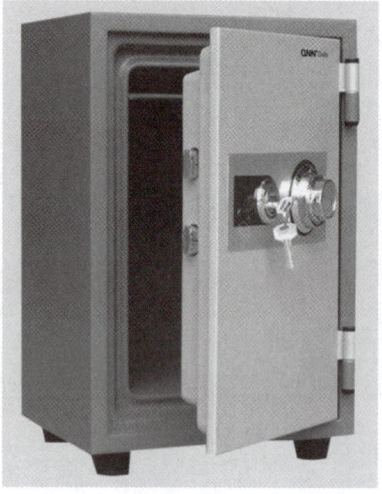

图1-3-11

五、保险柜

保险柜是一种防盗器具，外观如图1-3-11所示。

（一）保险柜的种类和特点

保险柜根据其功能主要分为防火保险柜、防盗保险柜、防磁保险柜、防火防磁保险柜等。市面上的保险柜多为前两种。每一种保险柜都有其国家标准。依据不同的密码工作原理，防盗保险柜又可分为机械保险和电子保险两种，前者的特点是价格比较便宜，性能比较可靠，早期的保险柜大部分都是机械保险柜。电子保险柜是将电子密码、IC卡等智能控制方式的电子锁应用到保险柜中，其特点是使用方便，更换密码比较简单。

（二）保险柜的使用方法

1.开保险柜门的方法

首先需要知道密码，密码一般由三组数组成，如"22、43、17"。转动密码旋钮时，先按顺时针方向旋转至密码标准点对准22，然后，转动至43，再顺时针方向转动一圈对准43，最后顺时针方向旋转对准17。插入钥匙，转动手柄（或开门旋钮）并外拉，打开柜门。

2.关保险柜门的方法

关好门，转动手柄（或开门旋钮），用钥匙锁好手柄并拔出钥匙，将密码旋钮往任意方向转两三圈，打乱密码。

3.更换密码的方法

先打开柜门，拆下门后板，卸掉防拉螺母并拿下齿轮变号盘，然后打开齿轮变号盘，调动齿轮位置并重新安好齿轮变号盘上好螺母，再按照开启保险柜的方法转动密码盘使各齿轮变号盘上的缺口对准刻度盘确认新密码，最后用新密码进行开启实验（必须注意：实验时绝对不要关闭保险柜）确认无误后装好门板。

（三）保险柜使用的注意事项

1.保险柜适用于常温室内。在潮湿和有腐蚀性气体的环境中使用，有阳光和紫外线的强烈照射，会使保险柜表面油漆龟裂、变色，塑料件变色、老化，表面生锈、氧化。

2.保险柜表面有污渍时，不能用化学溶剂擦洗，可用干净抹布蘸少许清洁剂擦洗。伸出的门栓处和抽屉的滚轮处可用少许润滑油（食用油也可）加以润滑，钥匙锁芯内可注入少许铅笔芯粉末（石墨），可使钥匙插拔、转动更轻松。

3.转动机械密码锁时，需静心顺势缓转，切勿猛力旋转，同时记清方向及次数，如不慎超过标记线，不可倒回，必须重新开始。

4.设置密码最好在保险柜门打开的情况下进行，密码设置完毕确认无误后，方可将柜门锁上。

5.切勿把说明书、应急钥匙锁入保险柜内。

💰 业务处理

【业务1】2020年4月25日，魏丽对仓库保管小赵提供的一份库存商品出库清单（表1-3-7）进行核对计算，以备领导查阅。

表1-3-7

日期	商品名称	单价（元/吨）	数量（吨）	金额（元）
2020.04.25	大豆蛋白粉	25,000	3	75,000
2020.04.25	方便面	2,000	5	10,000
2020.04.25	燕麦片	12,000	2	24,000
2020.04.25	生榨豆油	5,000	1	5,000
20120.04.25	小麦粉	3,000	4	12,000
2020.04.25	食品	2,000	2	4,000
合　计				130,000

具体操作流程如下：

(1)取出计算器，按下AC键上电清除。（如果显示器左端有M显示，则按下MC键清除独立存储器数据）

(2)依次按2、5、0、0、0、×、3、=键，计算出大豆蛋白粉的价值75,000元。

(3)按下M+将计算出的大豆蛋白粉的价值75,000存入独立存储器。

(4)按照同样方法依次计算出方便面、燕麦片、生榨豆油、小麦粉和食品的价值并存入独立存储器。

(5)按下MR键调出商品总值。应为130,000。

经过核对计算，确认汇总无误后，魏丽将此表呈报领导查阅。

【业务2】2020年4月25日，魏丽根据采购员小李提供的采购发票给供货方开具转账支票一张，金额为100,000元。

业务办理过程如下：

(1)启动机器

打开支票打印机电源开关，机器将自动运行一段自检程序，当机器各部件准备就绪，显示器右边显示"0"字符后，表示机器运作正常，可以打印支票。

(2)打印日期

第一步，放入支票。将空白支票放入定位板下，使支票上的小写金额框左边对准定位板上的日期定位框，然后拨动压纸杆，压好支票，显示器上显示为"←"字符。

第二步，打印日期。按照"年月日"的顺序连续输入，年份要求输足四位数，月、日要求输足两位数，若为一位数时，十位应补零。根据业务日期要求，输入20200425，然后按"日期"打印，打印完成后取出支票。

第三步，取出支票。拨动压纸杆，取出支票，显示屏将不显示"←"字符。

(3)打印金额

第一步，放入支票。同前述，但要注意，使支票上的小写金额框左边对准定位板上的金额定位框。

第二步，打印金额。输入金额100,000，然后按"打印"打印支票，打印完成后取出支票。如果显示器上显示的金额不是要打印金额，通过清除键、修改键、数字键进行清除、输入、修改金额，然后按"打印"打印支票。

第三步，取出支票。

(4)打印密码

第一步，同前述，但要注意，使支票上的密码框前端对准定位板上的密码定位框。

第二步，先按"密码"键（如图1-3-8所示，打印机型号无单独"密码"键，可同时按住"="和"打印"键）显示passed进入密码状态，然后通过数字键输入密码，如密码超过14位满14位后自动换屏可继续输入。确认密码无误后，再次按"密码"键（如图1-3-8所示，打印机型号仍同时按住"="和"打印"键）打印密码。

第三步，取出支票。

经过以上操作，魏丽成功开出一张金额为100,000的转账支票，如图1-3-12所示。

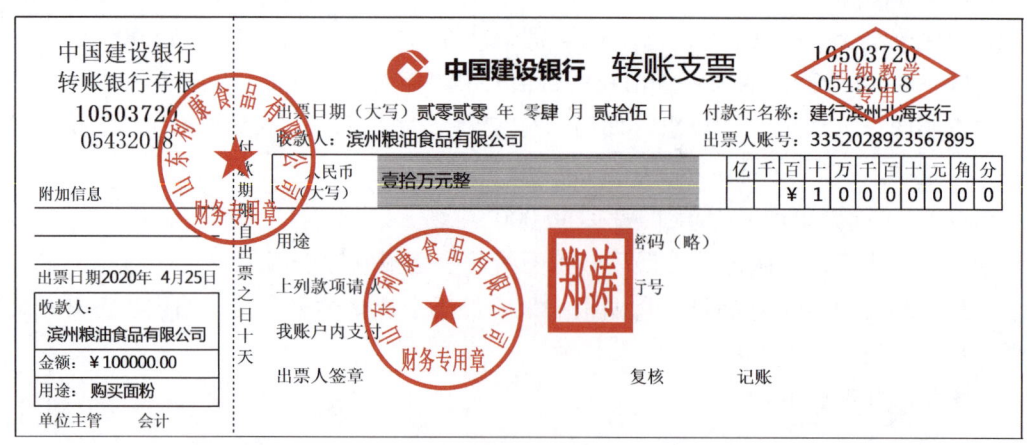

图1-3-12

【业务3】2020年4月25日，魏丽因2天前开出的转账支票被收款单位退回需要重新开出一张，金额10,000元。在支票打印过程中对支票进行密码编辑。

密码编辑过程如下：

第一步，开机。按下密码器顶端电源开关。

第二步，经办员登陆。选定操作员登陆项目（显示屏还有参数修改等其他项目，按▲▼按钮可切换任务），按确认按钮。

第三步，输入经办人口令。密码为六位数。

第四步，经办员登录后，标示条停在签发票据上（此功能页还包含查询签发记录、修改经办员口令、设置账号简称项目，按▲▼按钮可切换任务），按确认按钮。

第五步，选择签发票据所在账号——3352028923567895（按▲▼按钮可切换账号），按确认按钮。

第六步，选择签发票据种类——支票（按▲▼按钮可切换票据类型），按确认按钮。

第七步，输入票据签发日期2020-04-25，按确认按钮。

第八步，输入票据号码——05432018，按确认按钮。

第九步，输入签发票据金额10000，按确认按钮。

第十步，核对信息。录入完成后签发票据的账号、日期、票据号、金额完整显示，仔细核对信息确认无误后，按确认按钮。如输入有误，可按取消键重新输入。

第十一步，生成密码。信息核对无误确认后，自动生成签发票据的密码。

【业务4】2020年4月25日，魏丽收到供应商交来的销售大豆蛋白粉货款50,000元，用点钞机进行这批现金验伪、清点工作，并分成5把捆扎。

业务办理过程如下：

(1)接通电源，开机，检查机器运转是否正常。

(2)设置磁性检测和荧光检测功能；设置自动报警功能，发现假币时，机器会自动停止，发出警报。

(3)将钞票捻开，成一定斜度轻放入送钞口内，使其自然下滑，不可用力过大以免造成塞钞。

(4)清点计数。将钞票放入送钞口后，如发现有假钞或破损钞票及其他杂物要立即拿出。当送钞口和传送带上的钞票下钞完毕时，显示屏就会显示此次清点的钞票张数。

为保障机点准确性和明确钞票真伪，将钞票反方向放入送钞口（双面清点），重新清点一次。

(5)清点完毕后，验钞机预置功能键（预置100张）将50,000元分成五把，手工完成捆扎。

【业务5】2020年4月25日，魏丽在阅读完新购买的保险柜说明书以后，按照说明设置好保险柜密码。为防止保险柜钥匙丢失，魏丽留出一把钥匙后将剩余的钥匙锁入了保险柜中。魏丽的做法正确吗？

会计主管周亮发现后，首先表扬了魏丽的安全意识比较强，但同时指出了魏丽的错误，保险柜的应急钥匙不应锁入保险柜，如果钥匙丢失，开不了柜门，应急钥匙又在保险柜中，将无法打开保险柜。魏丽虚心接受教育，将应急钥匙取了出来。

提升训练

1.利康公司2020年2月份资产负债表见表1-3-8，计算表中本月末流动资产、流动负债、非流动资产合计，所有者权益合计，以及本月末资产合计数与负债及所有者权益合计数等所缺项目，并计算截止2月底公司资产负债率。

提示：资产负债率=负债总额÷资产总额×100%

表1-3-8

资产	行次	年初数	期末数	负债及所有者权益	行次	年初数	期末数
流动资产：				流动负债：			
货币资金	1	49,790.00	56,270.00	短期负债	22	9,000.00	9,000.00
应收账款	2	15,000.00	15,000.00	应付账款	25	8,500.00	12,480.00
坏账准备	3	−2,500.00	−2,500.00	应交税金	23	5,250.00	5,250.00
应收账款净额	4	12,500.00	12,500.00	流动负债合计	28	22,750.00	
存货	5	5,460.00	1,540.00				
流动资产合计	7	67,750.00		非流动负债合计		0.00	0.00
非流动资产：	10			所有者权益：			
固定资产原值	11	12,500.00	22,500.00	实收资本	29	50,000.00	50,000.00
累计折旧	12	−7,500.00	−8,600.00	盈余公积	30	0.00	0.00
固定资产净值	15	5,000.00	13,900.00	未分配利润	31	0.00	7,480.00
非流动资产合计	18	5,000.00		所有者权益合计	35	50,000.00	
资产总计	20	72,750.00		负债所有者权益总计	40	72,750.00	

2.2020年5月2日，魏丽清点库存现金时，发现现金不足以支付当天的劳务工资，于是决定开具85,000元的现金支票到银行取款。请帮助魏丽打印一张85,000元的现金支票。

3.2020年9月28日，公司收到一批生产大豆蛋白粉用优质大豆，已办理入库手续。需要通过中国建设银行滨州北海支行以3352028923567895账户给对方单位电汇10万元货款，电汇凭证号0128921122。在填制电汇凭证的过程中，如何进行密码编辑？

4.2020年8月5日，公司销售生榨豆油一吨，价款45,000元。采购商将现金交到财务处，魏丽在清点钞票过程中，验钞机发出报警，该如何处理？

5.2020年9月2日，魏丽因病暂时离职休养，如果你接替魏丽从事出纳工作，为保证资金安全，明确责任，保险柜密码需要重新设置。那么应如何设置呢？

子任务四 使用与管理印章

🪙 工作情境

2020 年 5 月 2 日，魏丽需要为广大农场电汇一笔大豆款，由于单位没有电汇凭证，需要携带印章到银行办理电汇业务。因财务印章不能随便带出，于是魏丽向会计主管周亮提出财务印章带出申请，并在单位印制的财务印章使用登记表中详细记录时间、用印人、批准人、使用事由并在备注中注明带出印章字样，最终在会计周全的陪同下顺利完成电汇业务。

🪙 知识准备

规范使用印章

印章是印与章的合称，是企业为证实有关文件真实有效而刻制的署有单位名称或个人姓名的一种印记。它是企业经营管理活动中行使职权、明确责任及权利义务关系的重要凭证和工具，是企业的重要证明标志。印鉴是企业因某种专门用途预盖一个印文留给有关单位供核对、验证的印章组合。为了防范对使用印章不当而给企业带来损失与风险，企业应加强印章的使用与保管管理。出纳工作中也会频繁使用各种财务印章，出纳员必须了解各种财务印章的用途，并做到正确使用，同时，出纳还承担着保管财务印章的职责，对于分工保管的财务印章应按要求妥善管理。

一、财务印章的组成与作用

财务印章主要包括财务专用章、法人章、发票专用章、财务负责人个人名章、财务部门公章、财务人员个人名章、现金收付、银行收付、转账收付等重要印章。通常所说的财务印鉴是企业在银行开户时预留在银行的一组印章，用于企业以后和银行进行业务活动时，给银行授权的证明，即银行通过将企业业务凭证上的印章与企业预留的财务印鉴章核对相符后，替企业支付银行账户的金额给往来单位。银行预留财务印鉴一般由法人章、财务专用章构成，如图 1-3-13 所示。

图 1-3-13

微课
印章的使用
与管理

二、财务印章的管理

财务印章是企业办理日常会计核算和银行结算的重要印鉴，其管理和使用也有特定要求。财务部门是公司财务印章的归口管理部门，负责公司财务印章的管理。

1. 财务部门对财务印章应按照专人保管、分别存放的原则管理。法人章、财务负责人个人名章与财务专用章必须指定不同保管人员专人负责分别保管存放。例如：财务专用章由财务部门负责人保管，法人章由出纳负责保管，发票专用章、财务部门公章和其他财务印章由财务部门负责人或授权会计主管保管。

2. 财务印章必须保存在安全地方，并且经常检查，财务印章原则上不得带出企业，确有必要时，在财务印章审批单上特别注明，经公司负责人、财务部负责人审批同意后，由两位以上财务人员共同携带办理有关业务。

3. 监印人应坚守岗位，尽职尽责，妥善安全保管印章，财务专用章如有遗失，财务部负责人须及时向主管领导报告，刊登遗失启事，同时向开户银行、税务局等其他相关单位发函声明，并及时办理更换印鉴的手续。

4. 使用公司财务印章需依照先审批后用印的原则严格审批。

5. 企业应建立《财务印章使用登记簿》（表1-3-9），对每一笔使用印章事项进行登记，记录使用日期、印章名称、经手人、批准人等事项。

表 1-3-9

使用日期	印章名称	经手人	批准人	使用事项	备注	交回日期

6. 严禁在空白凭证、空白表格上使用财务印章。

7. 禁止非财务事项加盖财务印章，严禁财务印章外借。

8. 财务印章的启用、更换、作废需经公司负责人批准，书面通知有关单位及部门后方可进行。

9. 监印人离岗或脱岗时，需按财务工作移交管理办法办理印章的移交手续，移交过程中由公司法人代表及财务负责人同时监交。因启用新印章等原因而失效的旧印章，由综合管理部门（办公室）负责及时回收，回收印章时当事人双方应履行交接手续。回收的印章暂由综合管理部保存，期满后按公司规定办理销毁。

三、财务印章的使用范围

1. 财务部门公章用于公司内部行文及以财务部门名义形成的各种内部通知、函件、报告、备忘录等文字资料的用印，由财务部门负责人审核批准后用印。

2.财务专用章为公司办理会计业务的专用印章，是企业在银行的预留印鉴之一。其使用范围包括：现金支票、转账支票、电汇凭证、信汇凭证、汇票委托书、空白凭证领用单、结算业务收费凭证等票据；税收缴款书，其他收付款业务票据如委托收款等的用印；公司资金支付及调拨用印；经济业务往来单位的账户余额签认用印；公司内部单位账款转账单用印；其他与财务会计业务相关用印。

3.法人章为公司在银行的预留印鉴之一，用于银行结算票据的签发以及公司资金支付及调拨用印，未经批准，不得用作其他用途。

4.财务人员个人印章为财务人员在公司赋予的财务工作权限内使用的印章。其使用范围为会计原始凭证、记账凭证、会计账簿、会计报表、税务报表、往来业务转账单、费用分割单、发票、会计档案等的用印。

5.其他各种材料的用印，包括公司职工因私需加盖公司财务印章的用印，由财务部门负责人依据具体情况酌情决定，特殊情况下需请公司负责人审核批准。

💰业务处理

【业务】2020年5月2日，根据主管周亮的安排，在会计周全的协同下，魏丽携带财务印章到银行办理电汇业务，并如期交回印章。

具体业务办理过程如下：

(1) 魏丽要向会计主管周亮提出携带印鉴外出的申请。

(2) 主管批准后，要考虑业务用章的种类，由于是办理银行电汇业务，需要携带在银行预留的财务印鉴（包括公司财务专用章、郑涛个人名章）。

(3) 填写财务印章使用登记簿。见表1-3-10。

表1-3-10

使用日期	印章名称	经手人	批准人	使用事项	备注	交回日期
2020.05.02	财务专用章、郑涛个人名章	魏丽	周亮	办理银行电汇	去银行办理电汇业务	2020.05.02（交回时填写）

(4) 会计主管周亮派会计周全陪同魏丽到银行办理电汇业务。

(5) 到达银行后由魏丽按合同规定和发票金额填制银行电汇凭证，加盖印章。用印时要严格按照银行要求，在指定位置加盖印章；用印应清晰完整、无重影和涂改痕迹。此过程周全应全程陪同并做好复核。

(6) 电汇业务完成后及时返回单位将印章交回监印人，并在财务印章使用登记簿中注明交回时间。

提升训练

1. 2020 年 5 月 2 日，魏丽到银行购买转账支票，需要携带财务印章去办理购买业务。请具体说明业务办理流程。

2. 2020 年 6 月 3 日，公司销售小麦粉一吨，对方单位要求开具增值税发票一张，但发票内容已填写完毕，应加盖何种印章？同日，收到成品大豆入库通知单及发票一宗，需开具转账支票一张，支票内容已填写完毕，应加盖何种印章？

任务评价

一、任务测试

（一）单项选择题

1. 在原始凭证上金额 ¥ 3,518.72 的大写应书写为（ ）。

A. 人民币叁仟伍佰拾捌元柒角贰分　　　　B. 人民币叁仟伍佰壹拾捌元柒角贰分整

C. 人民币叁仟伍佰壹拾捌元柒角贰分　　　　D. 人民币叁仟伍佰壹拾捌点柒角贰分

2. 在签发支票时，¥ 6,300.28 的大写金额正确的是（ ）。

A. 陆仟叁佰贰角捌分　　　　　　　　　　B. 陆仟叁佰零元贰角捌分

C. 陆仟叁佰元零贰角捌分　　　　　　　　D. 陆仟叁佰零零元贰角捌分

3. 在填写现金支票出票日期时"10 月 10 日"应填写成（ ）。

A. 拾月壹拾日　　　　　　　　　　　　　B. 零拾月零壹拾日

C. 壹拾月壹拾日　　　　　　　　　　　　D. 零壹拾月零壹拾日

4. 紫外线光照可作为鉴别假币的一种方法，原理在于部分假币纸张在紫外光下会出现（ ）现象。

A. 反光　　　　　　　B. 吸光　　　　　　　C. 荧光　　　　　　　D. 透光

5. 以下不属于使用电子支票打印机代替传统手写优势的是（ ）。

A. 外观精美，体积小巧，操作方便

B. 字体清晰、美观、规范、准确，具有凹凸感

C. 油墨防水、防酸、防碱，防止涂改

D. 增加了出纳人员的劳动强度和难度

6. 下列关于保险柜的使用，正确的是（ ）。

A. 保险柜的说明书、应急钥匙应锁入保险柜内

B. 保险柜密码记不住时可写在小本子上备查

C. 保险柜的钥匙仅限出纳保管使用

D. 保险柜可放置在办公室门口、窗口区域方便使用

7. 被称为企业印章之首的是（   ）。

A. 企业公章　　　　　B. 合同专用章　　　　　C. 财务专用章　　　　　D. 法人章

8. 在企业对外签订合同时，如果没有刻印合同专用章，可用（   ）代替。

A. 企业公章　　　　　B. 发票专用章　　　　　C. 财务专用章　　　　　D. 法人章

9. 企业在缺少发票专用章的时候可以使用（   ）代替。

A. 企业公章　　　　　B. 合同专用章　　　　　C. 财务专用章　　　　　D. 法人章

10. 关于财务印章的使用，下列说法错误的是（   ）。

A. 财务印章原则上不得带出企业

B. 财务印章可以随时带出企业不需审批

C. 确有必要将印章带出企业时，需提交财务印章审批单并经公司负责人、财务部负责人审批同意

D. 由两位以上财务人员共同携带外出办理有关业务

（二）多项选择题

1. 假人民币一般可以划分为（   ）两大类。

A. 手绘币　　　　　　B. 伪造币　　　　　　C. 变造币　　　　　　D. 复印币

2. 银行预留财务印鉴一般由（   ）组成。

A. 企业公章　　　　　B. 财务专用章　　　　　C. 法人章　　　　　　D. 收讫章

3. 假币识别的方法有（   ）。

A. 看安全线　　　　　　　　　　　　B. 摸凹凸感

C. 听声音　　　　　　　　　　　　　D. 机器鉴别

4. 按照持钞姿势不同，手工点钞可分为（   ）。

A. 手持式点钞　　　　　　　　　　　B. 扇面式点钞

C. 单指单张点钞　　　　　　　　　　D. 手按式点钞

5. 在凭证、账表中小写金额书写错误时，正确的做法包括（   ）。

A. 用涂改液涂改或者先用小刀把明显错记刮掉

B. 用红笔在全部错误的数字上画一条单红线

C. 在错误的数字上面用蓝黑色墨水或碳素笔书写正确的数字

D. 并由经办人在更正的数字后面加盖印章，以明确责任

6. 可用于识别人民币真伪的常用工具和专业仪器有（   ）。

A. 紫外线灯　　　　　　　　　　　　B. 放大镜

C. 磁性探测仪　　　　　　　　　　　D. 验钞机

7. 点钞机具有（　　）常见的功能。

A. 打印钞票　　　　　　　　B. 清洗钞票

C. 清点钞票数目　　　　　　D. 伪钞识别

8. 防盗保险柜按照密码工作原理的不同，可分为（　　）。

A. 机械保险柜　　　　　　　B. 防火保险柜

C. 防磁保险柜　　　　　　　D. 电子式保险柜

9. 企业在（　　）时须加盖发票专用章。

A. 购买发票　　　　　　　　B. 开具发票

C. 修改发票　　　　　　　　D. 作废发票

10. 如遇到财务专用章遗失的情况，正确的做法包括（　　）。

A. 财务部负责人须及时向主管领导报告

B. 刊登遗失启事

C. 向开户银行、税务局等其他相关单位发函声明

D. 及时办理更换印鉴的手续

（三）判断题

1. 根据会计工作基础规范要求，登记账簿可以用蓝黑墨水、碳素墨水笔或者圆珠笔（银行的复写账簿除外）书写。（　　）

2. 阿拉伯数字在凭证和账表中书写时，除 4 和 5 外，其他数字要一笔写成，不能人为增加笔画。（　　）

3. 阿拉伯数字整数部分的书写，可按国际通用的"四位分节制"记数法，即从个位起，向左每四位数字作为一节，用分节点"，"分开或通过空四分之一格分开，以易于辨认和汇总计算。（　　）

4. 不管是阿拉伯数字，还是中文小写数字，由于笔画简单，容易被涂改伪造，所以一般文书和商业财务票据上的数字都要采用中文大写数字。（　　）

5. 手工点钞一般要经过拆把、持钞、点数、扎把这四个环节。（　　）

6. 在实际工作中，识别人民币真伪最好是人机结合。（　　）

7. 第五套人民币纸币上的隐形面额数字 100、50、20 等印于票面的正面左下方。（　　）

8. 常见的电子计算器有算术型计算器、科学型计算器，还有可编程序计算器。（　　）

9. 灰尘中带有大量自由电荷，产生"静电"，会对机器产生影响，影响鉴伪。（　　）

10. 银行预留财务印鉴是企业在银行开户时预留在银行的一组印章，用于企业以后和银行进行业务活动时，给银行授权的证明，一般由企业公章、财务专用章构成。（　　）

参考答案
训练出纳基本技能任务
测试参考答案与解析

二、综合自评

自评项目	自评内容	自评结果	
专业能力	正确、规范地书写大小写金额、日期等会计数字	A□　B□　C□　D□	A：85分及以上 B：75~85分 C：60~75分 D：60分以下
	规范、熟练使用手持式单指单张法整点钞票，达到出纳岗位对点钞的基本要求；迅速、准确地识别人民币真伪，并能规范处理残假币	A□　B□　C□　D□	
	规范、熟练使用计算器、支票打印机、支付密码器、多功能点钞机、保险柜等各种常用机具，并进行日常管理与维护	A□　B□　C□　D□	
	根据经济业务的内容正确使用各种财务印章	A□　B□　C□　D□	
素质提升	爱岗敬业、精益求精的工匠精神培养	A□　B□　C□　D□	
	珍惜爱护人民币，热爱祖国的基本职业素养提升	A□　B□　C□　D□	
	出纳机具使用中严格遵循企业管理制度的职业素养提升	A□　B□　C□　D□	
查缺补漏 （分条列出尚未掌握的知识点和技能点）			

项目二　现金结算业务

现金结算业务办理是出纳的基本工作之一，熟练办理现金结算业务是出纳人员必备的基本素质。现金结算是在商品交易、劳务供应等经济往来中直接使用现金进行应收应付款结算的行为。在我国主要适用于单位与个人之间的款项收付，以及单位之间在转账结算起点金额以下的零星小额收付。本项目包括现金管理、存取、收付及相应的账务处理等基本技能训练。

★ 项目分析

本项目主要进行库存现金管理规定的学习，开展现金存取业务、收付业务办理以及按日清查业务训练，练习现金结算业务的相关账务处理。通过学习达到以下要求：

1. 熟悉现金管理的主要规定，能准确计算库存现金限额并办理库存现金核定业务。
2. 掌握现金存取业务的办理流程，能熟练规范办理现金存取业务，并进行账务处理。
3. 掌握现金收付业务的办理流程，能熟练规范办理现金收付业务，并进行账务处理。
4. 理解现金每日清查的重要意义，掌握现金每日清查基本要求、工作内容与工作流程，能够规范地进行现金收支业务的单证核对、账证核对、现金盘点、编制现金盘点报告并进行长短款账务处理等工作。

★ 学习导图

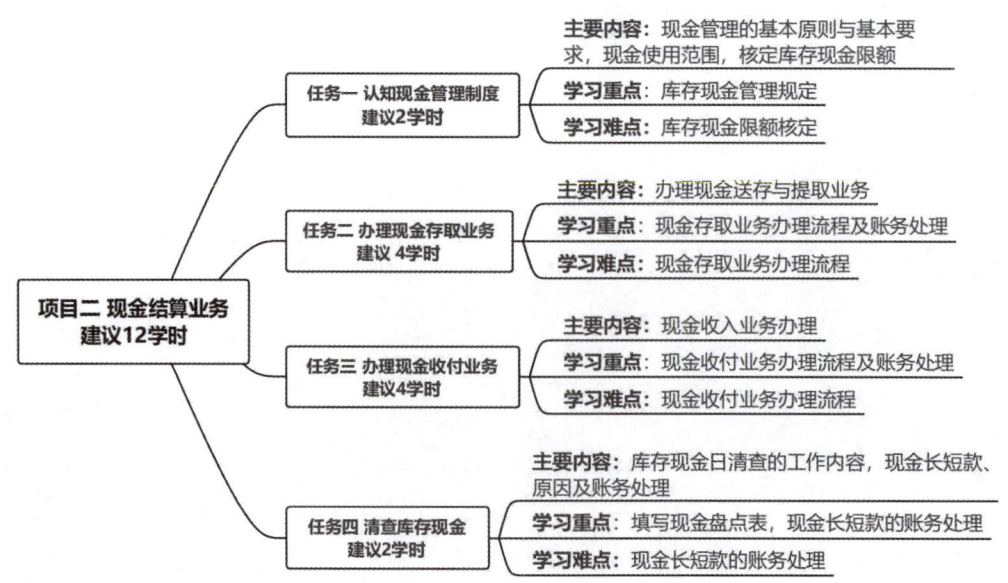

任务一　认知现金管理制度

📖 任务导入

　　魏丽成功应聘到利康公司做出纳后，上岗的第一周就迎来了众多挑战。职工小李前来报销业务招待费，职工小杨前来领取高温补贴，职工小王前来预支差旅费，收取销售部门零售的现金2万元……在利康公司所有这些业务都涉及到现金收付，这让魏丽感觉手忙脚乱，心想为什么都要用现金结算？保险柜里的钱不够了怎么办？会计周全决定让小张填写一张现金支票到银行提取备用金，同时将销售部门零售的现金缴存到银行。魏丽想：为什么不直接从收到的现金货款中进行上述支付呢？

　　实际上，企业结算特别是金额较小的业务结算离不开现金，关于现金结算我国有明确的规定，作为出纳员必须熟知这些规定，规范办理现金收取与支付业务，并进行序时核算。

📖 任务分析

　　现金又称库存现金，是指存放在单位财会部门，由出纳人员经管的货币，包括人民币和外币。现金管理就是对现金的收、付、存等各环节进行的管理。现金是流动性最强的资产，无需变现即可使用，因而成为犯罪分子的最直接作案目标。各单位应建立健全现金保管制度，避免由于制度不严、工作疏忽给犯罪分子可乘之机，给国家和单位造成损失。因此，熟悉现金管理的相关规定往往是出纳员入职以后的首要工作。

　　本任务主要进行以下训练：

　　1.认知现金管理制度。

　　2.核定库存现金限额。

📖 任务目标

　　1.知识目标

　　(1)熟悉现金管理规定。

　　(2)掌握库存现金核定业务办理流程。

　　2.能力目标

　　(1)能准确计算库存现金限额。

　　(2)严格遵守现金管理制度办理现金存取、收付业务。

　　3.素质目标

　　(1)提升对现金结算中严格遵守《现金管理暂行条例》等国家财经法规和企业财务管

理制度职业素养认知。

(2)培养对现金结算中严谨细致、精益求精的工匠精神，诚实守信的职业品格，以及对企业内外部善于沟通协作的服务意识的认知。

子任务一　认知现金管理制度

工作情境

魏丽第一天上班，会计主管周亮对魏丽说："一个企业每天都会有很多现金要经过出纳的手，要做好这项工作，一定要首先熟悉现行的有关现金收支管理的制度和规定。你先了解一下我们企业的基本情况及现金管理的规定。"于是，交给魏丽一些文件资料，让魏丽认真学习，尽快熟悉。

知识准备

遵守《现金管理暂行条例》

为了加强对现金结算的管理，我国于1988年9月12日由国务院颁布了《现金管理暂行条例》；1988年9月23日中国人民银行发布了《现金管理暂行条例实施细则》，规定了我国各单位办理现金结算的基本要求。

一、现金管理基本原则

依据国务院发布的《现金管理暂行条例》，现金管理应当遵循以下四个原则：

1.收付合法性原则

各单位在收付现金时必须符合国家的有关方针、政策和规章制度。

2.钱账分管原则

《现金管理暂行条例》实施细则

管钱的不管账，管账的不管钱。

3.收付两清原则

(1)一定要有复核手续。

(2)当面点清。

(3)如果初点和复点不相符，就应进行第三遍点验。

4.日清月结原则

出纳及有关责任人每天要把现金日记账结出余额，清点库存现金实有数，两者进行核对，要确保相符。出纳每月月末要将现金日记账与总账进行对账并结账。

二、现金使用范围

按照国务院发布的《现金管理暂行条例》规定，银行开户单位可以在下列范围内使用现金：

　　1.职工工资、津贴。

　　2.个人劳务报酬。

　　3.根据国家规定颁发给个人的科学技术、文化艺术、体育等各种奖金。

　　4.各种劳保、福利费用以及国家规定的对个人的其他支出。

　　5.向个人收购农副产品和其他物资的价款。

　　6.出差人员必须随身携带的差旅费。

　　7.结算起点以下的零星支出。

　　8.中国人民银行确定需要支付现金的其他支出。

三、现金管理基本要求

德知技并修

禁防违反现金
管理制度

　　根据《现金管理暂行条例》及其实施细则的规定，为了强化开户银行对现金的监督与管理，开户单位必须严格遵循现金管理的基本要求：

　　1.严格遵守开户银行核定的库存现金限额。库存现金限额由开户银行根据开户单位3-5天的日常零星开支所需要的现金核定。超过库存限额以外的现金应在下班前送存银行。远离银行机构或交通不便的单位可依据实际情况适当放宽，但最高不得超过15天。

　　2.严格实行收支两条线，不得擅自坐支现金。各单位现金收入应于当日送存银行。单位支付现金，可以从本单位库存现金限额中支付或者从开户银行提取，不得从本单位的现金收入中直接支付即坐支。

　　3.开户单位应当建立健全现金账目，逐笔记载现金支付。账目应当日清月结、账款相符，严格执行八个"不准"。

　　(1)不准用不符合财务制度的凭证顶替库存现金。

　　(2)不准单位之间相互借用现金。

　　(3)不准谎报用途套取现金。

　　(4)不准利用银行账户代其他单位和个人存入或支取现金。

　　(5)不准将单位收入的现金存入私人账户。

　　(6)不准保留账外公款，即小金库。

　　(7)不准发行变相货币。

　　(8)不准以任何票券代替人民币在市场上流通。

　　4.建立现金收支业务的岗位责任制，加强现金管理内部控制。会计机构内部必须由专职（或兼职）的出纳人员负责管理现金。出纳人员不能兼管稽核、会计档案保管和收入、费用、债权债务账目的登记工作。

　　5.一切现金收付必须有合法的原始凭证。收入现金应开具收款收据且必须坚持先收

款后开收据；支出现金，出纳人员应按规定程序审核并办理现金支付手续。出纳收付款后，必须在相关的凭证上加盖"现金收讫"或"现金付讫"印章。

6.大额现金支付登记备案制度，工资性支出和农副产品采购所用现金支出除外。

7.严格执行现金清查盘点制度。

业务处理

【业务】为考核魏丽对现金管理制度的学习情况，会计主管出了一个案例让魏丽分析。小张与小李都去一家公司应聘同一会计职位，经过面试，二人表现都很出色。事后二人分别接到财务经理的电话：单位出纳休产假三个月，担任会计期间同意兼任出纳吗？小张说："没问题。年轻人应该在实践工作中多锻炼。"小李说："不合适吧，会计不可以兼任出纳，经理还是另做安排吧。"该科技有限公司最终应录用小张还是小李？为什么？

魏丽根据对现金管理制度、出纳职责等的学习，给出了令人满意的回答：

会计机构内部应当建立稽核制度，出纳人员不得兼管稽核、会计档案保管和收入、费用、债权债务账目的登记工作。

按照钱账分管原则，凡是涉及款项和财物收付、结算及登记的任何一项工作，必须由两人或两人以上分工办理，以起到相互制约作用。

小李更加熟悉现金管理基本要求，应予以优先录用。

提升训练

1.2020年11月30日，对利康公司库存现金进行实地盘点后，发现实际库存现金数为384,379.18元，现金日记账上的账面余额为385,728.10元，账实不符，经核查，有四张公司职工私人借款的借条，合计697.90元。按财务制度规定，公司的库存现金限额为30,000元。

要求：分析该公司现金管理存在的问题。

2.2020年11月3日，出纳为了减少去银行存款的麻烦，将当天收到的15,000元现金直接用于：支付职工工资2,200元，支付向一般纳税人购入原材料货款5,000元，支付采购员差旅费3,000元，向个人收购农副产品1,300元。按现金管理规定，该公司的现金结算起点为2,000元。

要求：分析出纳的行为有何不当之处。

子任务二　核定库存现金限额

💰 工作情境

2020年11月10日，鉴于业务开展的需要，经与开户银行协商，核定本公司的库存现金的保留天数为4天。公司日常现金支出范围主要包括采购零星材料支出、零星劳务费支出、办公费和其他支出，其月度平均现金支出总额（但不包括定期的大额现金支出和不定期的大额现金支出）分别为36,000元、9,000元、6,000元和18,000元。那魏丽应如何计算库存现金限额呢？又如何向银行申请核定呢？经批准后库存现金限额又是多少呢？

💰 知识准备

一、库存现金限额基本规定

库存现金的限额，由开户行根据开户单位的实际需要和距离银行远近等情况核定。其限额一般按照单位3~5天日常零星开支所需现金确定。离银行机构较远或交通不便的单位可依据实际情况适当放宽，但最高不得超过15天。

凡在银行开户的独立核算单位都要核定库存现金限额。独立核算的附属单位，由于没有在银行开户，但需要保留现金，也要核定库存现金限额，其限额可包括在其上级单位库存限额内。商业企业的零售门市部需要保留找零备用金，其限额可根据业务经营需要核定，但不包括在单位库存现金限额之内。

一个单位在几家银行开户的，应由基本存款账户开户银行核定其库存现金限额。

二、设定库存现金限额目的

保持适度的现金余额，既能保证现金的安全，规范现金管理，预防发生财务舞弊，同时又能保证开户单位的现金正常使用。

三、库存现金限额核定

微课

核定库存
现金限额

开户单位与开户银行协商核定库存现金限额。

库存现金限额=每日零星支出额×核定天数

每日零星支出额=月（或季）平均现金支出额（不包括定期性的大额现金支出和不定期的大额现金支出）/月（或季）平均天数

核定的具体程序：首先，开户单位填制"库存现金限额申请批准书"。然后，将申请批准书报送单位主管部门，经主管部门签署意见，再报开户银行审查批准，开户单位凭开户银行批准的限额数作为库存现金限额。

库存现金限额一般每年核定一次，单位因生产和业务发展变化需要增加或减少库存限额时，可向开户银行提出申请，经批准后，方可进行调整。单位不得擅自超出核定限额增加库存现金。

业务处理

【业务】2020年11月10日，经与开户银行协商，核定公司库存现金的保留天数为4天。公司日常采购零星材料的支出、零星劳务费支出、办公费支出及其他现金支出分别为36,000元、9,000元、6,000元和18,000元。魏丽据此计算库存现金限额，并填写库存现金限额申批书，报主管部门、开户银行审批。

业务办理过程如下：

1.计算库存现金限额

每日零星采购材料的支出＝36,000÷30×4＝4,800元；

每日零星劳务费支出＝9,000÷30×4＝1,200元；

每日办公费支出＝6,000÷30×4＝800元；

每日其他支出＝18,000÷30×4＝2,400元。

库存现金限额=4,800+1,200+800+2,400=9,200元

2.填写库存现金限额申批书

根据上述库存现金限额计算情况，填写库存现金限额申批书（图2-1-1）。

库存现金限额申请批准书

申请单位：山东利康食品有限公司　　　　　　　单位：元
开户银行：中国建设银行滨州北海支行　　　　账号：3352028923567895

每日现金支付项目	保留现金理由	申请金额	批准金额	备注
与银行商定现金保留天数：4天				
材料采购	每月预计零星采购现金支出36,000元	4,800	4,800	
劳务费	每月预计零星劳务费现金支出9,000元	1,200	1,200	
办公费	每月预计办公费现金支出6,000元	800	800	
其他	每月预计其他现金支出18,000元	2,400	2,400	
合计		9,200	9,200	

申请单位	银行审查意见	申请主管部门意见
盖章	盖章 年　月　日	盖章 年　月　日

图2-1-1

3.报批

将申请批准书报送单位主管部门，经主管部门签署意见，再报开户银行审查批准。经核定，公司库存现金限额为9,200元。

提升训练

2020年11月2日，北京华光有限公司向其开户银行工商银行武侯支行（账号：7235689650）申请核定库存现金限额，核定本企业库存现金保留天数为3天。其日常零星开支资料为：每月预计差旅费90,000元，每月预计零星采购支出72,000元，每月预计其他零星支出54,000元。

要求：说明业务办理流程，分岗模拟办理此库存现金限额核定业务。（所需表单如图2-1-2所示）（注：公司无上级主管部门）。

库存现金限额申请批准书

申请单位：　　　　　　　　　　　　　　　　　　　　单位：元
开户银行：　　　　　　　　　　　　　　　　　　　　账号：

每日现金支付项目	保留现金理由	申请金额	批准金额	备注
与银行商定现金保留天数：				
合计				

申请单位	银行审查意见	申请主管部门意见
盖章 年　月　日	盖章 年　月　日	盖章 年　月　日

图2-1-2

任务评价

一、任务测试

（一）单项选择题

1.出纳人员不得兼任收入、费用、债权债务账簿的登记工作、会计档案保管工作以及稽核工作，这是遵循现金管理（　　）原则。

A.收付合法   B.钱账分管

C.收付两清   D.日清月结

2.下列业务不符合现金使用范围的是（　　）。

A.现金支付个人稿费1,500元   B.现金支付农户蔬菜采买费2,000元

C.现金支付职工差旅费10,000元   D.现金支付某企业原材料1,000元

3.库存现金限额一般按照单位 3 至 5 天日常零星开支所需现金确定，远离银行机构或交通不便的单位可依据实际情况适当放宽，但最高不得超过（　　）天。

A.7   B.10

C.12   D.15

（二）多项选择题

1.出纳人员应严格按照《现金管理暂行条例》中（　　）原则规范管理现金。

A.收付合法   B.钱账分管

C.收付两清   D.日清月结

2.一切现金收付必须有合法的原始凭证。收入现金应开具收款收据，并坚持（　　）。

A.先收款   B.先开票

C.后收款   D.后开票

3.关于库存现金限额的核定，说法正确的是（　　）。

A.库存现金限额=每日零星支出额×核定天数

B.每日零星支出额=月（或季）平均现金支出额（不包括定期性的大额现金支出和不定期的大额现金支出）/月（或季）平均天数

C.库存现金限额一般每季度核定一次

D.单位因生产和业务发展、变化需要调整库存限额时，可向开户银行提出申请，未经批准，单位不得擅自超出核定限额增加库存现金

（三）判断题

1.出纳每月要把现金日记账结出余额，与清点后的库存现金实有数核对，每月月末要将现金日记账与总账进行对账，并进行结账。   （　　）

2.库存现金限额由人民银行根据开户单位 3 至 5 天的日常零星开支所需要的现金核定。   （　　）

3.一个单位在多家银行开户的，可根据地理位置选择距离单位最近一家开户银行核定其库存现金限额。   （　　）

认知现金管理制度任务
测试参考答案与解析

二、综合自评

自评项目	自评内容	自评结果	
专业能力	准确计算库存现金限额	A□ B□ C□ D□	
	遵守现金管理制度办理现金存取收付存业务	A□ B□ C□ D□	
素质提升	对现金结算中严格遵守国家财经法规和企业财务管理制度的职业素养认知的提升	A□ B□ C□ D□	A：85分及以上 B：75~85分 C：60~75分 D：60分以下
	对现金结算中严谨细致、精益求精的工匠精神培养认知的提升	A□ B□ C□ D□	
	对现金结算中诚实守信的职业品格培养认知的提升	A□ B□ C□ D□	
	对现金结算中对企业内外部善于沟通协调协作的服务意识认知的提升	A□ B□ C□ D□	
查缺补漏（分条列出尚未掌握的知识点和技能点）			

任务二　办理现金存取业务

任务导入

魏丽在认真学习了现金管理制度之后，按照财务制度规定办理现金业务，于每日末进行现金盘点，只要当日现金余额超过库存现金限额的，便会将多余现金送存银行，而当库存现金余额不能满足单位的现金支付需要时，再从银行提取现金。魏丽严格遵守现金收支两条线、不得擅自坐支现金的管理要求，为此，多次受到领导表扬。而且，每次存取现金魏丽都仔细认真遵从规定业务流程办理，也深得银行工作人员的认可与信任。

任务分析

按照规定，各单位在其日常现金收支业务中，收取的现金应于当日送存开户银行。当日送存银行确有困难的，由开户银行确定送存时间。当企业使用现金而库存现金余额小于限额时，可以从银行提取现金。不论是送存现金还是提取现金，出纳员要提前做好准备工作。出纳去银行办理现金存取业务时，还要遵循银行的业务流程，认真填写相关的结算凭证。出纳在银行办理完现金存取业务后，要带回银行受理结算的相关凭证，还要及时登记库存现金、银行存款日记账。

基于上述工作分析，本任务主要进行以下训练：

1.办理现金送存业务。

2.办理现金提取业务。

任务目标

1.知识目标

(1)掌握现金交款单的填写方法，现金送存业务办理流程。

(2)掌握现金支票的填写方法，现金提取业务办理流程。

2.能力目标

(1)能正确填写现金交款单，准确签发现金支票。

(2)能规范熟练办理现金送存业务，并进行账务处理。

(3)能规范熟练办理现金提取业务，并进行账务处理。

3.素质目标

(1)提升现金存取中严格遵守《现金管理暂行条例》等国家财经法规和企业财务管理制度的职业素养。

(2)培养现金存取中严谨细致、精益求精的工匠精神，诚实守信的职业品格，对企业外部善于沟通协调协作的服务意识。

子任务1　办理现金送存业务

工作情境

2020年11月7日，魏丽将超过库存现金限额的现金5,690元送存银行。魏丽去银行送款之前应该做哪些准备？去银行柜台需要填写哪些结算凭证？按照什么样的流程办理此项业务？

知识准备

出纳人员对当天收到的现金和超出库存限额部分的现金应当及时送存银行，其程序一般为：

微课

送存现金

1.整点票币，按票面金额整理，清点现金。

2.到银行送存现款，填写现金交款单。

3.银行及送款人双方确认无误后，由银行按规定在现金交款单上签章，银行盖章后退回交款人回单联。

4.出纳将审核无误的银行回单交会计填制记账凭证。

5.出纳根据审核无误的记账凭证登记现金日记账。

业务处理

【业务】2020年11月7日，魏丽收到一笔现金销售货款，金额为5,690元，其中100元面额50张，50元面额12张，20元面额4张，10元面额1张。魏丽将这笔货款按规定送存建设银行。

业务办理过程如下：

1.整点票币

将同面额纸币摆放在一起，并进行清点。清点确认金额为5,690元。

2.填写现金交款单

确认金额无误后，填写一式两联的现金交款单，将现金连同现金交款单一起送交银行柜台收款员（图2-2-1，图2-2-2）。

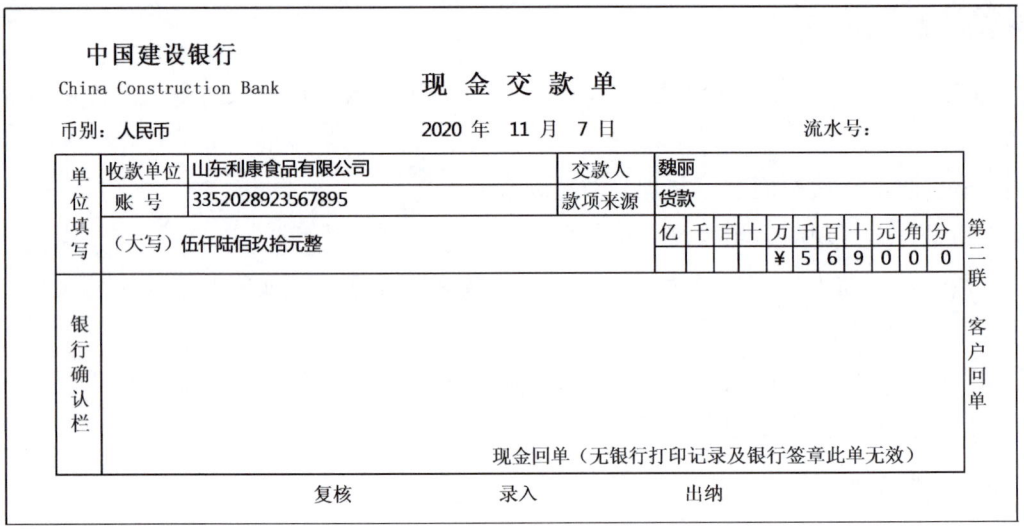

图2-2-1

中国建设银行
China Construction Bank　　　　　现 金 交 款 单

币别：人民币　　　　　　2020 年 11 月 7 日　　　　流水号：

单位填写	收款单位	山东利康食品有限公司	交款人	魏丽											第二联 客户回单
	账 号	3352028923567895	款项来源	货款											
	(大写) 伍仟陆佰玖拾元整			亿 千 百 十 万 千 百 十 元 角 分						¥ 5 6 9 0 0 0					
	银行确认栏														

现金回单（无银行打印记录及银行签章此单无效）

复核　　　　录入　　　　出纳

图2-2-2

注意：现金交款单填写时，交款日期必须填写为交款的当日，收款单位名称应填写全称，款项来源要如实填写，大小写金额的书写要标准。

3.送存交款

在交款时必须同银行柜台收款员当面交接清点。银行柜员清点无误后，在现金交款单第二联回单联加盖业务专用章，并将第二联回单联（图2-2-3）退还给魏丽，魏丽接到回单联后立即进行检查，确认为本单位交款回单，待银行有关手续办妥后离开柜台。

出纳员在送存现金时应注意以下事项：

第一，凡经整理好准备送存银行的现金，在填好现金交款单后，一般不宜再行调换

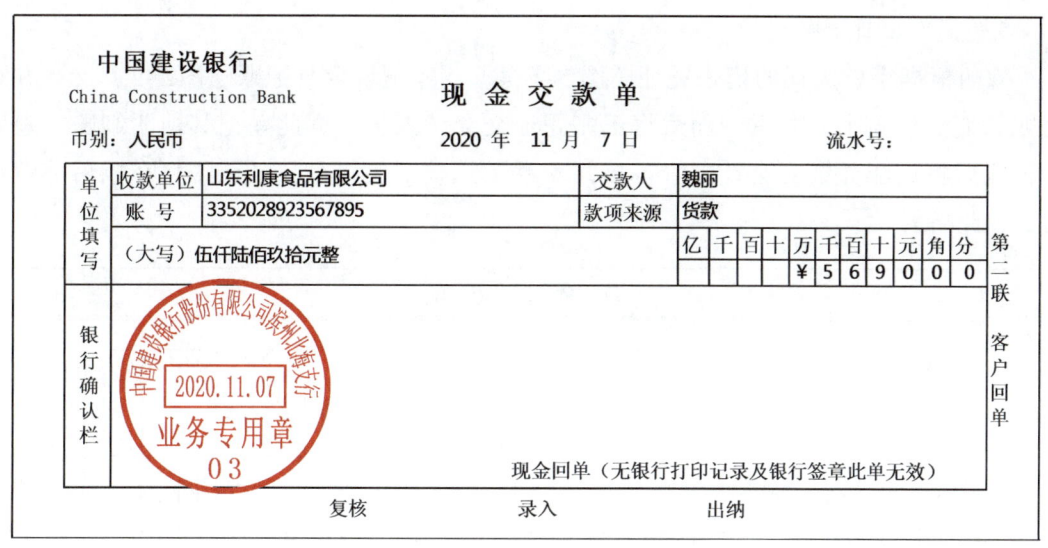

图2-2-3

票面。如确需调换的，应重新复点，同时重新填写现金交款单。

第二，交款人应是现金整理人，这样可以避免发生差错时责任不明的问题。

第三，送存途中必须注意安全，送存大额款项时，最好用专车，并派人护送。

第四，临柜交款时，交款人必须与银行柜台收款员当面交接清点，做到一次交清，不得边清点边交款。

第五，在等待交款过程中应做到钞不离手，不能置于柜台之上，以防发生意外。

4.填制审核记账凭证

魏丽将盖有银行印鉴的现金交款单第二联回单联带回交会计周全填制记账凭证，并交李晓娜审核（图2-2-4）。

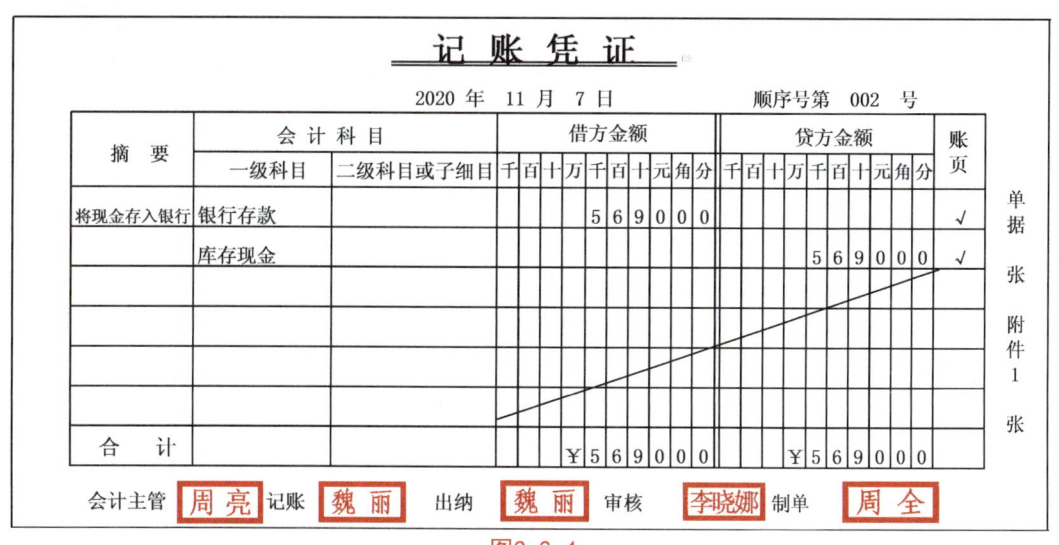

图2-2-4

说明：本凭证所附原始凭证1张（图2-2-3）。

5.登记现金日记账

魏丽根据审核无误的记账凭证（图2-2-4），登记现金日记账（图2-2-5），并在记账凭证上加盖个人名章，随后将记账凭证交会计人员，据此登记其他明细账、总账（记账后将记账凭证交会计主管审核并盖章）。登记银行存款日记账将在以后陆续学习，在此略去。

现金日记账   6

2020年		凭证		对方科目	摘要	总页	借方											贷方											借或贷	余额										
月	日	种类	号数				亿	千	百	十	万	千	百	十	元	角	分	亿	千	百	十	万	千	百	十	元	角	分		亿	千	百	十	万	千	百	十	元	角	分
11	1				期初余额																								借					9	0	0	0	0	0
	7	记	001	主营业务收入	现销收现							5	6	9	0	0	0												借				1	4	6	9	0	0	0
	7	记	002	银行存款	现金存银行																		5	6	9	0	0	0	借					9	0	0	0	0	0

图2-2-5

说明：

在登记现金日记账时，对方科目栏应填入记账凭证中与库存现金科目对应的科目，用以反映库存现金增减变化的来龙去脉。在填写对应科目时，应注意以下三点：

第一，只填总账科目，无需填明细科目。

第二，当对方科目有多个时，应填入主要对应科目，如销售产品收到现金，则对应科目有"主营业务收入"和"应交税费"，此时可在对应科目栏中填入"主营业务收入"。在借方金额栏中填入取得的现金总额，而不能将一笔现金增加业务拆分成两个对应科目金额填入两行。

第三，当对方科目有多个且不能从科目上划分出主次时，可填入其中金额较大的科目，并在其后加上"等"字。如用现金800元购买零星办公用品，其中300元由车间使用，500元由行政管理部门使用，则应填"管理费用等"，在贷方金额栏中填入支付的现金总额800元。

💰 **提升训练**

2020年11月9日，魏丽将收回的欠款2,653.92元送存建设银行。要求：说明业务办理流程，分岗模拟办理此现金送存业务（所需表单如图2-2-6至图2-2-8所示，现金交款单第二联略）

中国建设银行
China Construction Bank

现 金 交 款 单

币别：　　　　　　　　年　月　日　　　　　流水号：

单位填写	收款单位		交款人											
	账　号		款项来源											
	（大写）			亿	千	百	十	万	千	百	十	元	角	分
银行确认栏														

第一联　银行记账凭证

现金回单（无银行打印记录及银行签章此单无效）

复核　　　　　　录入　　　　　　出纳

图2-2-6

记 账 凭 证

年　月　日　　　　顺序号第　号

摘　要	会 计 科 目		借方金额									贷方金额									账页
	一级科目	二级科目或子细目	千	百	十	万	千	百	十	元	角	分	千	百	十	万	千	百	十	元	角	分	
合　计																						

单据　张　附件　张

会计主管　　　　记账　　　　出纳　　　　审核　　　　制单

图2-2-7

现 金 日 记 账　　　　　　6

2020年		凭证		对方科目	摘　要	总页	借　方											贷　方											借或贷	余　额										
月	日	种类	号数				亿	千	百	十	万	千	百	十	元	角	分	亿	千	百	十	万	千	百	十	元	角	分		亿	千	百	十	万	千	百	十	元	角	分
11	1				期初余额																								借				9	0	0	0	0	0
	7	记	001	主营业务收入	现销收现						5	6	9	0	0	0													借			1	4	6	9	0	0	0
	7	记	002	银行存款	现金存银行																	5	6	9	0	0	0	借				9	0	0	0	0	0

图2-2-8

子任务2　办理现金提取业务

🪙 工作情境

公司由于现金付款业务比较多，当现金支出比较频繁时，魏丽需要每天去银行提取现金。而且魏丽还发现，银行对提现时需要填制的结算凭证要求非常严苛，从头到尾一点错误都不能出，一个地方填错就得重填。不过这也难不倒魏丽，因为她的出纳基本技能掌握得非常扎实。2020年11月10日，又到发放工资的时间了，按惯例魏丽为准备工资款需要去银行提现48,965元。

🪙 知识准备

一、现金提取基本规定

当企业零星支出需要支付现金，而库存现金余额小于库存现金限额而需要补足现金时，可从银行基本存款账户提取现金。提取现金时必须填写现金支票。

现金支票是专门用于支取现金的一种支票，由存款人签发，委托开户银行向收款人支付一定数额的现金。开户单位应按现金的开支范围签发现金支票，现金支票的金额起点为100元，其付款方式是见票即付。

现金支票由支票正联、支票正联背面和存根联组成。支票正面不能有涂改痕迹，否则该支票作废。收票人如果发现支票填写不全，可以补记，但不能涂改。支票的有效期为10天，日期首尾算一天（算头不算尾，算尾不算头），节假日顺延。

二、现金提取业务办理流程

1.按要求填写现金支票，正联加盖预留印鉴后作银行提现依据，存根撕下作为填制记账凭证的依据。

2.将支票正联交于银行办理付款业务，等待取款。

3.清点现金，当面清点现金数量，清点无误后才能离开柜台。

4.会计根据支票存根联填制记账凭证。

5.出纳根据审核无误的记账凭证登记现金日记账。

三、现金支票填制要求

(1)出票日期（大写）：填写开票当天的日期，数字必须大写。

(2)收款人：现金支票收款人可以是本单位，此时现金支票背面被背书人栏内加盖本单位的预留银行印鉴之后，出纳可凭现金支票直接到开户银行提取现金（由于有的银行各营业点联网，所以也可到联网营业点取款，具体要看联网覆盖范围而定）；也可以是个人，此时现金支票背面不盖任何章，收款人在现金支票背面填上身份证号码和发证机关名称，凭身份证和现金支票签字领款。

(3)付款行名称、出票人账号：为本单位开户银行名称及银行账号。

(4)金额：大小写均应按规范填写齐全，且数额一致。

(5)用途：现金支票用途的填写有一定限制，一般填写备用金、差旅费、工资、劳务费等。转账支票没有具体规定，可填写如货款、代理费等等。

(6)盖章：支票正面加盖银行预留印鉴，缺一不可，正联和存根连接处需加盖骑缝章。

(7)密码：在支付密码器上输入支票编号等信息后，密码会自动产生。将该密码填入密码栏，银行核对相符方可办理提现业务。

(8)存根：附加信息，一般填写收款人的账号、出票日期（小写填列）；收款人（应填写收款单位全称，不得简写）、金额（小写填列）、用途（与正联内容一致）。

微课

提取现金

💰 业务处理

【业务】2020年11月10日，魏丽因发放工资需要去银行提现48,965元。

业务办理过程如下：

1.填写并打印现金支票

按照规范要求填写现金支票，用专用支票打印机打印，并在支票正联及背面加盖预留银行财务印鉴，如图2-2-9和图2-2-10所示。

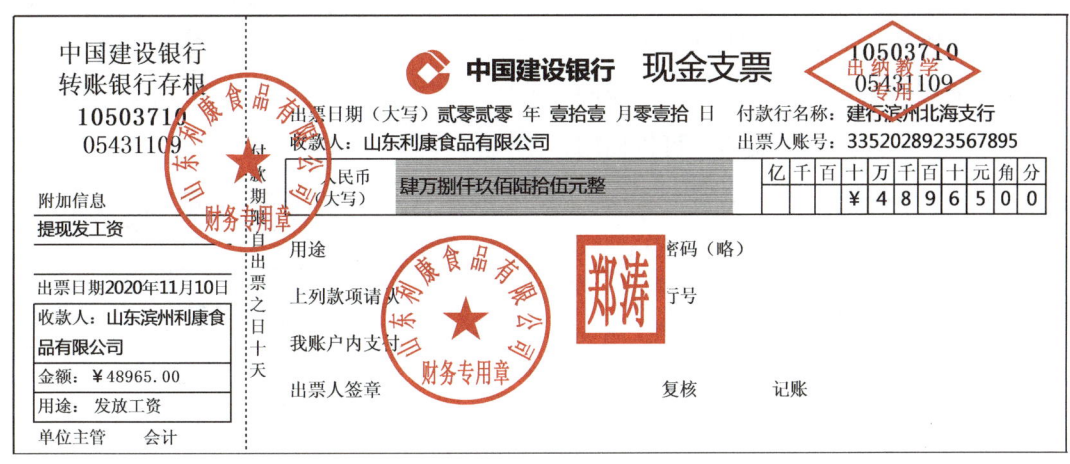

图2-2-9　现金支票正面

附加信息

山东利康食品有限公司 财务专用章

郑涛

收款人签章
年 月 日

（贴粘单处）

根据《中华人民共和国票据法》等法律法规的规定，签发空头支票由中国人民银行处以票面金额5%但不低于1000元的罚款。

身份证件名称： 发证机关：
号码：

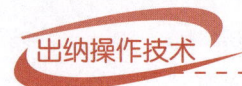

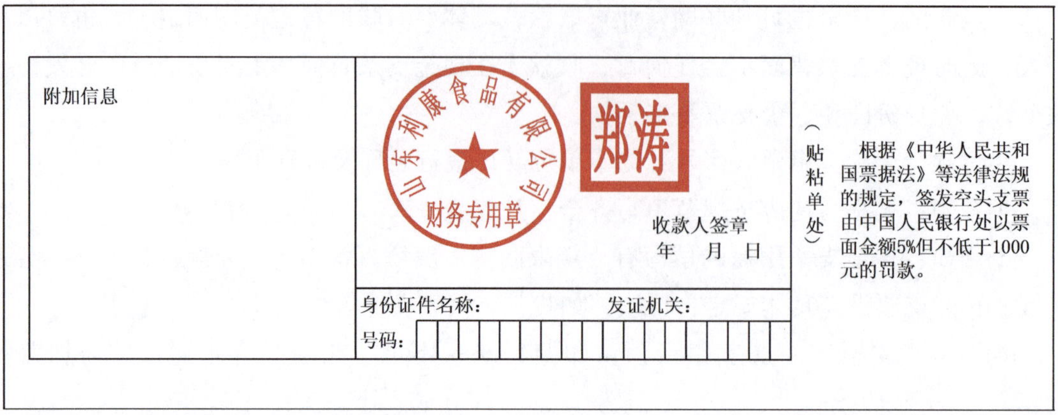

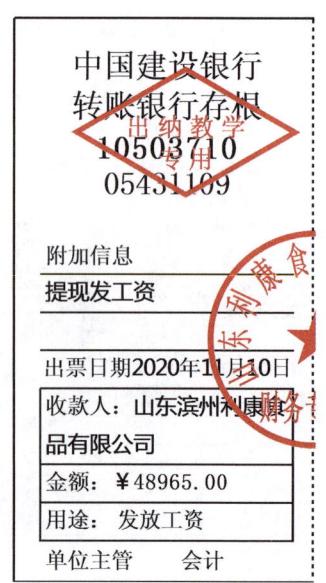

图2-2-10 现金支票背面

2.将支票正联交于银行办理取款业务

取款人持现金支票正联到银行取款时，交银行有关人员审核，审核无误后将支票交给银行经办人员，等待取款。银行经办人员对支票进行审核，核对密码、预留印鉴及骑缝章后，办理规定的付款手续。取款人应根据银行经办员的要求回答应提取的数额，回答无误后银行经办人员即照支票付款。

3.收到并清点现金

取款人收到现金时，应当面清点现金数量，清点无误后才能离开柜台。

清点时要注意：

(1)清点现金特别是在单位清点，最好由两人以上同时进行。

(2)清点现金应逐捆、逐把、逐张进行。

(3)在清点时发现有残缺以及假钞应向银行要求调换。

(4)所有现金应清点无误后才可以使用。

4.填制审核记账凭证

魏丽将支票存根联（图2-2-11）交周全填制记账凭证，并交李晓娜审核（图2-2-12）。

5.登记现金日记账

魏丽根据审核无误的记账凭证（图2-2-12），登记现金日记账（图2-2-13），并在记账凭证上加盖个人名章，随后将记账凭证交会计人员据此登记其他明细账、总账。

中国建设银行
转账银行存根
10503710
05431109

附加信息
提现发工资

出票日期2020年11月10日
收款人：山东滨州利康食品有限公司
金额：￥48965.00
用途：发放工资
单位主管 会计

图2-2-11

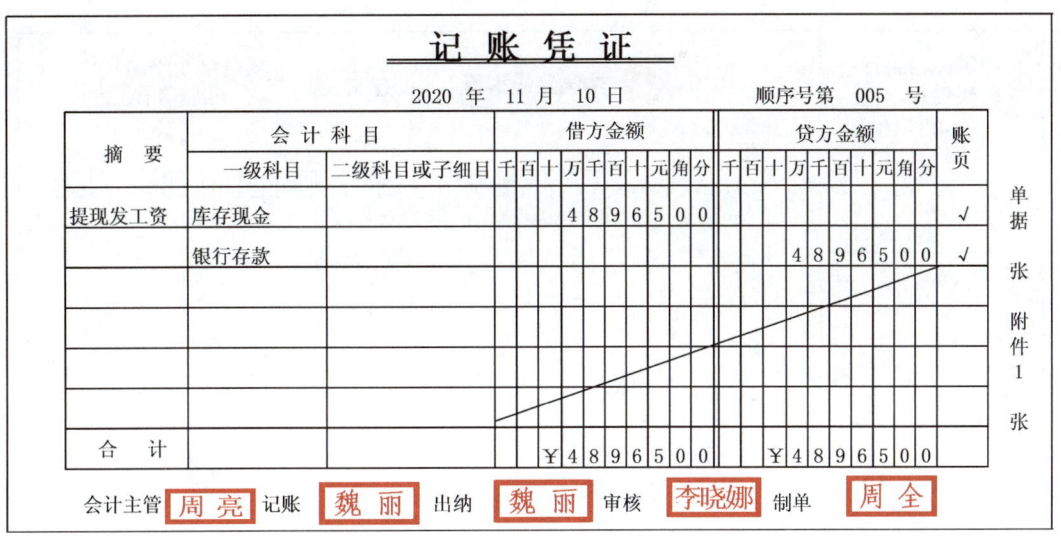

记 账 凭 证

2020 年 11 月 10 日 　　　　顺序号第 005 号

摘 要	会 计 科 目		借方金额 千百十万千百十元角分	贷方金额 千百十万千百十元角分	账页
	一级科目	二级科目或子细目			
提现发工资	库存现金		4 8 9 6 5 0 0		√
	银行存款			4 8 9 6 5 0 0	√
合 计			￥4 8 9 6 5 0 0	￥4 8 9 6 5 0 0	

会计主管 周亮 记账 魏丽 出纳 魏丽 审核 李晓娜 制单 周全

单据张 附件1张

图2-2-12

说明：本凭证所附原始凭证1张（图2-2-11）。

现 金 日 记 账　　　　6

2020年 月 日	凭证 种类 号数	对方科目	摘 要	总页	借　方 亿千百十万千百十元角分	贷　方 亿千百十万千百十元角分	借或贷	余　额 亿千百十万千百十元角分
11 1			期初余额				借	9 0 0 0 0 0
7	记 001	主营业务收入	现销收现		5 6 9 0 0 0		借	1 4 6 9 0 0 0
7	记 002	银行存款	现金存银			5 6 9 0 0 0	借	9 0 0 0 0 0
9	记 003	应收账款	收回欠款		2 6 5 3 9 2		借	1 1 6 5 3 9 2
9	记 004	银行存款	现金存银			2 6 5 3 9 2	借	9 0 0 0 0 0
10	记 005	银行存款	提现发工资		4 8 9 6 5 0 0		借	5 7 9 6 5 0 0

图2-2-13

提升训练

2020年11月11日，外地供货单位出纳员刘静前来回收上月未结清的材料款27,508.03元。因转账支票异地结算不方便，且出纳刘静行程仓促，库存现金余额不足以当日支付，周亮批准魏丽给刘静开具现金支票，让她去建设银行直接提现。刘静身份证号：372301197709081111。

要求：说明业务办理流程，分岗模拟办理此提现业务。（所需表单如图2-2-14至图2-2-17所示）

中国建设银行 转账银行存根 **10503710** **05431112**		
附加信息		
出票日期　年　月		
收款人：		
金额：		
用途：		
单位主管　会计		

付款期限自出票之日十天

中国建设银行　**现金支票**

10503710
出纳教学
05431112
专用

出票日期（大写）　　　年　　月　　日　　付款行名称：

收款人：　　　　　　　　　　　　　　　　出票人账号：

人民币
（大写）　　　　　　　　　　　　　亿 千 百 十 万 千 百 十 元 角 分

用途　　　　　　　　　　　密码（略）

上列款项请从　　　　　　　　　行号

我账户内支付

出票人签章　　　　　　　　复核　　　记账

图2-2-14 现金支票正面

附加信息

收款人签章
年　月　日

身份证件名称：　　　发证机关：

号码：

（贴粘单处）　　根据《中华人民共和国票据法》等法律法规的规定，签发空头支票由中国人民银行处以票面金额5%但不低于1000元的罚款。

图2-2-15 现金支票背面

记 账 凭 证

年　　月　　日　　　　顺序号第　　号

摘要	会计科目		借方金额	贷方金额	账页
	一级科目	二级科目或子细目	千百十万千百十元角分	千百十万千百十元角分	
合计					

会计主管　　　记账　　　出纳　　　审核　　　制单

单据　张　附件　张

图2-2-16

银 行 存 款 日 记 账																																				11	
2020年		凭证		结算方式	凭证编号	摘 要	总页	借 方										贷 方										借或贷	余 额									
月	日	种类	号数					亿	千	百	十	万	千	百	十	元	角	分	亿	千	百	十	万	千	百	十	元	角	分		亿	千	百	十	万	千	百	十	元	角	分
						......																								借				7	5	2	2	1	0	0	0

图2-2-17

任务评价

一、任务测试

（一）单项选择题

1.出纳人员对当天收到的现金和超出库存限额部分的现金应当及时送存银行，下列做法有误的是（　　）。

A.整点票币

B.填写现金交款单，银行审核盖章

C.出纳将银行回单交会计填制记账凭证

D.会计根据审核无误的记账凭证登记现金日记账

2.当企业零星支出需要补充库存现金时，可从银行（　　）提取现金。

A.基本存款账户　　　　　　　　　B.一般存款账户

C.专用存款账户　　　　　　　　　D.临时存款账户

3.签发现金支票提取现金业务填制记账凭证的入账依据是（　　）。

A.现金交款单回单　　　　　　　　B.现金支票正联

C.现金支票存根联　　　　　　　　D.不需要依据

（二）多项选择题

1.在登记库存现金日记账时，对方科目栏的填写应注意（　　）。

A.只填总账科目，无须填明细科目

B.填写总账科目与填明细科目

C.当对方科目有多个时，应填入主要对应科目，在金额栏中填入取得或支付的现金总额

D.当对方科目有多个且不能从科目上划分出主次时，可填入其中金额较大的科目，并在其后加上"等"字

2.企业日常业务所需现金，可由出纳签发现金支票到银行取款，关于现金支票的使用，下列选项中错误的有（　　）。

A.现金支票的金额起点为100元

B.现金支票既能用于提取现金，也能用于银行转账

C.现金支票的出票日期大写

D.支票的有效期为10天（含节假日）

3.现金支票的收款人可以是（　　）。

A.单位，现金支票背面不盖任何章

B.单位，现金支票背面加盖单位的预留银行印鉴

C.个人，现金支票背面不盖任何章

D.个人，现金支票背面填上身份证号码和发证机关名称

（三）判断题

1.填好现金交款单后，一般不宜再行调换准备送存银行的现金票面，如确需调换的，应重新复点，同时重新填写现金交款单。　　　　　　　　　　　　　　　　（　　）

2.现金支票正面加盖银行预留印鉴，企业公章和法人章缺一不可，正联和存根连接处需加盖骑缝章。　　　　　　　　　　　　　　　　　　　　　　　　　　　（　　）

参考答案

办理现金存取业务任务
测试参考答案与解析

3.如果发现支票填信息写不全或者填写错误，出纳人员可以在银行工作人员的监督下进行涂改更正。　　　　　　　　　　　　　　　　　　　　　　　　　　　　（　　）

二、综合自评

自评项目	自评内容	自评结果	
专业能力	正确填写现金交款单，准确签发现金支票	A□　B□　C□　D□	
	规范熟练办理现金送存业务，并进行账务处理	A□　B□　C□　D□	
	规范熟练办理现金提取业务，并进行账务处理	A□　B□　C□　D□	A：85分及以上 B：75~85分 C：60~75分 D：60分以下
素质提升	现金存取中严格遵守《现金管理暂行条例》等国家财经法规和企业财务管理制度的职业素养提升	A□　B□　C□　D□	
	现金存取中严谨细致、精益求精的工匠精神培养	A□　B□　C□　D□	
	现金存取中诚实守信的职业品格培养	A□　B□　C□　D□	
	现金存取中对企业内外部善于沟通协调协作的服务意识提升	A□　B□　C□　D□	
查缺补漏（分条列出尚未掌握的知识点和技能点）			

任务三　　办理现金收付业务

任务导入

出纳的工作看似简单，但实际非常琐碎。魏丽总结了2020年10月的日常工作：业务员王红2020年10月9日因生病住院预借现金5,000元，2020年10月12日王红出院后将上述借款归还；2020年10月9日，采购员李峰预借差旅费3,000元；2020年10月25李峰出差回来报销差旅费；2020年10月16日，收到销售货款11,700元，现金结算……。魏丽切实体会到出纳工作的不容易。

总结魏丽的这些工作，与现金的存取业务一样，现金收取支付也是出纳的重要工作内容。

任务分析

现金收入业务是各单位在其所开展的生产经营和非生产经营性业务过程中取得现金的业务。出纳人员在进行现金收入业务核算时，一般都要涉及原始凭证的填制和审核、现金收取及现金日记账的登记。现金支付业务是指各单位在其生产经营过程和非生产经营过程中支付现金的业务。现金支付时，一定要开出有效的支出凭证，并且要有严格的审批手续。

基于上述工作分析，本任务主要进行以下训练：

1.办理现金收入业务。

2.办理现金支付业务。

任务目标

1.知识目标

(1)掌握现金收入业务的基本办理要求和流程。

(2)掌握现金支付业务的基本办理要求和流程。

2.能力目标

(1)能正确开具增值税专用发票、收款收据、借款单以及差旅费报销单等常见单据。

(2)能正确办理现金收入业务，并进行账务处理。

(3)能正确办理现金支付业务，并进行账务处理。

3.素质目标

(1)提升现金收付中严格遵守《现金管理暂行条例》等国家财经法规和企业财务管理制度的职业素养。

(2)培养现金收付中严谨细致、精益求精的工匠精神，诚实守信的职业品格，对企业外部善于沟通协调协作的服务意识。

子任务1　办理现金收入业务

🪙 工作情境

2020年11月12日，魏丽收到客户上交的当日购买本企业豆制品的现金购货款45,200元和销售部门的销售清单，要求开具销售发票和收款收据。魏丽不小心把收款收据的收款人写错了，便把开错的收据连同存根撕掉了，会计主管周亮看到后，狠狠地批评了魏丽，并让她把撕掉的收据重新粘好，然后让她开出了一张正确的收款收据，并加盖好现金收讫账后，交给对方。

🪙 知识准备

现金收入业务是各单位在其所开展的生产经营和非生产经营性业务过程中取得现金的业务。

一、现金收入业务原始凭证

1.原始凭证种类

一般来说，涉及现金收款业务的原始凭证，可以分为以下几种：

(1)发票。发票是指企业、事业单位在购销商品、提供和接受劳务以及从事其他经营活动中开具、收取的收付款凭证。

(2)非经营性收据。非经营性收据指国家机关、事业单位等按规定收取规费和咨询服务费用时所开具的收款收据。非经营性收据由财政部门统一印制或加盖监制章。

(3)内部收据。内部收据一般适用于单位内部职能部门或与职工之间的现金往来及与外部单位和个人之间的非经营性现金往来。

2.原始凭证开具的注意事项

(1)在开具现金收款原始凭证时，要正确选用现金收款原始凭证。

(2)在填开现金收款原始凭证时，应当按照经济业务如实填开。

(3)在填开现金收款凭证（特别是发票、非经营性收据）时，如发生错误，应将该凭证保留在发票本上，并加盖"作废"章，以示注销，不得随意将错误凭证丢弃，或连同该凭证存根联一并撕去。

二、现金收入业务办理流程

现金收入业务办理主要包括现金收回营业收入和现金收回往来款项。现金收回营业收入包括主营业务收入和其他业务收入两部分。现金收回往来款项主要包括收回本单位职工借款、收回预借差旅费长款、收回本单位应收款等。

现金收入业务办理的一般流程如下：

1.收取现金时，要审核现金收入的来源及有关原始凭证。

2.当面清点现金，双方确认无误，并妥善保管现金。

3.现金收回后要出具收款收据，并在收据上加盖现金收讫章，或在审核无误的销售发票上加盖现金收讫章。

4.出纳将审核无误的业务单据交会计填制记账凭证。

5.出纳根据审核无误的记账凭证登记现金日记账。

💰 业务处理

【业务1】2020年11月12日，客户滨州红星副食品批发公司购买利康公司蛋白粉50箱，单价为800元，增值税税率为13%，价税款共计45 200元，因无法使用转账结算当日以现金付款。滨州红星副食品批发公司的相关资料如下，纳税人识别号：9137160060002618ED；地址：滨州市渤海路109号；开户行：中国建设建行滨州渤海支行；银行账号：4407295552345888。魏丽根据销售清单开具销售增值税专用发票，并按发票金额收款。

业务办理过程如下：

1.魏丽收到销售部门送交的销售清单，审核客户基本信息、销售单价、金额等信息。

2.收取并清点现金。魏丽对客户滨州红星副食品批发公司交来的现金当场清点，确认现金是否与实际结算金额一致。

3.开具销售发票。由于本企业属于增值税一般纳税人，魏丽利用税控装置机开一式三联的增值税专用发票（图2-3-1至图2-3-3），并交李晓娜复核。复核无误后，将第二联、第三联交购货方，并在第一联加盖现金收讫章（图2-3-1）以备记账。

4.魏丽将加盖好现金收讫章的第一联交周全填制记账凭证，交李晓娜审核（图2-3-4）。

5.魏丽根据审核无误的记账凭证（图2-3-4），登记现金日记账（图2-3-5），并在记账凭证上加盖个人名章，随后将记账凭证交会计人员据此登记其他明细账、总账。

【业务2】2020年11月12日，职工王红归还上月10月9日借款5,000元。魏丽收款，并开具收款收据。

业务办理过程如下：

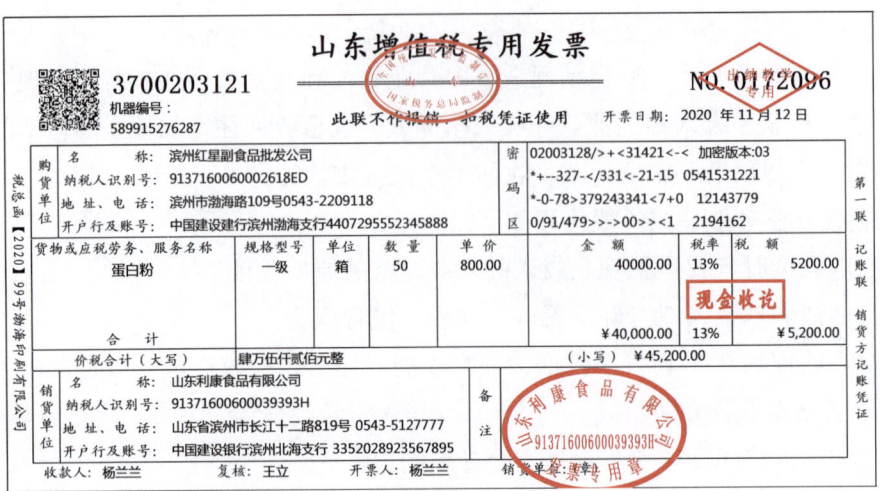

图2-3-1

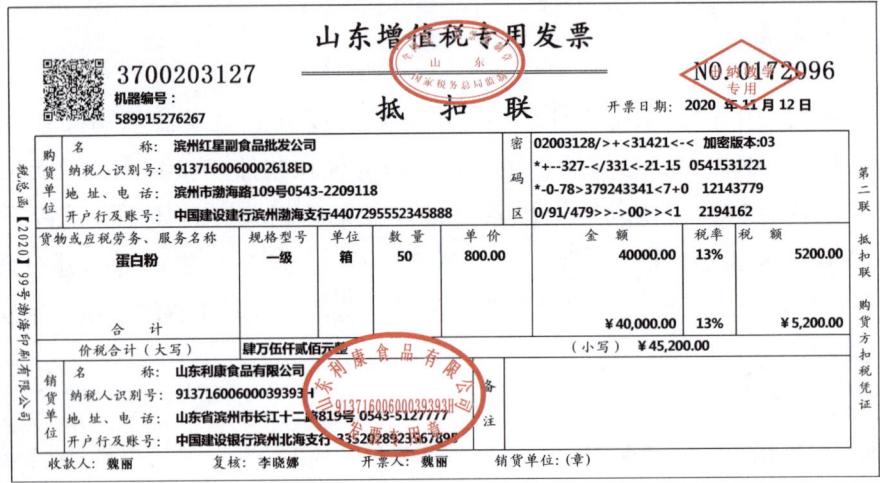

图2-3-2

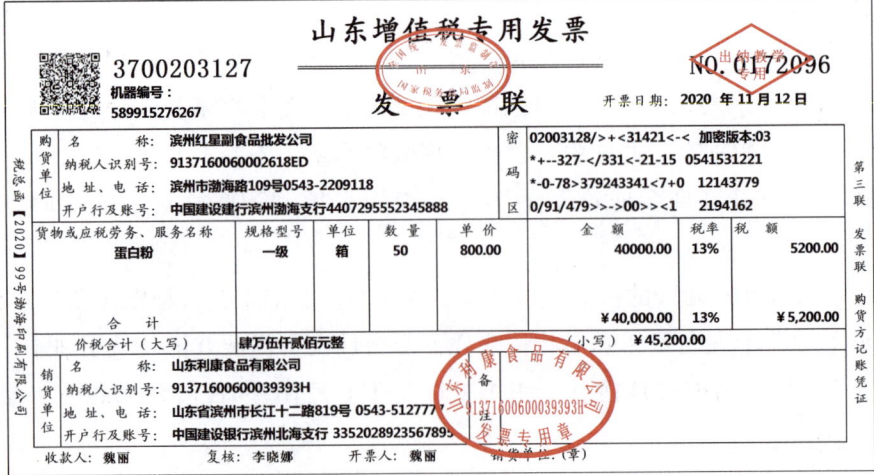

图2-3-3

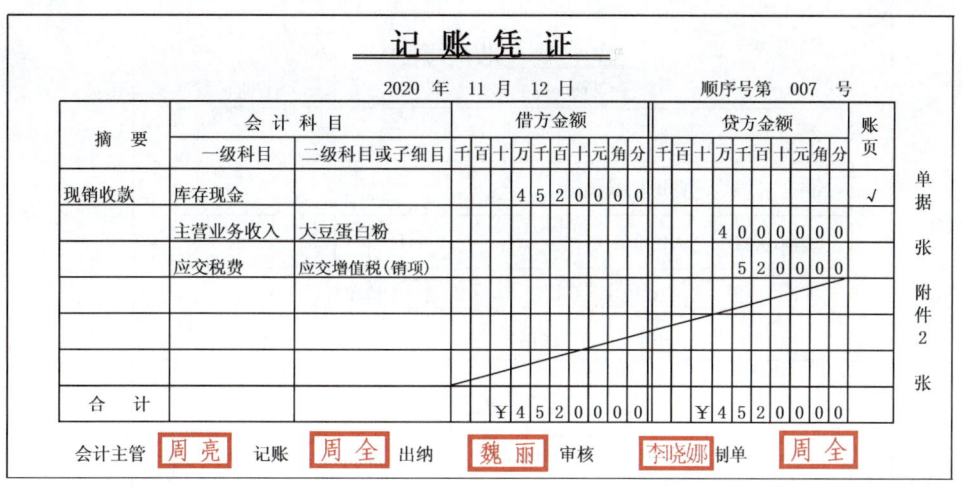

图2-3-4

说明：本凭证所附原始凭证2张（图2-3-1，销售清单略）。

2020年		凭证		对方科目	摘 要	总页	借 方										贷 方										借或贷	余 额									
月	日	种类	号数				亿	千	百	十	万	千	百	十	元	角	分	亿	千	百	十	万	千	百	十	元	角	分		亿	千	百	十	万	千	百	十	元	角	分
					······																								借					9	0	0	0	0	0
	10	记	005	银行存款	提现发工资						4	8	9	6	5	0	0												借					5	7	9	6	5	0	0
	11	记	006	应付职工薪酬	发工资																	4	8	9	6	5	0	0	借						9	0	0	0	0	0
	12	记	007	主营业务收入	现销收款						4	5	2	0	0	0	0												借					5	4	2	0	0	0	0

现 金 日 记 账　　　　　　6

图2-3-5

1.魏丽根据借款存根核实王红还款金额是否正确。

2.核实还款金额无误后，清点现金，开具收款收据。魏丽根据实收现金填写一式三联的现金收款收据，交李晓娜、周亮审核。审核无误后，魏丽留存第一联（图2-3-6），第二联加盖财务专用章（图2-3-7），交王红作为收执，第三联加盖现金收讫章（图2-3-8）交会计记账。

3.魏丽将加盖好现金收讫章的第三联交会计周全填制记账凭证，并交李晓娜审核（图2-3-9）。

4.魏丽根据审核无误的记账凭证（图2-3-9），登记现金日记账（图2-3-10），并在记账凭证上加盖个人名章，随后将记账凭证交会计人员据此登记其他明细账、总账。

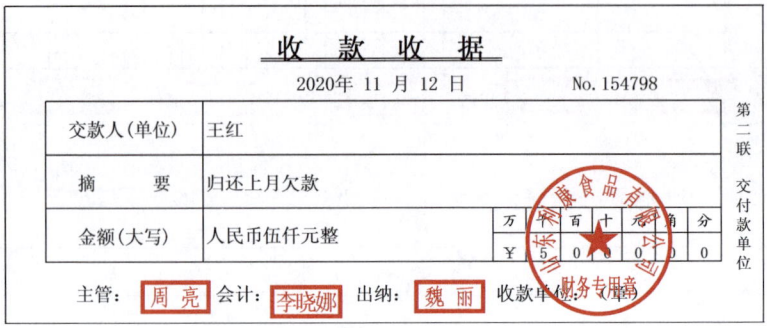

图2-3-6

图2-3-7

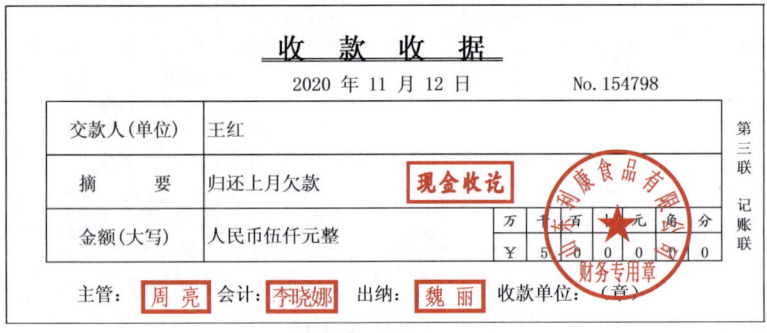

图2-3-8

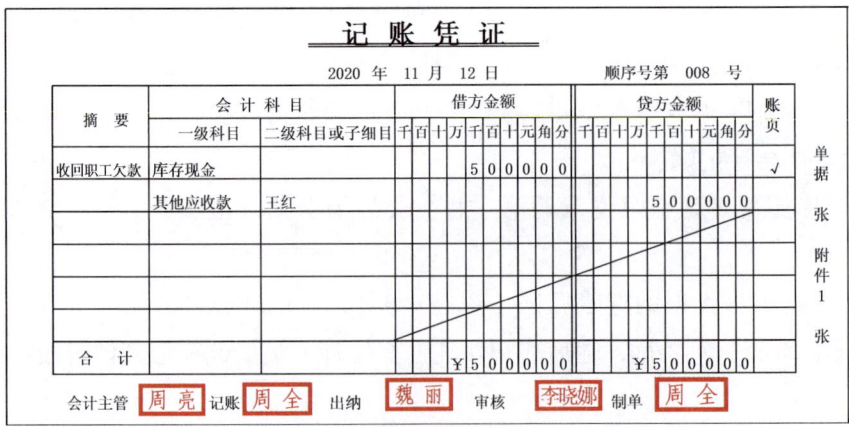

图2-3-9

说明：本凭证所附原始凭证1张（图2-3-8）。

现金日记账 6

2020年		凭证			对方科目	摘　要	总页	借　　方											贷　　方											借或贷	余　　额										
月	日	种类	号数					亿	千	百	十	万	千	百	十	元	角	分	亿	千	百	十	万	千	百	十	元	角	分		亿	千	百	十	万	千	百	十	元	角	分
						······																								借				5	7	9	6	5	0	0
	11	记	006		应付职工薪酬	发工资																	4	8	9	6	5	0	0	借					9	0	0	0	0	0
	12	记	007		主营业务收入	现销收款						4	5	2	0	0	0	0												借				5	4	2	0	0	0	0
	12	记	008		其他应收款	收回职工欠款							5	0	0	0	0	0												借				5	9	2	0	0	0	0

图2-3-10

💰 提升训练

2020年11月14日，滨州红星副食品批发公司购买利康公司方便面100箱，单价为100元，增值税税率为13%，价税款共计11 300元，当日魏丽收到现金货款，并给对方开具增值税专用发票。滨州红星副食品批发公司的相关资料如下，纳税人识别号：9137160060002618ED，地址：滨州市渤海路109号，开户行：中国建设建行滨州渤海支行，银行账号：4407295552345888。

要求：说明业务办理流程，分岗模拟办理此现金收入业务。（所需表单如图2-3-11至图2-3-14所示，增值税专用发票第二、三联略，收款收据第一、二联略）

图2-3-11

收 款 收 据

年　月　日　　　　No.154800

交款人(单位)									第
摘　要									一 联 存 根
金额(大写)		万	千	百	十	元	角	分	

主管：　　　　会计：　　　　出纳：　　　　收款单位：（章）

图2-3-12

记 账 凭 证

年　　　月　　　日　　　顺序号第　　号

摘　要	会 计 科 目		借方金额									贷方金额									账页	
	一级科目	二级科目或子细目	千	百	十	万	千	百	十	元	角	分	千	百	十	万	千	百	十	元	角	分	
合　计																							

会计主管　　　　记账　　　　出纳　　　　审核　　　　制单

单据张附件张

图2-3-13

现 金 日 记 账　　　　　　　　6

2020年		凭证			对方科目	摘　要	总页	借　　　方										贷　　　方									借或贷	余　　额									
月	日	种类	号数					亿	千	百	十	万	千	百	十	元	角	分	亿	千	百	十	万	千	百	十	元	角	分		亿	千	百	十	万	千	百	十	元	角	分
						………																								借					5	7	9	6	5	0	0
11		记	006		应付职工薪酬	发工资																		4	8	9	6	5	0	0	借						9	0	0	0	0	0
12		记	007		主营业务收入	现销收款							4	5	2	0	0	0	0												借					5	4	2	0	0	0	0
12		记	008		其他应收款	收回职工欠款								5	0	0	0	0	0												借					5	9	2	0	0	0	0
12		记	009		银行存款	现金送存银行																		5	0	2	0	0	0	0	借						9	0	0	0	0	0

图2-3-14

子任务2　办理现金支付业务

工作情境

2020年11月15日，采购员张路预借差旅费2,000元。5天后张路出差归来报销差旅费2,160元。张路花掉的钱比预借的现金多，魏丽该如何处理这笔业务？

知识准备

现金支付业务是指各单位在其生产经营过程和非生产经营过程中支付现金的业务。现金支付时，一定要有有效的支出凭证，并且要有严格的审批手续。

一、现金支付业务原始凭证

1.原始凭证种类

一般来说，涉及现金付款业务的原始凭证，可以分为以下几种：

(1)工资表。工资表是各单位按月向职工支付工资的原始凭证。

(2)报销单。报销单是各单位内部有关人员为单位购买零星物品，接受外单位或个人的劳务或服务而办理报销业务，以及单位职工报销医药费、托补费等使用的单据。

(3)借款单。一般适用于单位内部所属机构为购买零星办公用品，或职工因公出差等原因向出纳员借款时的凭证。

(4)差旅费报销单。出差人员预先借差旅费可以使用差旅费报销单作为原始凭证。

2.原始凭证审核

企业因购买商品、提供劳务、租赁等发生的费用，如符合《现金管理暂行条例》规定的现金支出范围的，可用现金进行支付。一切现金支付业务都应取得相应的付款原始凭证。出纳人员应审核原始单据的合法合理性，原始单据需由经办人签名，经主管和有关人员审核后，才能据以付款。

二、现金支付业务办理流程

现金支付业务办理的一般流程如下：

1.支付现金时，要审核付款原始凭证及报销人员填制并经领导批准的报销单。

2.取出现金并进行复点后支付。

3.在审核无误的原始凭证上加盖现金付讫章。

4.根据付款后的原始凭证编制记账凭证。

5.根据审核无误的记账凭证登记现金日记账。

💰 **业务处理**

【业务1】2020年11月15日，采购员张路预借差旅费2,000元，魏丽根据审核无误的借款单支付现金。

业务办理过程如下：

1.魏丽审核张路提交的经领导签批的借款单（图2-3-15）。审核借款单手续是否完备，核对借款事由是否符合现金支出范围。

2.魏丽取出现金复点后支付，并在借款单上加盖现金付讫章（图2-3-15）。

3.将借款单交周全填制记账凭证，并交李晓娜审核（图2-3-16）。

4.魏丽根据审核无误的记账凭证（图2-3-16），登记现金日记账（图2-3-17），并在记账凭证上加盖个人名章，随后将记账凭证交会计人员据此登记其他明细账、总账。

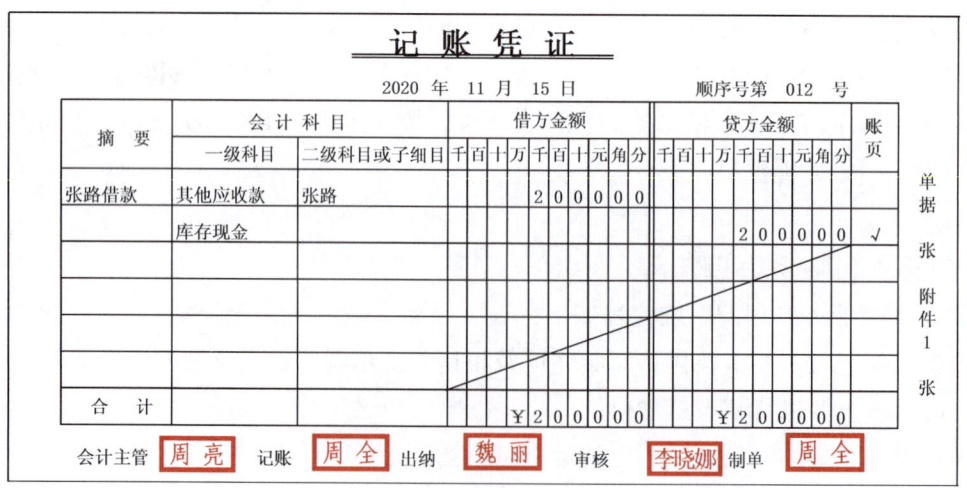

借 款 单

借款时间	2020 年 11 月 15 日	还款时间	2020 年 11 月 21 日
借款部门：采购部		借款人（签字）：张路	
借款事由：材料采购出差		现金付讫	
借款金额（小写）：¥2000.00		大写：人民币贰仟元整	
部门负责人审批	财务负责人审批		公司负责人审批
签字：王宇 2020 年 11 月 15 日	签字：周亮 2020 年 11 月 15 日		签字：郑涛 2020 年 11 月 15 日

图2-3-15

记 账 凭 证

2020 年 11 月 15 日　　　　　　顺序号第 012 号

摘 要	会 计 科 目		借方金额	贷方金额	账页
	一级科目	二级科目或子细目	千百十万千百十元角分	千百十万千百十元角分	
张路借款	其他应收款	张路	2 0 0 0 0 0		
	库存现金			2 0 0 0 0 0	✓
合　计			¥2 0 0 0 0 0	¥2 0 0 0 0 0	

单据张附件1张

会计主管 周亮　记账 周全　出纳 魏丽　审核 李晓娜　制单 周全

图2-3-16

说明：本凭证所附原始凭证1张（图2-3-15）。

现 金 日 记 账　　　　6

2020年		凭证		对方科目	摘　要	总页	借　方											贷　方											借或贷	余　额									
月	日	种类	号数				亿	千	百	十	万	千	百	十	元	角	分	亿	千	百	十	万	千	百	十	元	角	分		亿	千	百	十	万	千	百	十	元	角	分
					······																								借					9	0	0	0	0	0
	14	记	010	主营业务收入	现销收款						9	3	6	0	0	0	0												借				1	0	2	6	0	0	0
	14	记	011	银行存款	现金送存银行																	9	3	6	0	0	0	0	借					9	0	0	0	0	0
	15	记	012	其他应收款	职工借款																		2	0	0	0	0	0	借					7	0	0	0	0	0

图2-3-17

【业务2】2020年11月21日，采购员张路出差回来报销差旅费，向出纳人员魏丽递交差旅费报销单（图2-3-18），其中滨州—郑州、郑州—滨州长途车票各一张，计460元，市内交通费300元，住宿费1,000元，通讯费150元，伙食补贴50一天，共5天，总计250元，报销总额2,160元。

业务办理过程如下：

1.魏丽审核张路递交的差旅费报销单。主要对差旅费报销单上的金额、应退补金额、审批手续等信息进行审核。审核无误后，在报销单上加盖魏丽个人名章（图2-3-18）。

差 旅 费 报 销 单

2020 年 11 月 21 日　　　　　　　单据张数 6 张

姓名：张路　　　　部门：采购部

起止日期				起止地点	火车费	汽车费	途中伙食补助			住勤费		合计
月	日	月	日				标准	天数	金额	天数	金额	
11	15	11	15	滨州—郑州		230.00						230.00
11	15	11	20	郑州—郑州		300.00	50.00	5	250.00	4	1150.00	1700.00
11	20	11	20	郑州—滨州		230.00						230.00
									现金付讫			
	合　计											￥2160.00

人民币(大写)贰仟壹佰陆拾元整　　　　原借款：￥2000.00　　　　应退(补)：￥160.00

审核：魏　丽　　　　　　部门主管：王宇　　　　　　　　填报人：张路

图2-3-18

2.魏丽按照原借款金额开具收款收据。注意：因职工还款时，原借款单已入账，不得退还原借条，而是开出和原借款单相同金额的收款收据（图2-3-19），作为冲销职工借款的有效凭证，这里只列示第三联。

3.补付现金160元，在差旅费报销单上加盖现金付讫章（图2-3-18）。

4.魏丽将盖好印章的差旅费报销单和收款收据第三联交周全填制记账凭证，并交李晓娜审核（图2-3-20）。

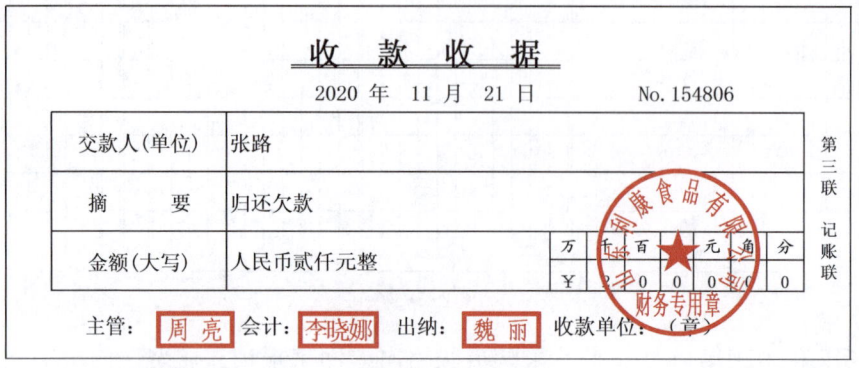

图2-3-19

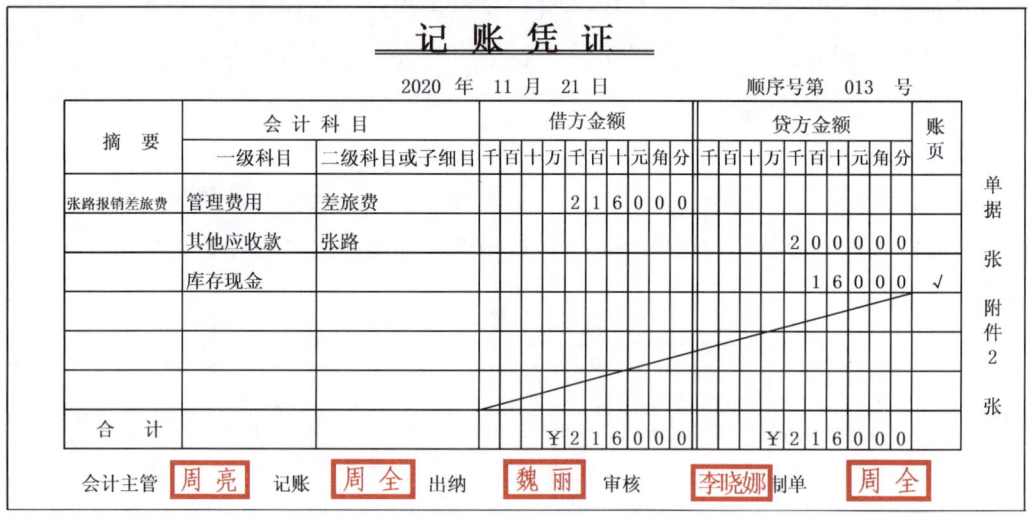

图2-3-20

说明：本凭证所附原始凭证2张（图2-3-18，图2-3-19）。

现 金 日 记 账   6

2020年 月	日	凭证 种类	号数	对方科目	摘 要	总页	借方 亿千百十万千百十元角分	贷方 亿千百十万千百十元角分	借或贷	余 额 亿千百十万千百十元角分
				......						
	14	记	010	主营业务收入	现销收款		9 3 6 0 0 0 0		借	1 0 2 6 0 0 0 0
	14	记	011	银行存款	现金送存银行			9 3 6 0 0 0 0	借	9 0 0 0 0 0
	15	记	012	其他应收款	职工借款			2 0 0 0 0 0	借	7 0 0 0 0 0
	21	记	013	管理费用	补付差旅费报销款			1 6 0 0 0	借	6 8 4 0 0 0

图2-3-21

5.魏丽根据审核无误的记账凭证（图2-3-20），登记现金日记账（图2-3-21），并在记账凭证上加盖个人名章，随后将记账凭证交会计人员据此登记其他明细账、总账。

提升训练

2020年11月21日，利康公司采购员王一预借差旅费3,000元。11月28日，王一出差归来报销差旅费，向出纳人员魏丽递交差旅费报销单，其中滨州—南京、南京—滨州飞机票各一张，计1,060元，住宿费1,200元，通讯费240元，伙食补贴每天50元，共8天，总计400元，报销总额2,900元。（注：出差8天，还款日期为11月29日，销售部主管李正）

要求：说明业务办理流程，分岗模拟办理此职工借款与报销差旅费的现金支付业务。（所需表单如图2-3-22至图2-3-27所示，收款收据第一、二联略）

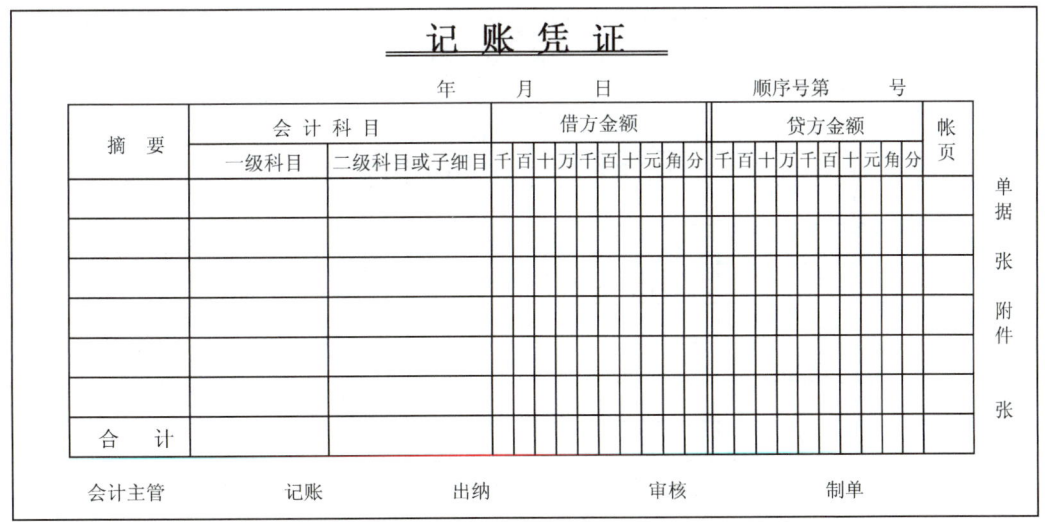

图2-3-22

图2-3-23

差 旅 费 报 销 单

年　月　日　　　　　　　　　　单据张数　　张

姓名：　　　　　　　部门：

起止日期				起止地点	火车费	汽车费	途中伙食补助			住勤费		合计
月	日	月	日				标准	天数	金额	天数	金额	
合　计												

人民币(大写)　　　　　　　　　原借款：　　　　　　　应退(补)：

审核：　　　　　　部门主管：　　　　　　填报人：

图2-3-24

收 款 收 据

年　月　日　　　No.154801

交款人(单位)									
摘　　要									
金额(大写)		万	千	百	十	元	角	分	

第三联　记账联

主管：　　　会计：　　　出纳：　　　收款单位：(章)

图2-3-25

记 账 凭 证

年　月　日　　　　顺序号第　　号

摘　要	会 计 科 目		借方金额									贷方金额									帐页
	一级科目	二级科目或子细目	千	百	十	万	千	百	十	元	角	分	千	百	十	万	千	百	十	元	角	分	
合　计																							

会计主管　　　记账　　　出纳　　　　审核　　　　制单

单据 张 附件 张

图2-3-26

现金日记账　　6

2020年		凭证		对方科目	摘　要	总页	借　　方											贷　　方											借或贷	余　　额									
月	日	种类	号数				亿	千	百	十	万	千	百	十	元	角	分	亿	千	百	十	万	千	百	十	元	角	分		亿	千	百	十	万	千	百	十	元	角	分
					……																								借				9	0	0	0	0	0	
	15	记	012	其他应收款	职工借款																	2	0	0	0	0	0	借				7	0	0	0	0	0	
	21	记	013	管理费用	补付差旅费报销款																		1	6	0	0	0	借				6	8	4	0	0	0	

图2-3-27

📖 任务评价

一、任务测试

（一）单项选择题

1.现金收回往来款项不包括收回（　　）。

A.本单位职工借款　　　　　　　　B.预借差旅费长款

C.本单位应收款　　　　　　　　　D.借给外单位的现金

2.出纳办理现金支付业务，操作有误的是（　　）。

A.审核付款原始凭证、报销人员填制的报销单是否已经领导批准

B.取出现金并进行复点后支付

C.在审核无误的原始凭证上加盖现金收讫章

D.根据审核无误的记账凭证登记现金日记账

3.职工出差归来，找出纳人员报销时，处理方法不正确的是（　　）。

A.审核差旅费报销单上的信息

B.收回原借款单

C.按照原借款金额开具收款收据

D.将差旅费报销单和收款收据附在记账凭证后

（二）多项选择题

1.填现金收款凭证（特别是发票、非经营性收据）时，如填写错误，正确的做法有（　　）。

A.将填写错误的凭证连同存根撕掉销毁

B.将填写错误的凭证保留在原凭证本上

C.将填写错误的凭证横线划掉并更正

D.将填写错误的凭证加盖"作废"章，以示注销

2.增值税一般纳税人企业以现金收取营业收入时，出纳人员应根据销售清单开具增值税专用发票，业务处理正确的有（   ）。

A.一式三联都要盖上销售方企业的发票专用章

B.第一联记账联，销售方记账凭证

C.第二联、第三联交购货方

D.第一联加盖现金收讫章以备记账

3.可作为现金付款业务原始凭证的有（   ）。

A.工资表   B.报销单   C.借款单   D.差旅费报销单

（三）判断题

1.非经营性收据指国家机关、事业单位等按规定收取相关费用和咨询服务费用时所开具的，由财政部门统一印制或加盖监制章的收款收据。

（   ）

办理现金收付业务任务
测试参考答案与解析

2.一切现金支付业务都应取得相应的付款原始凭证。 （   ）

3.出纳办理现金支付业务时，如果企业库存现金限额不足以支付，可以从本企业现金收入中直接支付。 （   ）

二、综合自评

自评项目	自评内容	自评结果	
专业能力	正确开具增值税专用发票、收款收据、借款单以及差旅费报销单等常见单据	A□　B□　C□　D□	
	正确办理现金收入业务，并进行账务处理	A□　B□　C□　D□	A：85分及以上 B：75～85分 C：60～75分 D：60分以下
	正确办理现金支付业务，并进行账务处理	A□　B□　C□　D□	
素质提升	现金收付中严格遵守国家财经法规和企业财务管理制度的职业素养提升	A□　B□　C□　D□	
	现金收付中严谨细致、精益求精的工匠精神培养	A□　B□　C□　D□	
	现金收付中诚实守信的职业品格培养	A□　B□　C□　D□	
	现金收付中对企业内外部善于沟通协调协作的服务意识提升	A□　B□　C□　D□	
查缺补漏（分条列出尚未掌握的知识点和技能点）			

任务四　清查库存现金

任务导入

审计发现，一些行政事业单位、民营企业现金管理不规范，既容易造成违纪违规行为，也会给现金安全带来隐患，如果出了事故，责任难分。

有一家规模较大的水泥厂，年销售收入1,800余万元，现金流量非常大，但出纳每日不结出现金和银行存款余额。一日出纳员陈某，将现金5,230元、待发工资4,836.84元以及国库券300元，共计金额10,366.84元，存放在保险柜内，当夜被歹徒撬开保险柜悉数盗去，由于未逐日结出现金余额，被盗的金额到底是多少很难说清。在被盗的前一天，陈某曾说现金少了400元，查账未果。如果陈某所言属实，那么被盗后公共财产遭受了损失，个人短款部分可能就被纳入失盗财产中了。

事后，该厂加大了现金监管力度：(1)要求单位分管财务领导、财务科长每月不定期地对库存现金当场清点1~2次，同时核对银行存款余额，以防止贪污挪用，确保财产安全完整；(2)要求出纳对现金日记账和银行存款日记账必须序时逐笔记录，逐日结出余额，以便及时反映单位经济活动的真实面貌；(3)加强出纳人员业务培训，以提高业务素质。

想一想，如果作为企业的一名出纳员，你该如何履行资金收付及核算职责呢？

任务分析

企业的生存和发展离不开现金，就像人离不开水和空气一样，现金是现代企业不可缺少的营养品，因此，现金管理自然成了企业财务管理的重点。定期和不定期的库存现金清查则是现金管理重要途径，其包括两部分：一是出纳人员每日（月）营业终了进行账款核对，清查库存现金；二是清查小组进行定期或不定期的盘点和核对，清查库存现金。

本任务主要进行库存现金日清查工作训练。

任务目标

1.知识目标

(1)理解现金日清查的重要意义。

(2)掌握现金日清查的基本要求、工作内容与工作流程。

2.能力目标

(1)能够规范地进行现金收支业务的单证核对、账证核对。

(2)能够熟练地进行现金盘点与现金盘点报告单编制工作，并进行长短款处理。

3.素质目标

(1)培养现金清查中严谨细致、精益求精的工匠精神，诚实守信的职业品格，善于沟通协调协作的服务意识。

(2)提升现金清查中严格遵守《现金管理暂行条例》等国家财经法规和企业财务管理制度的职业素养。

工作情境

根据公司财务制度要求，魏丽在完成每日所有收付款单证检查，并完成所有现金收付业务的记账工作，在进一步做了账证核对之后，随即与专门负责现金盘点工作的会计周全一起盘点库存现金。根据盘点结果，周全与魏丽共同编制好现金盘点报告，并报请领导审批。随后，魏丽对盘点结果及领导审批意见进行相应的账务处理。

知识准备

一、现金日清工作内容

认识现金日清理工作

出纳对现金按日清理的工作内容主要包括：

1.清理各种现金收付款业务记账凭证，检查单（原始凭证）证（记账凭证）是否相符。检查各收付款凭证所填写的内容与所附原始凭证反映的内容是否一致，同时，还要检查每张单证是否已经盖齐"收讫"、"付讫"戳记。

2.登记和清理日记账。将当日发生的所有现金收付业务全部登记现金日记账，在此基础上，查看账证是否相符，即现金日记账所登记的内容、金额与收付款业务记账凭证的内容、金额是否一致。清理完毕后，结出现金日记账的当日库存现金账面余额。

3.盘点现金。按券别分别清点库存现金数量，然后加总，得出当日现金的实存数（注意：借条、收据等单据都不能抵充现金数量）。将盘点得出的实存数和账存数（账面余额）进行核对，看两者是否相符。如发现不符，应进一步查明原因，及时进行处理。需要注意的是，按照内部控制制度的要求，现金盘点必须由负责现金业务的出纳以外的财务人员进行，但盘点时出纳员必须在场。

4.检查库存现金是否超过规定的库存限额。如果实际库存现金超过规定库存限额，则出纳员应将超过部分及时送存银行；如果实际库存现金低于规定库存限额，则应及时补提现金。

做好现金日清理是确保资金安全和月末顺利结账的基础，出纳人员既要按照规定注重"月结"，更应做好"日清"，从日常点滴做起，功夫花在平常，始终做到心中有数，才能在工作中处于主动。

二、现金长短款及其原因

盘点现金时，如果实存数和账存数相等，即账实相符，编制现金盘点报告单后盘点工作即可结束。如果账实不符，即出现长款或短款，应查明原因，并进行相应账务处理。

（一）现金长短款

在现金盘点中，发现实存数和账存数不符，如果实存数大于账存数，称为长款；如果实存数小于账存数，则称为短款。

（二）现金长短款的原因

现金长短款的原因很多，一般有以下几个方面的原因：

1.挪用现金。

2.白条抵库。

3.现金丢失、被盗。

4.出纳人员在收付现金中出现差错。

5.记账凭证或账簿登记错误。

6.收付现金而未做账务处理。

业务处理

【业务1】2020年11月21日下午16:30，现金盘点负责人周全与魏丽共同进行现金盘点，盘点结果如下：100元53张，50元38张，20元60张，10元8张，1元纸币12张、1元硬币8枚，5角纸币15张，1角纸币27张，合计8,510.20元。而当日库存现金账面余额为8,450.70元。据此填制现金盘点报告单，并进行相关账务处理。

业务办理过程如下：

1.盘点现金

周全首先将保险柜中的现金按券别、面额分类整理并摆放整齐，然后按照票币清点要求对各券别、面额的现金分别清点。（注意：现金盘点时，除出纳必须在场之外，还应至少有一名监督盘点人员在场。）

2.编制现金盘点报告单

由盘点人周全编制现金盘点报告单，将现金盘点情况及盘点结果记入现金盘点报告单，如图2-4-1所示。（注意：填写完毕后，须经盘点人、出纳员、监督盘点人、会计主管等有关人员确认无误后签字。）

现金盘点报告单

盘点日期：2020 年 11月 21日 16:30 时   单位：元

实有现金盘点记录					
面额	数量	金额	面额	数量	金额
100元	53	5300.00	5角	15	7.50
50元	38	1900.00	2角	27	2.70
20元	60	1200.00	1角	—	—
10元	8	80.00	5分	—	—
5元	—	—	1分	—	—
1元	20	20.00	合 计		8510.20

账实核对检查记录					
实有现金盘点金额	8510.20				
账面余额	8450.70				
盘点盈亏 （正数为盘盈，负数为盘亏）	59.50				

盘点结果：
　　本日清点现金盘盈59.50元，系出纳当日收款时少找零所致，已无法找到退还人。

会计主管：周亮   监盘人：周亮   出纳：魏丽   盘点人：周全

盘点结果处理意见		
同意作营业外收入处理。 　　　　会计主管:周亮	同意作营业外收入处理。 财务副总经理:张康健	同意作营业外收入处理。 　　　总经理:郑涛

图2-4-1

3.对现金盘点结果进行账务处理

周全根据盘点结果填制记账凭证并交李晓娜审核如图2-4-2所示，现金盘点报告单一般需单独保存，不能作为附件粘于其后，魏丽根据审核无误的记账凭证登记库存现金日记账（图2-4-3），并在记账凭证上加盖个人名章（图2-4-2），随后将记账凭证交会计人员据此登记其他明细账、总账。

4.根据盘盈处理意见进行账务处理

周全将盘点报告单提交相关领导审批。会计主管、总经理等领导要分别提出处理意见，并依次签字（图2-4-1）。根据领导审批意见，同意将长款59.50元计入"营业外收入"。周全据此填制记账凭证（图2-4-4），交李晓娜审核。（提示：由于本记账凭证不涉及库存现金账户，所以无须出纳进行账务处理）

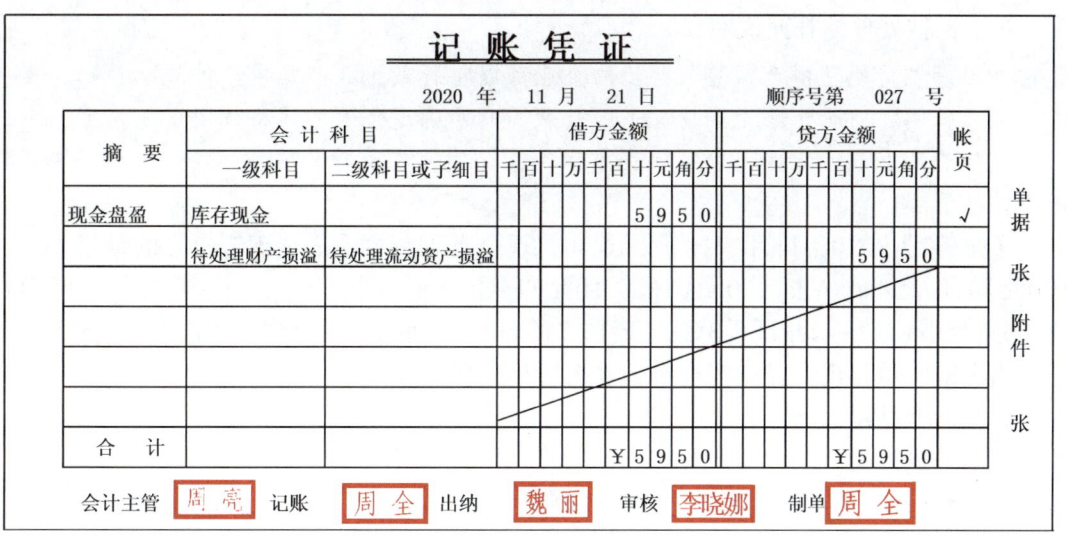

图2-4-2

图2-4-3

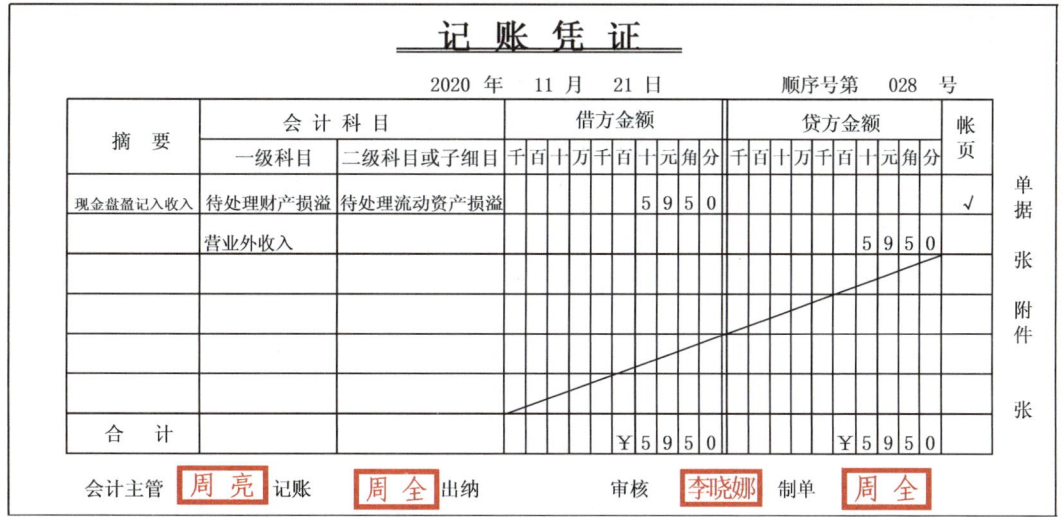

图2-4-4

对于长款处理的补充说明：

(1)不设"待处理财产损溢"科目的企业可以将长款记入"其他应付款"。

(2)经查明，对于记账无误情况下的长款，有明确退还人的，将款项退还即可。

(3)经查明，属于记账错误、丢失单据等情况的，应及时采用划线法、红字法更正错账或补办手续。

【业务2】2020年11月29日下午16:30，现金盘点负责人周全现金盘点的结果如下，100元40张，50元56张，20元16张，10元31张，5元36张，1元纸币80张，1元硬币15枚，5角纸币11张，1角纸币3张，合计7,710.80元。而当日库存现金账面余额为8,510.80元。周全据此填制现金盘点报告单，并进行相关账务处理。

业务办理过程如下：

1.盘点现金

同业务1。

2.编制现金盘点报告单

此项工作不再详述，只是注意，在盘点报告单的盘点结果处写明"本次清点盘亏800.00元，系出纳记账错误所致"。

3.对现金盘点结果进行账务处理

由于本次现金盘点短款只是记账时将2,897.00误写为2,097.00所致，而凭证无误，所以只需魏丽在库存现金日记账中找到错误记录后，直接用划线法更正错账即可。

4.根据盘盈处理意见进行账务处理

周全将盘点报告单提交相关领导审批。由于本次现金盘点短款只是记账错误所致（凭证无误），所以领导的一致审批意见是同意采用划线法更正错账。于是魏丽在现金日记账中找到错误记录后，直接用划线法更正错账。处理结果如图2-4-5所示。（如果是凭证有误，并导致记账有误，则应用红字法更正错账）。

现 金 日 记 账						借 方										贷 方										借或贷	余 额										
2020年		凭证			对方科目	摘 要	总页	亿	千	百	十	万	千	百	十	元	角	分	亿	千	百	十	万	千	百	十	元	角	分		亿	千	百	十	万	千	百	十	元	角	分
月	日	种类	号数																																			
						......																								借				1	4	1	3	6	8	0
	27	记	044	管理费用	购办公用品										7	9	0	0											借				1	4	0	5	7	8	0
	27	记	045	银行存款	送存现金									5	0	0	0	0										借				9	0	5	7	8	0
	29	记	060	管理费用	报销招待费									2	8	9	7	0	0										借				6	1	6	0	8	0
	29	记	063	应付职工薪酬	付职工培训费										4	5	0	0	0									借				5	7	1	0	8	0
						......																																		

图2-4-5

对于短款处理的补充说明：

(1)不设"待处理财产损溢"科目的企业可以将短款记入"其他应收款"。

(2)能明确短款责任人的，应由责任人赔偿，并记入"其他应收款"。

借：其他应收款

　　贷：待处理财产损溢——待处理流动资产损溢

(3)无法查明原因，不能明确责任人的，经过一定审批手续可将短款记入"营业外支出"。

借：营业外支出

　　贷：待处理财产损溢——待处理流动资产损溢

提升训练

1.2020年11月30日16:30时，会计周全现金盘点的结果如下，100元70张，50元22张，20元22张，10元40张，1元85张，5角纸币10枚，1角纸币38枚。当日库存现金的账面余额9,093.80元。盘亏60.00元。经查实盘亏60.00元是出纳多找零所致，应由其赔偿。

要求：说明业务办理流程，填制现金盘点报告单，并进行相关账务处理。（所需表单如图2-4-6至图2-4-10所示，收款收据第一、二联略）

现金盘点报告单

盘点日期：　　年　　月　　日　　时　　　　　　　　　　　　单位：元

实有现金盘点记录					
面额	**数量**	**金额**	**面额**	**数量**	**金额**
100元			5角		
50元			2角		
20元			1角		
10元			5分		
5元			1分		
1元			合　计		
账实核对检查记录					
实有现金盘点金额					
账面余额					
盘点盈亏 （正数为盘盈，负数为盘亏）					
盘点结果：					
会计主管：　　　　监盘人：　　　　出纳：　　　　盘点人：					
盘点结果处理意见					
会计主管：　　　　　　副总经理：　　　　　　总经理：					

图2-4-6

记 账 凭 证

年　月　日　　　　　顺序号第　　号

摘　要	会　计　科　目		借方金额										贷方金额										帐页
	一级科目	二级科目或子细目	千	百	十	万	千	百	十	元	角	分	千	百	十	万	千	百	十	元	角	分	
合　计																							

单据　张　附件　张

会计主管　　　　记账　　　　出纳　　　　审核　　　　制单

图2-4-7

收　款　收　据

年　月　日　　　　No. 154812

交款人(单位)								第一联存根
摘　　要								
金额(大写)		万	千	百	十	元	角	分

主管：　　　会计：　　　出纳：　　　收款单位：（章）

图2-4-8

记 账 凭 证

年　月　日　　　　　顺序号第　　号

摘　要	会　计　科　目		借方金额										贷方金额										账页
	一级科目	二级科目或子细目	千	百	十	万	千	百	十	元	角	分	千	百	十	万	千	百	十	元	角	分	
合　计																							

单据　张　附件　张

会计主管　　　　记账　　　　出纳　　　　审核　　　　制单

图2-4-9

现金日记账					6		
2020年 月 日	凭证 种类 号数	对方科目	摘 要	总页	借 方 亿千百十万千百十元角分	贷 方 亿千百十万千百十元角分	借或贷	余 额 亿千百十万千百十元角分
			······				借	9 0 9 3 8 0

图2-4-10

2.独立思考：在业务2办理中，如果盘亏是由会计填写凭证，进而导致出纳登记库存现金日记账错误，应该如何进行账务处理呢？

3.分组讨论：出纳在进行库存现金日记账与收付款业务记账凭证的核对（账证核对）中，发现账证不符。如果经核对属于库存现金日记账记账错误，出纳应如何进行错账更正？如果经核对属于会计编制凭证有误，致使库存现金日记账记账也出现错误，那么出纳应如何进行错账更正？（提示：请结合会计账务处理技术中的错账更正方法思考此问题）

🧱 任务评价

一、任务测试

（一）单项选择题

1.进行库存现金盘点时，出纳人员应（　　）。

A.由出纳人员进行现金盘点

B.由出纳人员和另外一名清查人员共同进行现金盘点

C.由出纳以外的财务人员进行现金盘点

D.以上说法都不对

2.现金盘点的结果，由盘点人编制（　　）进行书面呈现。

A.库存现金限额申请批准书　　　　　　B.现金交款单

C.账存实存对比单　　　　　　D.现金盘点报告单

3.对库存现金长款的处理,下列描述不正确的是( )。

A.对暂未查清原因的长款经批准后可先列入"待处理财产损益"账户

B.不设"待处理财产损溢"科目的企业可以将长款记入"其他应收款"

C.查明记账无误情况下有明确退还人的,将款项退还即可

D.查明属于记账错误、丢失单据等情况的,应及时采用划线法、红字法更正错账或补办手续

(二)多项选择题

1.出纳对库存现金按日清理的工作内容主要包括( )。

A.检查各种现金收付款业务记账凭证是否与所附原始凭证一致并盖章

B.将当日发生的所有现金收付业务全部登记现金日记账并结出当日余额

C.盘点现金

D.检查库存现金是否在规定的库存限额内

2.如果现金盘点的结果发现实存数与账存数不符,则( )。

A.实存数大于账存数,称为长款

B.实存数小于账存数,称为长款

C.实存数大于账存数,称为短款

D.实存数小于账存数,称为短款

3.出纳的下列哪项错误操作会造成现金短款( )。

A.挪用现金

B.现金丢失、被盗

C.收款业务的记账凭证或账簿登记金额大于实收数

D.收到现金而忘记做账务处理

(三)判断题

1.每一张现金收付款业务的原始凭证都必须盖有"收讫"或者"付讫"戳记。 ( )

2.按照内部控制制度的要求,现金盘点必须由出纳以外的财务人员进行,盘点时出纳员应回避。 ( )

3.现金盘亏的短款,能明确短款责任人的,应由责任人赔偿,并记入"其他应收款";无法查明原因,不能明确责任人的,经审批手续可将短款记入"营业外支出"。 ( )

二、综合自评

自评项目	自评内容	自评结果	
专业能力	规范地进行现金收支业务的单证核对、账证核对	A☐ B☐ C☐ D☐	A：85分及以上 B：75~85分 C：60~75分 D：60分以下
	熟练地进行现金盘点与现金盘点报告单编制工作，并进行长短款处理	A☐ B☐ C☐ D☐	
素质提升	现金清查中严谨细致、精益求精的工匠精神培养	A☐ B☐ C☐ D☐	
	现金清查中诚实守信的职业品格培养	A☐ B☐ C☐ D☐	
	现金清查中对企业内外部善于沟通协调协作的服务意识提升	A☐ B☐ C☐ D☐	
	现金清查中严格遵守国家财经法规和企业财务管理制度的职业素养提升	A☐ B☐ C☐ D☐	
查缺补漏 （分条列出尚未掌握的知识点和技能点）			

项目三　银行结算业务

银行结算业务即转账结算业务，简称结算，也叫支付结算，是以信用收付代替现金收付的业务，就是通过银行账户的资金转移实现收付的行为。银行是支付结算和资金清算的中介机构。因此，出纳工作离不开和银行打交道，通过本项目的学习，你将学会如何开设、变更银行账户以及使用常见结算工具等出纳必备的基本技能。

★ 项目分析

本项目主要进行银行账户的开立、变更和撤销训练以及利用支票、银行汇票、商业汇票、托收承付、委托收款、汇兑等多种方式办理结算业务训练。通过学习达到以下要求：

1.熟练掌握银行账户的开立、变更和撤销的办理流程，能熟练办理开设、变更、撤销银行账户业务。

2.熟练掌握转账支票的领购与填制要求及结算办理流程，能规范领购、填制转账支票，办理转账结算业务。

3.了解银行本票的填写要求及结算办理流程，能办理银行本票结算业务。

4.掌握银行汇票的填写要求及结算办理流程，能熟练办理银行汇票结算业务。

5.熟练掌握银行承兑汇票和商业承兑汇票签发、承兑、背书的要求及业务办理流程，能熟练办理两种商业汇票结算业务。

6.掌握信汇与电汇结算方式的业务办理流程，能熟练办理信汇、电汇结算业务。

7.掌握委托收款结算方式的业务办理流程，能熟练办理委托收款结算业务。

8.掌握托收承付结算方式的业务办理流程，能熟练办理托收承付结算业务。

★ 学习导图

```
                                    主要内容：开立银行账户、变更银行账户、
                                           撤销银行账户
                  任务一 管理银行账户    学习重点：银行账户开立
                  建议4学时
                                    学习难点：填写开户申请书

                                    主要内容：领购支票，办理支票结算付款业务，
                                           办理支票结算收款业务
                  任务二 办理支票结算业务  学习重点：转账支票签发、进账
                  建议4学时
                                    学习难点：签发支票、办理进账

                                    主要内容：申请签发银行本票，办理银行本票
                                           结算付款业务，办理银行本票结算收款业务
                  任务三 办理银行本票结算业务 学习重点：银行本票结算收付款办理流程
                  建议2学时
                                    学习难点：申请签发银行本票，填写进账单

                                    主要内容：申请签发银行汇票，办理银行汇票
                                           结算付款业务，办理银行汇票结算收款业务
                  任务四 办理银行汇票结算业务 学习重点：银行汇票结算收付款办理流程
                  建议2学时
                                    学习难点：申请签发银行汇票，填写进账单

                                    主要内容：申请签发银行承兑汇票，办理银行承兑
                                           汇票结算收付款业务；申请签发商业承兑汇票，办理
项目三 银行结算业务                         商业承兑汇票结算收付款业务
建议学时28学时         任务五 办理商业汇票结算业务 学习重点：银行承兑汇票结算收付款办理流程
                  建议6学时
                                    学习难点：银行承兑汇票签发、承兑、背书

                                    主要内容：办理汇兑结算（主要是电汇）收款业务，
                                           办理汇兑结算付款业务
                  任务六 办理汇兑结算业务   学习重点：电汇与信汇结算收付款办理流程
                  建议4学时
                                    学习难点：业务申请书填写

                                    主要内容：办理委托收款结算业务，办理委托
                                           付款结算业务
                  任务七 办理委托收款结算业务 学习重点：委托收款结算收付款办理流程
                  建议4学时
                                    学习难点：拒绝付款处理

                                    主要内容：办理托收承付结算业务，办理托收
                                           承付结算业务
                  任务八 办理托收承付结算业务 学习重点：托收承付结算收付款办理流程
                  建议2学时
                                    学习难点：拒绝付款处理
```

任务一　管理银行账户

📖 任务导入

2019年10月，北京市某中院受理了一起公司管理层贪污案件。起诉书中显示，2018年3、4月犯罪嫌疑人擅自将公司账户中的300万元公款转出，用于购买国债。随后，又将这笔资金转入个人私设的账户内，并将资金平账后非法占有。此外，犯罪嫌疑人还于2018年12月，将公司的300万元公款转至某证券营业部，用于购买债券，后将该笔资金转至私设账户内，并平账后非法占有。

除上述贪污指控外，检方还指控犯罪嫌疑人涉嫌挪用公款200万元。犯罪嫌疑人于2018年3月至9月，将200万元公款转至私设的十个账户内，存入三个月定期，并获取利息1.4万余元，随后犯罪嫌疑人将钱款归还。

从本案例来看，企业管理人员私设单位银行账户，利用这些账户挪用资金和从事不法活动，而且，多年查账均未发现，也无人核对，这些都暴露出该企业在银行账户管理上的漏洞。为了防范银行账户管理中的风险，企业应严格银行账户开立程序，对长期不使用的账户及时进行销户处理，做好银行账户开户、销户情况记录，加强银行财务印鉴等方面的管理。

📖 任务分析

企业为办理银行结算业务必须首先到银行开设账户。企业开立存款账户应该按要求准备开户资料，并填写开户申请书。开立账户后，如果公司注册资金、法人代表、地址等信息变化，需要到银行及时变更银行账户信息。如果开立的某些存款账户不再使用，应及时到银行撤销账户。

根据上述银行结算账户管理的要求，本任务主要进行以下训练：

1.办理银行账户开立业务。

2.办理银行账户变更业务。

3.办理银行账户撤销业务。

📖 任务目标

1.知识目标

(1)掌握单位开设银行账户需准备的资料。

(2)掌握开立、变更与撤销银行账户申请书的填写方法。

2.能力目标

(1)能正确地准备银行开户资料。

(2)能规范地按流程办理银行账户开立、变更和撤销业务。

3.素质目标

(1)提升开立、变更、撤销银行账户工作中严格遵守《企业银行结算账户管理办法》等国家财经法规和企业财务管理制度的职业素养。

(2)培养开立、变更、撤销银行账户工作中严谨细致、精益求精的工匠精神,诚实守信的职业品格,对企业内外部善于沟通协调协作的服务意识。

子任务1 办理银行账户开立业务

🪙 工作情境

利康公司成立之初,会计周亮安排原出纳赵红到中国建设银行(以下简称建行)咨询开户事宜。赵红到建行咨询后向会计主管报告了银行规定,根据主管安排,持开立银行结算账户申请书连同公司开户资料到建行办理开户业务,并顺利完成开户业务。利康公司相关资料如下:法定代表人:郑涛,电话:0543-5127777,邮编:256603,地区代码:4660。

魏丽接替赵红工作后不久,收到客户的一张中国农业银行(以下简称农行)支票,觉得去建行进账不方便,于是向主管申请在农行开立一个基本存款账户。主管听后,首先纠正了魏丽的一些错误认识,并给她讲解了关于企业存款账户基本知识及有关管理规定。

🪙 知识准备

一、单位银行结算账户种类及开户条件

单位银行结算账户按用途分为基本存款账户、一般存款账户、专用存款账户、临时存款账户四类。

执行《企业银行结算账户管理办法》

(一)基本存款账户

基本存款账户是存款人办理日常转账结算和现金收付而开立的银行结算账户,是存款人的主办账户。

1.功能

企业经营活动的日常资金收付以及工资、奖金和现金的支取均可通过基本存款账户办理。一个存款人只能在银行开立一个基本存款账户,并且在该账户内应有足够的资金支付。开立基本存款账户是开立其他银行结算账户的前提。

2.开户条件

根据相关规定，企业法人、企业法人内部独立核算单位、管理财政预算资金和预外资金的财政部门、实行预算管理的行政机关、事业单位，以及社会团体、私营企业、个体经济户、承包户和个人均可以申请开立基本存款账户。

3.开户资料

对于一般企业法人来说，开立基本存款账户所需资料如下：

(1)工商行政管理机关核发的企业法人执照或营业执照正（副）本。

(2)企业法定代表人的身份证明资料——居民身份证或临时身份证。

(3)非法定代表人（或负责人）亲自办理开户的，应提供授权书以及被授权人身份证件。

(4)存款人需要提供的其他证明文件，如联系人确认表、联系人身份证件等。

开立基本存款账户时，客户向其选择确定的开户银行领取一式三联开户申请表，按规定填写，并加盖印章（企业开户需加盖单位公章和法人代表或单位负责人个人名章，个人开户的加盖个人名章），与有关开户证明文件一并送交开户银行。

（二）一般存款账户

一般存款账户是存款人因借款或其他结算需要，在基本存款账户开户银行以外的银行营业机构开立的银行结算账户。

1.功能

一般存款账户用于办理存款人借款转存、借款归还和其他结算的资金收付。该账户可以办理现金缴存，但不得办理现金支取。

2.开户条件

开立基本存款账户的存款人都可以开立一般存款账户，但是要在基本存款账户开户银行以外的银行营业机构开立，账户开立数量没有限制。

3.开户资料

开立一般存款账户一般需要的开户资料包括开立基本存款账户需提供的材料，如果因借款需要而开立的应出具借款合同。

一般存款账户自正式开户之日起3个工作日后方可办理付款业务，但因借款转存开立的一般存款账户除外。

（三）专用存款账户

专用存款账户是存款人按照法律、行政法规和规章，对其特定用途资金进行专项管理和使用而开立的银行结算账户。

开立专用存款账户的目的是保证特定用途资金专款专用，有利于监督管理。专用存款账户可转账结算和现金收付。

申请开立专用存款账户一般需要如下开户资料；开立基本存款账户需提供的材料，专项管理和使用资金证明文件，预算单位还需要财政部门同意开户的证明。

（四）临时存款账户

临时存款账户是存款人因临时需要并在规定期限内使用而开立的银行结算账户。

临时存款账户用于办理临时机构以及存款人临时经营活动发生的资金收付。因异地临时经营活动需要时，可以申请开立异地临时存款账户，用于资金收付。

有下列情况的，存款人可以申请开立临时存款账户：设立临时机构，异地临时经营活动，注册验资（注册验资的临时存款账户在验资期间只收不付），境外（含港澳台地区）机构在境内从事经营活动等。

存款人申请开立临时存款账户时，应向银行出具下列证明文件：临时机构开户的，应出具其驻在地主管部门同意设立临时机构的批文；异地从事临时经营活动单位开户的，应出具其营业执照正本以及临时经营地工商行政管理部门的批文；注册验资资金开户的，应出具工商行政管理部门核发的企业名称预先核准通知书或有关部门的批文。

二、单位银行结算账户开设基本程序

开设基本存款账户、预算单位专用存款账户、临时存款账户（注册验资账户除外）的工作流程：提出开户申请→银行受理初审→银行上门核查→核实通过后准备相关证件和资料→填写开立单位银行结算账户申请书→开户银行办理开户→账户启用。

2019年2月，中国人民银行下发《关于取消企业银行账户许可的通知》，全面取消企业银行账户许可证制度。企业银行账户信息、账户资料影像从银行系统自动抓取并通过银政通系统传送至省内各级人民银行备案，实现银行账户资料影像报送"直通式处理"。

💰 业务处理

【业务】利康公司于2017年9月8日成立，属于生产企业。同年9月15日，公司派出纳员赵红陪同董事长郑涛向中国建设建行滨州北海支行申请开立基本存款账户。

业务办理过程如下：

1.选择开立结算账户的银行网点并提出开户申请

企业在办理工商登记的同时就可以选择银行网点预约开户。预约申请开立银行结算账户可以通过电话、短信等方式进行，向开户银行申报本企业身份信息（单位名称、地址、联系电话等），通过邮件、传真等方式向开户银行发送开立账户所需资料的扫描件。工商登记管理部门完成核准后，通过部门信息共享方式，将预约开户信息通过银政通系统直接发送至企业预约的开户银行。

2.银行受理初审

开户银行收到客户预约的开户信息后，通过联网核查开户证明文件相关信息，初审开户资料应在1小时内完成，同时将初审结果通知客户并预定上门核查时间。

3.银行上门核查

开户银行一般会在开户前上门检查并且拍照。具体核查的项目包括：公司名称、税号、注册地址、主营业务、法人、门牌号、客户租金发票、水电费清单、法人名下公司数量等。企业法人应熟悉公司登记信息，注意及时接听电话。

4.准备银行开户材料

(1)企业法人营业执照原件（图3-1-1）及复印件。

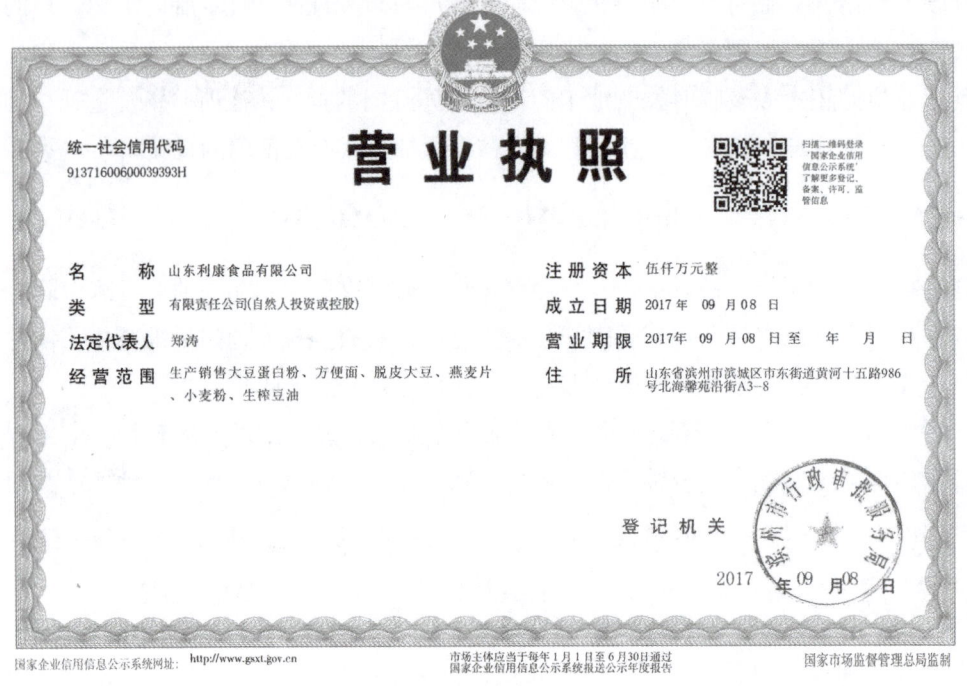

图3-1-1

(2)企业法定代表人郑涛的身份证明资料——居民身份证或临时身份证原件及复印件。

5.到银行办理开户手续

接到银行办理开户手续通知后，赵红持单位公章、财务专用章、郑涛个人名章及准备好的相关资料和董事长郑涛到银行办理开户手续。

在银行工作人员指导下现场规范填写一式三联开立单位银行结算账户申请书（图3-1-2），在存款人声明处加盖单位公章和法人代表章，填写完成后连同其他材料一并提交开户银行经办员。

单位银行结算账户申请书一式三联，一联开户单位留存，一联开户银行留存，一联中国人民银行留存。填写基本要求如下：

(1)存款人名称：填写申请开户单位全称。

(2)地址、电话、邮编：按照营业执照等相关资料填写办公信息。

(3)存款人类别：按本单位营业执照上的机构类型填写。

(4)注册资金：按营业执照或税务登记证上的标注填写，无标注的可不填。

(5)经营范围：按营业执照填写。

(6)证明文件种类：填写工商营业执照。

(7)存款人声明（公章）：加盖单位公章。

开立单位银行结算账户申请书

存 款 人 名 称		山东利康食品有限公司				
地 址		山东省滨州市长江十二路819号		邮 编	256600	
存 款 人 类 别		有限责任公司	统一社会信用代码/组织机构代码	91371600600039393H		
法定代表人（ ） 单位负责人（ ）	姓 名	郑涛	法定代表人/单位负责人	联系电话	18706498000	
	证件种类	身份证		姓名	周亮	
	证件号码	372301197201020301	财务负责人/联系人	联系电话	18706496767	
	证件有效期	2015.10.18-2035.10.18		电子邮箱		
行 业 分 类		有限责任公司	注册资金	人民币5000万元	地区代码	878549
经 营 范 围		生产大豆蛋白粉，生产方便面，生产脱皮大豆，生产燕麦片；小麦粉，生产生榨豆油；销售食品（不含熟食）				
证 明 文 件 种 类		☑工商营业执照 □批文 □登记证书 □开户证明 □企业名称预先核准通知书 □其他				
证 明 文 件 编 号		91371600600039393H				
税 务 登 记 证 编 号		国税 9137160060039393H	地税			
关 联 企 业		关联企业信息列在"关联企业登记表"上				
账 户 性 质		☑基本 □一般 □专用 □临时				
资 金 性 质		☑基本 □一般 □专用 □临时	专用户取现 □是 □否		临时户有效期到 年 月 日	

第一联 开户单位留存

有上级法人或主管单位的应填写以下内容：				
上级法人或主管单位名称			姓名	
基本户开户许可证核准号 /基本存款户编号		组织机构代码	证件种类	
组织机构代码			证件号码	
			证件有效期	
对账服务：	☑采用建设银行默认方式	□采用客户自定方式		
对账方式	□纸质对账（请填列以下内容）	□电子对账（须另签对账服务协议）		
对账单送达方式	□委托投递（默认）	□上门送达（须另签上门服务协议）		
定期对账频率	□采用建设银行确定的发送频率（默认）	□按月 □按季	对账联系人	
对账单回执印鉴	□预留银行印鉴 □财务专用章 □单位公章 □以上三者任一（默认）		对账联系电话	
对账单收件地址			邮编	
以下栏目由开户银行审核后填写：				
开户银行名称		开户银行代码		
账 户 名 称		账 号		
基本户开户许可证核准号		开户日期	备用金额度	

存款人声明： 本存款人申请开立单位银行结算账户，并承诺提供的开户资料真实、有效。 法定代表人/单位负责人 或其授权的经办人（签章）： 年 月 日	开户银行审核意见： 经办人（签章） 年 月 日	人民银行审核意见： （非核准类账户除外） 经办人（签章） 人民银行（签章） 年 月 日

填写时请阅读背面的"填写说明"

图3-1-2

说明：本表第二、三联略去。

6.银行办理开户

开户银行——建行滨州北海支行审核材料无误，在开户申请书和证明文件复印件上逐页加盖经办人及复核人个人名章以及银行业务专用章，并注明"复印件与原件核对相符"字样，办理银行开户。开立账户后签发印鉴卡，并加盖基本存款户印章（图3-1-3），交申请人留存。

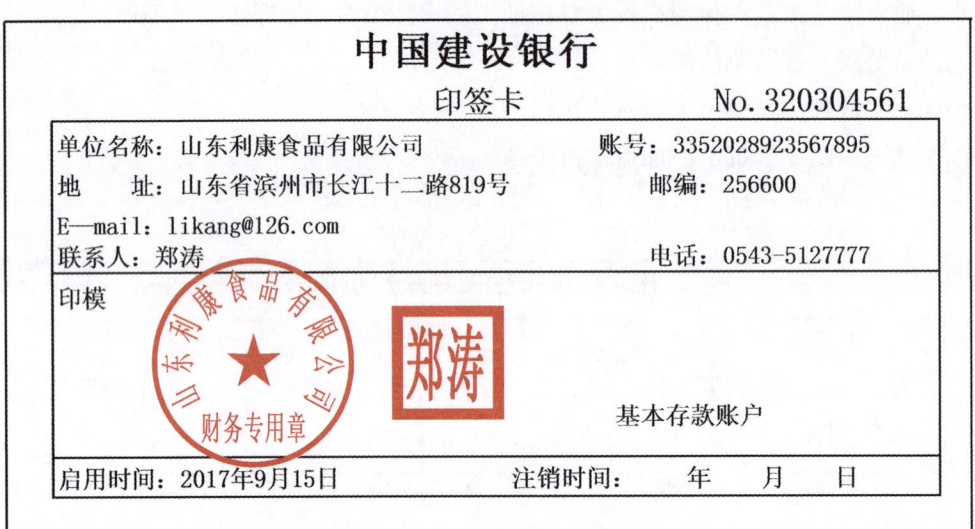

图3-1-3

7.账户启用

开户手续办理完毕后，赵红领回加盖银行印章的开立银行结算账户申请书第一联以及印鉴卡。单位银行结算账户正式启用，除付款业务需要开立之日起3个工作日后办理，其余业务开启后即可办理。

🪙 **提升训练**

利康公司因业务发展需要，于2020年1月向中国农业银行滨州西城支行申请开立一般存款账户，账号：7540010400056888。

要求：说明业务办理流程，列出公司需准备的资料，并分岗模拟办理此开户业务。（所需表单如图3-1-4所示，开立银行结算账户申请书第二、三联略。）

<h1 style="text-align:center">开立单位银行结算账户申请书</h1>

存款人名称				邮 编	
地 址					
存款人类别			统一社会信用代码/组织机构代码		
法定代表人（ ） 单位负责人（ ）	姓 名		法定代表人/单位负责人	联系电话	
	证件种类		财务负责人/联系人	姓名	
	证件号码			联系电话	
	证件有效期			电子邮箱	
行 业 分 类		注册资金		地区代码	
经 营 范 围					
证明文件种类	□工商营业执照 □批文 □登记证书 □开户证明 □企业名称预先核准通知书 □其他				
证明文件编号					
税务登记证编号	国税		地税		
关 联 企 业	关联企业信息列在"关联企业登记表"上				
账 户 性 质	□基本 □一般 □专用 □临时				
资 金 性 质		专用户取现 □是 □否	临时户有效期至	年 月 日	

以下栏目由开户银行审核后填写：

存款人声明：本存款人申请开立单位银行结算账户，并承诺提供的开户资料真实、有效。

法定代表人（单位负责或授权经办人）（签章）：
存款人（公章）
年 月 日

开户银行审核以意见：
经办人（签章）
年 月 日

人民银行审核意见：（非核准类账户除外）
经办人（签章）
人民银行（签章）
年 月 日

填写时请阅读背面的"填写说明"

第一联 开户单位留存

图3-1-4

<h2 style="text-align:center">子任务2　办理银行账户变更业务</h2>

工作情境

假如，利康公司因股份变动法定代表人变更为孙雯。2020年2月15日，公司因法定代表人变动而变更基本存款账户的相关信息，开户银行代码1053712，新的法定代表人孙雯，身份证号码为372301197006080507，其他信息不变。公司需要变更基本存款账户并由魏丽具体办理。

知识准备

银行账户变更是指存款人的账户信息资料发生变化或改变。

一、银行账户变更情形

存款人下列账户资料变更后，应向开户银行办理账户信息变更手续：

(1)存款人名称。

(2)单位的法定代表人或主要负责人。

(3)地址、邮编、电话。

(4)注册资金等信息。

(5)其他资料。

二、银行账户变更基本要求

存款人如需变更账户名称，应及时向开户银行办理变更手续，填写变更银行结算账户申请书，并向银行交验上级主管部门批准的正式函件，企业单位和个体工商户需交验工商行政管理部门登记注册的新执照，经银行审查核实后，变更账户信息。

存款人需要变更银行账户信息时，应于5个工作日内书面通知开户银行并提供相关证明。存款人更改信息但不改变开户银行及账号的，应于5个工作日内向开户银行提出银行结算账户的变更申请，并出具有关部门的证明文件。银行接到存款人的变更通知后，应及时办理变更手续。

业务处理

【业务】2020年2月15日，魏丽到开户银行建设银行办理公司基本存款账户变更手续。业务办理过程如下：

1.填写变更银行账户申请书

企业变更银行账户，需填写一式三联变更银行结算账户申请书，一联存款人留存，一联开户银行留存，一联由开户银行报送当地人民银行。

本表填写基本要求如下：

(1)账户名称：填写申请变更银行账户内容的原账户名称。

(2)开户银行代码：填写开户银行的代码。

(3)账号：填写该结算账户的账号。

(4)账户性质：即所要变更账户的性质，在相应的选项后括号内打"√"。

(5)变更事项及变更后内容：按与开户申请书相同的填写方法，在变更的项目后面填写变更后的内容。

(6)法定代表人或单位负责人：证件信息应填写身份证信息。

(7)存款人（签章）：加盖单位公章。

魏丽持单位公章、变更前财务印鉴在李晓娜陪同下到开户银行规范填写变更银行结算账户申请书，在存款人（签章）处加盖单位公章（图3-1-5），提交开户银行经办员。

图3-1-5

说明：本表第二、三联略去。

2.提交相关证明资料

证明资料包括：营业执照、法人代表身份证、魏丽（经办人）身份证等证照的原件及复印件，授权书以及变更预留银行财务印鉴申请、单位公章、新旧印鉴及印鉴卡等。

魏丽将上述相关证明材料提交开户银行经办人员。

3.开户银行审核受理

银行在收到变更银行结算账户申请及相关证明资料后，对存款人提交的变更申请资料的真实性、完整性、合规性进行审查，审查无误后，符合变更条件的，办理变更手续，在变更银行账户申请书上加盖银行业务专用章（图3-1-6），签发新印鉴卡（图3-1-7）。

魏丽领取新印鉴卡以及变更银行结算账户申请书第一联，完成变更银行结算账户手续。

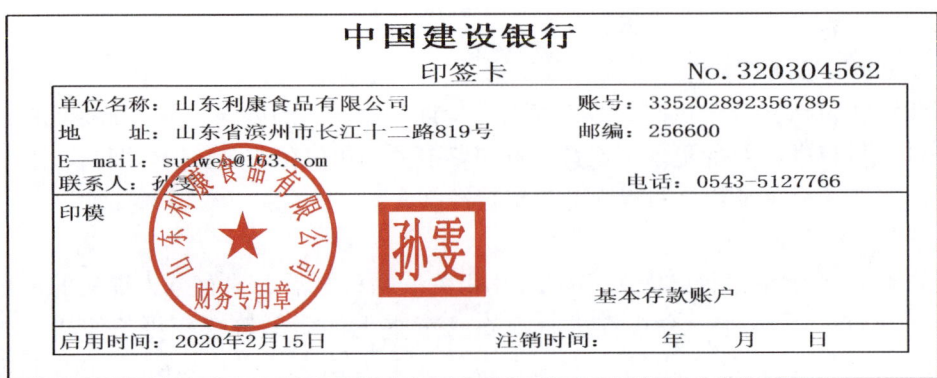

中国建设银行
China Construction Bank

变更银行结算账户申请书

账 户 名 称	山东利康食品有限公司			
开户银行代码	1053712		账 号	3352028923567895
账 户 性 质	基本（√）　专用（　）　一般（　）　临时（　）　个人（　）			
开户许可证核准号				
变更事项及变更后内容如下：				
账 户 名 称				
地　　　址				
邮 政 编 号				
电　　　话				
注册资金金额				
注册资金种类				
证明文件编号				
经 营 范 围				
法定代表人或单位负责人	姓　　名	孙雯		
	证件种类	身份证		
	证件号码	372301197006080507		
关 联 企 业	变更后的关联企业信息填列在"关联企业登记表"中。			
上级法人或主管单位的基本存款账户核准号				
上级法人或主管单位的名称				
上级法人或主管单位法定代表人或单位负责人	姓　　名			
	证件种类			
	证件号码			
本存款人申请变更上述银行账户内容，并承诺所提供的资料真实、有效。 存款人（签章） 年　月　日	开户银行审核意见： 经办人（签章） 开户银行（签章）刘新明 年　月　日		人民银行审核意见： 经办人（签章） 开户银行（签章） 年　月　日	

第一联　存款人留存

填表说明：
1. 存款人申请变更核准类银行结算账户的存款人名称、法定代表人或单位负责人的，中国人民银行当地分支行应对存款的变更申请进行审核并签署意见。
2. 带括号的填"√"。

图3-1-6

中国建设银行

印签卡　　　　　　　　　　No. 320304562

单位名称：山东利康食品有限公司	账号：3352028923567895
地　　址：山东省滨州市长江十二路819号	邮编：256600
E—mail：suiwen@163.com	
联系人：孙雯	电话：0543-5127766
印模	基本存款账户
启用时间：2020年2月15日	注销时间：　　年　月　日

图3-1-7

💰 **提升训练**

假如，利康公司因法定代表人人事变动，因此而变更基本存款账户的相关信息。包括：变更日期为2020年11月20日，开户银行代码为1053712，法定代表人郑涛变更为韩信，身份证号372306197310220469，其他信息不变。

要求：说明业务办理流程，列出公司需准备的资料，分岗模拟办理此银行账户变更业务。（所需表单如图3-1-8所示，变更银行结算账户申请书第二、三联略）

中国建设银行
China Construction Bank

变更银行结算账户申请书

账户名称		
开户银行代码	账号	
账户性质	基本（ ） 专用（ ） 一般（ ） 临时（ ） 个人（ ）	
开户许可证核准号		

变更事项及变更后内容如下：

账户名称		
地址		
邮政编号		
电话		
注册资金金额		
注册资金种类		
证明文件编号		
经营范围		
法定代表人或单位负责人	姓名	
	证件种类	
	证件号码	
关联企业	变更后的关联企业信息填列在"关联企业登记表"中。	
上级法人或主管单位的基本存款账户核准号		
上级法人或主管单位的名称		
上级法人或主管单位法定代表人或单位负责人	姓名	
	证件种类	
	证件号码	

第一联 存款人留存

本存款人申请变更上述银行账户内容，并承诺所提供的资料真实、有效。 存款人（签章） 年 月 日	开户银行审核意见： 经办人（签章） 开户银行（签章） 年 月 日	人民银行审核意见： 经办人（签章） 开户银行（签章） 年 月 日

填表说明：
1. 存款人申请变更核准类银行结算账户的存款人名称、法定代表人或单位负责人的，中国人民银行当地分支行应对存款的变更申请进行审核并签署意见。
2. 带括号的填"√"。

图3-1-8

子任务3　办理银行账户撤销业务

工作情境

2020年11月10日，会计周亮对魏丽说："公司农行业务不多，你去银行将农行存款的一个一般存款账户撤销吧。"然后，将需要撤销的存款账户的信息及需用的相关证明资料交与魏丽。于是魏丽到农行咨询撤销银行账户事宜，并在银行工作人员的指导下成功办理了账户撤销业务，同时交回剩余空白转账支票。待撤销的银行账户基本信息如下：开户银行：中国农业银行滨州西城支行，账号：7540010400056877，开户银行代码：2394，需交回的空白转账支票票号：05433680-05433698。（此业务为假设，公司并不撤销农行账户）

知识准备

一、银行账户撤销情形

有下列情形之一的，存款人应向开户银行提出撤销银行结算账户的申请：

1. 被撤并、解散、宣告破产或关闭的。
2. 注销、被吊销营业执照的。
3. 因迁址需要变更开户银行的。
4. 其他原因需要撤销银行结算账户的。

存款人有以上第1、2条情形的，应于5个工作日内向开户银行提出撤销银行结算账户的申请。

二、银行账户撤销基本要求

撤销基本存款账户，临时存款账户和预算单位专用存款账户，应填写一式三联撤销银行结算账户申请书，一联存款人留存，一联开户银行留存，一联由开户银行报送中国人民银行。撤销一般存款账户、非预算单位专用存款账户、个人银行结算账户，填写一式两联撤销银行账户申请书，一联存款人留存，一联开户银行留存。属于申请撤销单位银行结算账户的，应加盖单位公章；属于申请撤销个人银行结算账户的，应加盖其个人名章。银行在收到存款人撤销银行结算账户的申请后，对于符合撤销账户条件的，应在2个工作日内办理撤销手续。

撤销银行结算账户时，应先撤销一般存款账户、专用存款账户以及临时存款账户，方可办理基本存款账户的撤销。银行得知存款人有账户撤销第1、2条情形的，存款人超过规定期限未主动办理撤销银行结算账户手续的，银行有权停止其银行结算账户的对外支付。存款人因账户撤销第3、4条情形撤销基本存款账户后，需要重新开立基本存款账户的，应在撤销其原基本存款账户后10日内申请重新开立基本存款账户。

存款人尚未清偿其开户银行债务的，不得申请撤销该银行结算账户。对于按照账户管理规定应撤销而未办理销户手续的单位银行结算账户，银行通知该单位银行结算账户的存款人，自发出通知之日起30日内办理销户手续，逾期视同自愿销户，未划转款项列入久悬未取专户管理。

存款人撤销银行结算账户时，必须与开户银行核对银行结算账户存款余额；填列一式两联清单，交回各种重要空白票据、结算凭证，银行核对无误后方可办理销户手续。

业务处理

【业务】2020年11月10日，魏丽根据周亮的安排，到农行滨州西城支行办理账户撤销业务。

业务办理过程如下：

1.填写撤销银行账户申请书

魏丽携带单位公章、预留银行财务印鉴及剩余空白支票，在李晓娜陪同下到银行规范填写撤销银行结算账户申请书，在存款人（签章）处加盖单位公章（图3-1-9），交开户银行经办员。

图3-1-9

说明：本表第二、三联略去。

2.填写支票交回申请

根据交回剩余空白转账支票情况，魏丽填写支票交回申请，加盖预留银行财务印鉴与单位公章（图3-1-10），交开户银行经办员。本表一式两联，一联由银行盖章后退交申请人，一联作银行清户传票附件。

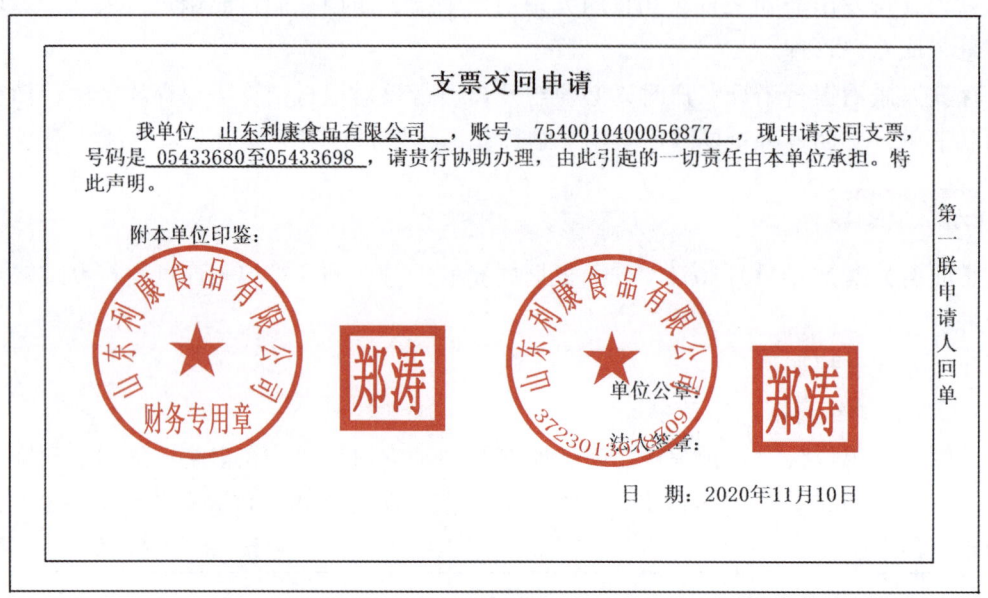

图3-1-10

说明：本表第二联略去。

提示：存款人未按规定交回各种重要空白票据及结算凭证的，应出具有关证明，造成损失的，由其自行承担。

3.提交有关证明资料

在与银行核对存款余额后，魏丽提供印鉴卡、法人代表郑涛身份证件及复印件（需加盖单位公章），交回剩余空白转账支票，票号为05433680-05433698。

4.银行审核受理

银行在审核存款人撤销银行结算账户申请后，对于符合销户条件的，在撤销银行账户申请书及支票交回申请书上加盖业务专用章，并在2个工作日内办理撤销手续，同时于撤销之日起2个工作日内，向中国人民银行当地分支行报告。

经审核，利康公司符合销户条件，银行办理账户撤销手续，魏丽领回加盖银行印章的撤销银行结算账户申请书第一联及支票交回申请回单联。

提升训练

假如，利康公司因经营不善导致企业破产而撤销基本存款账户。办理销户时需缴回空白转账支票，号码为05432098-05432112，空白现金支票，号码为05434450-05434461，开户银行代码为1053712。

要求：说明业务办理流程，列出公司需准备的资料，并分岗模拟办理此银行账户撤销业务。（所需表单如图3-1-11所示，撤销银行结算账户申请书第二、三联略，如图3-1-12所示，支票交回申请书第二联略）

中国建设银行
China Construction Bank

撤销银行结算账户申请书

账户名称	
开户银行名称	
开户银行代码	账号
账户性质	基本（　）专用（　）一般（　）临时（　）个人（　）
开户许可证核准号	
销户原因	

第一联 存款人留存

本存款人申请撤销上述银行账户，承诺所提供的证明文件真实、有效。

存款人（签章）

年　月　日

开户银行审核意见：

经办人（签章）

开户银行（签章）

年　月　日

注：带括号的选项填"√"。

图3-1-11

支票交回申请

我单位_____，账号_____，现申请交回支票，号码是_____，请贵行协助办理，由此引起的一切责任由本单位承担。特此声明。

附本单位印鉴：

第一联 申请人回单

单位公章：

法人签章：

日　期：

图3-1-12

任务评价

一、任务测试

（一）单项选择题

1.属于存款人的主办账户，是开立其他银行结算账户的前提的是（   ）。

A.基本存款账户　　　　　　　　　　B.一般存款账户

C.专用存款账户　　　　　　　　　　D.临时存款账户

2.开立基本存款账户的存款人可以开立（   ）个一般存款账户。

A.1　　　　　　　B.2　　　　　　　C.3　　　　　　　D.无限制

3.开立单位银行结算账户申请书一式三联，使用错误的是（   ）。

A.一联开户单位留存　　　　　　　　B.一联开户银行留存

C.一联中国银行留存　　　　　　　　D.一联中国人民银行留存

4.下列不属于存款人应向开户银行提出撤销银行结算账户申请情景的是（   ）。

A.企业被撤并、解散、宣告破产或关闭

B.企业被注销、被吊销营业执照

C.企业更换法定代表人或主要负责人

D.因迁址需要变更开户银行

5.撤销银行结算账户的顺序，下列说法正确的是（   ）。

A.先撤销基本存款账户　　　　　　　B.最后撤销基本存款账户

C.最后撤销一般存款账户　　　　　　D.由企业根据日常经营需要自行选择

（二）多项选择题

1.可以申请开立基本存款账户的有（   ）。

A.社会团体　　　　　　　　　　　　B.私营企业

C.个人　　　　　　　　　　　　　　D.非独立核算的附属机构

2.一般存款账户用于办理存款人的（   ）业务。

A.借款转存　　　　　B.借款归还　　　　C.现金缴存　　　　D.现金支取

3.有下列情况的，存款人可以申请开立临时存款账户（   ）。

A.异地临时经营活动　　　　　　　　B.注册验资

C.借款转存与归还　　　　　　　　　D.专项资金管理

4.存款人（   ）账户资料变更后，应向开户银行办理账户信息变更手续。

A.单位的法定代表人或主要负责人　　B.地址、邮编、电话

C.存款人名称　　　　　　　　　　　D.注册资金

5.关于银行账户撤销的基本要求，下列说法正确的是（   ）。

A.填写撤销银行账户申请书

B.存款人尚未清偿开户银行债务的，不得申请撤销该银行结算账户

C.应撤销而未办理销户手续的单位银行结算账户，逾期视同自愿销户

D.交回剩余空白转账支票，填写支票交回申请，加盖预留银行财务印鉴与单位公章

（三）判断题

1.非法定代表人（或负责人）亲自办理开户的，应提供授权书以及被授权人身份证件。（　）

2.如果因借款需要而开立一般存款账户，则应出具借款合同。（　）

3.申请开立专用存款账户需要提供专项管理和使用资金证明文件，预算单位还需要财政部门同意开户的证明。（　）

4.注册验资的临时存款账户在验资期间只要金额充足，可进行正常资金收付结算，不影响账户使用。（　）

5.存款人办理撤销银行结算账户申请前，应自行销毁剩余未使用的重要空白票据及结算凭证。（　）

参考答案
管理银行账户任务测试参考答案与解析

二、综合自评

自评项目	自评内容	自评结果	
专业能力	根据开户银行要求正确准备开户资料	A□ B□ C□ D□	A：85分及以上 B：75~85分 C：60~75分 D：60分以下
	按流程开立银行账户	A□ B□ C□ D□	
	按流程变更银行账户	A□ B□ C□ D□	
	按流程撤销银行账户	A□ B□ C□ D□	
素质提升	开立、变更、撤销银行账户工作中严格遵守国家财经法规和企业财务管理制度的职业素养提升	A□ B□ C□ D□	
	开立、变更、撤销银行账户工作中严谨细致、精益求精的工匠精神培养	A□ B□ C□ D□	
	开立、变更、撤销银行账户工作中诚实守信职业品格培养	A□ B□ C□ D□	
	开立、变更、撤销银行账户工作中对企业内外部善于沟通协调协作的服务意识提升	A□ B□ C□ D□	
查缺补漏（分条列出尚未掌握的知识点和技能点）			

任务二　办理支票结算业务

📋 任务导入

2020年11月3日，出纳员魏丽业务比较繁忙，根据会计周亮的安排去银行购买支票；签发了一张建行现金支票，提取现金用于购买职工福利冬枣；签发一张农行转账支票，用于购买原材料面粉；收到一张销货款转账支票。尽管繁忙，但魏丽还是有条不紊地完成了上述签发支票业务，并到银行办理了支票进账。

想一想，你见过、用过支票吗？如何办理支票结算业务呢？

📋 任务分析

支票是由出票人签发，委托办理支票存款业务的银行或者其他金融机构在见票时无条件支付确定的金额给收款人或者持票人的票据。使用支票十分便利：一是用途广泛，对于商品交易、劳务供应、清偿债务、日常消费、缴付公用事业费用等支付，无论金额大小，均可以使用支票；二是携带方便，支票是一种便于携带的纸质凭证，非常适合随身携带；三是结算便捷，同城票据交换地区的单位、个体户和个人之间的一切款项往来，都可以使用支票。出纳负责企业货币资金的收支，因此也就需要经常办理签发、进账等相关支票业务。

在此之前已经进行了现金支票结算业务办理学习，本任务主要进行转账支票结算业务处理训练，具体包括：

1.办理支票领购业务。

2.办理支票付款业务。

3.办理支票收款业务。

📋 任务目标

1.知识目标

(1)熟练掌握空白支票请购单的填制方法。

(2)熟练掌握支票付款业务办理流程。

(3)熟练掌握支票收款业务办理流程。

(4)掌握银行进账单的填制方法。

2.能力目标

(1)能正确办理支票领购业务。

(2)能熟练签发转账支票办理支票付款业务，并进行账务处理。

(3)能熟练签发转账支票办理收款结算业务，并进行账务处理。

3.素质目标

(1)提升支票结算中严格遵守《票据法》《支付结算办法》等国家财经法规和企业财务管理制度的职业素养。

(2)培养支票结算中严谨细致、精益求精的工匠精神,诚实守信的职业品格，对企业内外部善于沟通协调协作的服务意识。

子任务1 办理支票领购业务

🪙 工作情境

2020年11月3日，因货款结算需要，周亮安排魏丽去建行购买转账支票一本。魏丽在填写财务印章使用登记簿后，携带预留银行财务印鉴（包括公司财务专用章、法人代表郑涛个人名章），在李晓娜的陪同下，到中国建设银行滨州北海支行购买支票。最后顺利购回支票，并交回财务印章。

🪙 知识准备

一、支票类别

学好用好
《票据法》

按照支付票款的方式，可以将支票分为清分机普通支票、现金支票、转账支票。

清分机普通支票既可以用来支取现金，亦可用来转账，用于转账时，应当在支票正面注明，这一注明方式一般是在支票上划线，未划线者可用于支取现金。现金支票只能用于支取现金。转账支票分清分机转账支票和非清分机转账支票。清分机转账支票是能通过人行清算中心的清分机进行分拣的转账支票，与普通转账支票的主要区别是支票下沿有空白磁码域，用于银行打印磁码和人行清分机分拣票据。转账支票不能以现金支付，只能以记入收款入账户方式支付。持票人持有转账支票的，必须将支票存入自己的账户，然后再从自己账户中提取现金。在实践中，我国一直采用的是现金支票和转账支票，较少使用清分机普通支票。

二、支票要素

一张完整的支票，应载明以下事项：

(1)注明"支票"的字样；

(2)无条件支付的委托事项；

(3)确定的大小写金额；

(4)付款人名称；

(5)出票日期；

(6)出票人签章，包括单位财务专用章和法人代表个人名章；

若要背书转让，持票人在办理进账或将支票转让时，应在背书栏内加盖预留银行财务印鉴。

三、支票特点

1.简便。使用支票办理结算手续简便，付款人只要在银行有足够的存款，就可以签发支票给收款人，银行凭支票就可以办理款项的划拨或现金的支付。

2.灵活。支票可以由付款人向收款人签发以直接办理结算，也可以由付款人出票委托银行主动付款给收款人。另外，转账支票在指定的城市中还可以背书转让。

3.迅速。使用支票办理结算，收款人将转账支票和进账单送交银行，一般当天或次日即可入账，而使用现金支票当即可取现金。

4.可靠。银行严禁签发空头支票，各单位必须在银行存款余额内签发支票，因而收款人凭支票就能取得款项，一般不存在得不到正常支付的情况。

四、支票领购要求

微课
领购支票

企业向开户银行领购现金支票、转账支票时，须携带预留银行财务印鉴及经办人身份证件。银行出售的每张转账支票上均要加盖银行名称和签发人账号印章。按照规定，每个账户一次只能购买一本支票，业务量大的企业可以适当放宽。

💰 业务处理

【业务】2020年11月3日，魏丽与李晓娜到中国建设银行滨州北海支行办理领购转账支票业务。

业务办理过程如下：

1.向银行提出购买申请

魏丽持预留银行财务印鉴及本人身份证，在李晓娜陪同下到开户银行柜台提出购买转账支票申请，并提供预留银行财务印鉴及经办人身份证。

2.银行审核

银行核对印鉴及身份证件后，发给申请人空白支票，按规定收取工本费和手续费，并在支票登记簿上注明领用日期、领用单位、支票起讫号码，以备查对。同时，将银行收取的手续费回单（银行收费凭证第二联）加盖业务专用章（图3-2-1）退还魏丽。

图3-2-1

3.填制审核记账凭证

魏丽将领回的银行收费回单交周全填制记账凭证，并交李晓娜审核（图3-2-2）。

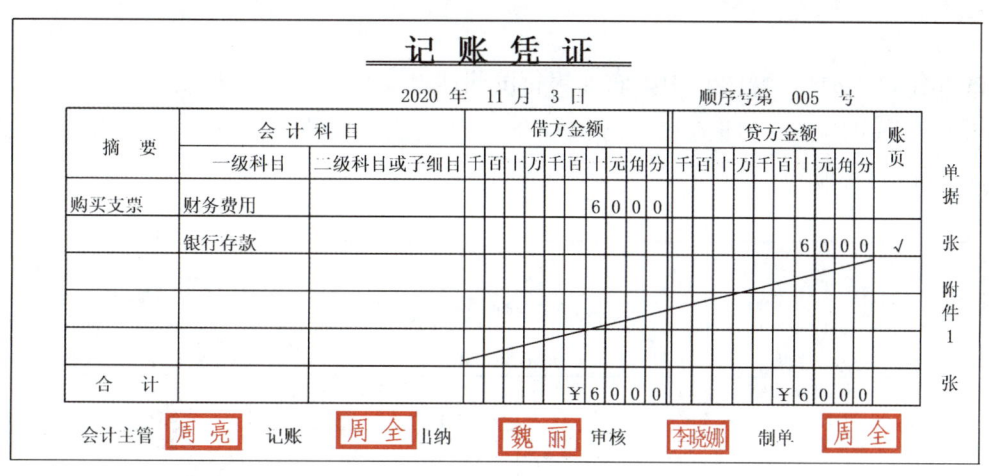

图3-2-2

说明：本凭证所附原始凭证1张（图3-2-1）。

4.登记银行存款日记账

魏丽根据审核无误的记账凭证（图3-2-2），登记银行存款日记账（图3-2-3），并在记账凭证上加盖个人名章，随后将记账凭证交会计人员据此登记其他明细账、总账。

在登记银行存款时要注意填写结算方式及其凭证编号。通常，结算方式可以简写为现存（现金交款单）、现支（现金支票）、转支（转支支票）、本票（银行本票）、汇票（银行汇票、商业承兑汇票、银行承兑汇票）、汇兑（电汇凭证、信汇凭证）、委收

（委托收款）、托收（托收承付）、转账等。

银行存款日记账　　10

2020年 月	日	凭证 种类	号数	结算方式	凭证编号	摘要	总页	借方（亿千百十万千百十元角分）	贷方（亿千百十万千百十元角分）	借或贷	余额（亿千百十万千百十元角分）
11	1					期初余额				借	1000000000
	3	记	005	转账		购买支票			6000	借	999994000

图3-2-3

说明：结算方式凭证编号略，下同。

提升训练

2020年11月8日，魏丽到中国农业银行滨州西城支行购买现金账支票一本。

要求：说明业务办理流程，分岗模拟办理此支票请购单业务。（所需表单如图3-2-4至图3-2-6所示。）

中国农业银行
Agricultural Bank Of China

业务收费凭证

币别：人民币　　2020 年 11 月 8 日　　流水号：

付款人 山东利康食品有限公司			账号 7540010400056877		
项目名称	工本费	手续费	电子汇划费		金额
请购支票	10.00	50.00	0.00		60.00
金额（大写）陆拾元整					
付款方式	转账				

中国农业银行股份有限公司滨州西城支行 2020.11.08 业务专用章 03

第二联 客户回单

会计主管　　授权　　复核 刘侠　　录入 李明

图3-2-4

记账凭证

摘 要	会 计 科 目		借方金额	贷方金额	账页
	一级科目	二级科目或子细目	千百十万千百十元角分	千百十万千百十元角分	
合 计					

年 月 日　　　顺序号第 号

单据 张 附件 张

会计主管　　　记账　　　出纳　　　审核　　　制单

图3-2-5

银行存款日记账　　2

2020年		凭证		结算方式	凭证编号	摘 要	总页	借 方	贷 方	借或贷	余 额
月	日	种类	号数					亿千百十万千百十元角分	亿千百十万千百十元角分		亿千百十万千百十元角分
11	1					期初余额				借	1 0 0 0 0 0 0 0 0 0
	3	记	005	转账		购买支票			6 0 0 0	借	9 9 9 9 9 4 0 0 0
						……				借	8 6 7 2 1 2 0 0 0

图3-2-6

子任务2　办理支票付款业务

💰 工作情境

魏丽每次从银行购买转账支票后，都将支票存放入保险柜中妥善保管。2020年11月8日，根据行政助理李华支付采购办公用品款8,000元的申请，熟练地签发了一张金额为8,000元的转账支票。转账支票基本信息如下，

收款人：滨州市华深实业有限公司，

账号：3352028923567895，

开户银行：中国建设银行滨州北海支行。

知识准备

一、支票结算基本规定

(1)同城票据交换地区内的单位和个人之间的一切款项结算，均可使用支票。自2007年6月25日起支票实现了全国通用，异城之间也可使用支票进行支付结算。

(2)支票一律记名。中国人民银行总行批准的地区转账支票可以背书转让，背书必须连续。

(3)支票金额起点为100元。

(4)提示付款期为自出票之日起10天。超过提示付款期限的，依照《票据法》的规定，付款人可以不予付款，但出票人仍对持票人承担票据责任。

(5)签发人必须在银行账户余额内按照规定向收款人签发支票。对签发空头支票或印章与预留印鉴不符的支票，银行除退票外，按票面金额处以5%但不低于1,000元的罚款。对屡次签发的，银行根据情节给予警告、通报批评、直至停止其向收款人签发支票。

二、支票签发注意事项

支票应由财会人员或使用人员签发，不得将支票交给收款人代为签发。支票存根要同其他会计凭证一样妥善保管。

贯彻试行《支付结算办法》

转账支票由支票正联、支票存根和支票正联的背面组成。签发转账支票应按照《支付结算办法》和《正确填写票据和结算凭证的基本规定》记载相关事项。支票的收款人、金额、日期不得涂改，一旦涂改该支票作废。

所有在银行开立存款账户的单位均可以签发转账支票，中国人民银行鼓励个人使用支票结算。居民个人签发支票，应当具备完全民事行为能力、同时具有合规的银行结算账户、良好的个人信用、稳定的收入来源等基本条件。

要严格控制携带空白支票外出采购。对事先不能确定采购物资的单价、金额的，经单位领导批准，可将填明收款人名称和签发日期、明确了款项用途和款项限额的支票交采购人员，使用支票人员回单位后必须及时向财务部门结算。款项限额的办法是在支票正面用文字注明所限金额，并在小写金额栏内用"¥"填定数位。

学习《票据管理实施办法》

已签发的现金支票遗失，可以向银行申请挂失。挂失前已经支付，银行不予受理。已签发的转账支票遗失，银行不受理挂失，可请求收款人协助防范。

《票据法》规定，禁止签发空头支票，《票据管理实施办法》明确了签发空头支票处罚规定。

💰 **业务处理**

【业务】2020年11月8日，魏丽根据行政助理李华提交的审核完毕的办公用品用款申请单（图3-2-7），签发金额8,000元的中国建设银行转账支票一张。

用　款　申　请　单

申请日期 2020 年 11 月 8 日

用 款 用 途	采购办公用品	用款方式	转账支票	货币币种	人民币
用 款 金 额	（大写）人民币捌仟元整		（小写）￥8000.00		
用 款 部 门	厂部办公室	合 同 号			
申 请 人	李华	约定交货期或 报 账 期	2020 年 11 月 14 日		
部门负责人	王明杰	收款单位全称	滨州市华深实业有限公司		
财 务 签 批	周亮	账 号			
领 导 审 批	郑涛	开 户 银 行			

图3-2-7

业务办理过程如下：

1.填写支票正联

转账支票正联填写要求如下：

(1)出票日期：填写填制当天的日期。日期必须使用中文大写，以防止变造。

(2)收款人：支票收款人填写对方收款单位名称。

(3)付款行名称、出票人账号：本单位开户银行名称及银行账号。

(4)人民币（大写）：人民币金额用中文大写数字书写。

(5)用途：填写所付款项的用途如货款、代理费等。

(6)使用电子支付密码器编辑打印支票密码。

(7)出票人签章：支票正面盖财务专用章和法人章，缺一不可，印章必须清晰，印章模糊时本张支票作废，必须换一张重新填写盖章。

魏丽根据李华提交的办公用品用款申请单，规范填写转账支票正联（图3-2-8）。

2.填写支票存根

转账支票存根填写要求如下：

(1)附加信息：与正联背面所填内容相同。

(2)出票日期：用小写填写与正联相同的内容。

(3)金额：用小写填写与正联相同的内容。

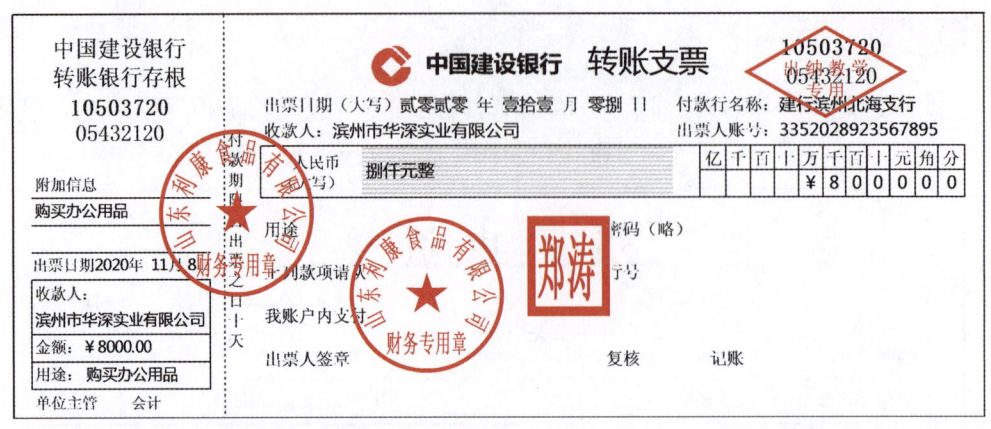

图3-2-8

(4)用途：与正联所填内容相同。

(5)单位主管、会计：由财务负责人、会计签名或盖章。

魏丽填写转账支票正联后，规范填写转账支票存根，并在骑缝处加盖财务专用章，在正联加盖预留银行财务印鉴（图3-2-8），交李华付款。

3.填制审核记账凭证

魏丽将办公用品采购用款申请单及转账支票存根交周全填制记账凭证，并交李晓娜审核（图3-2-9）。

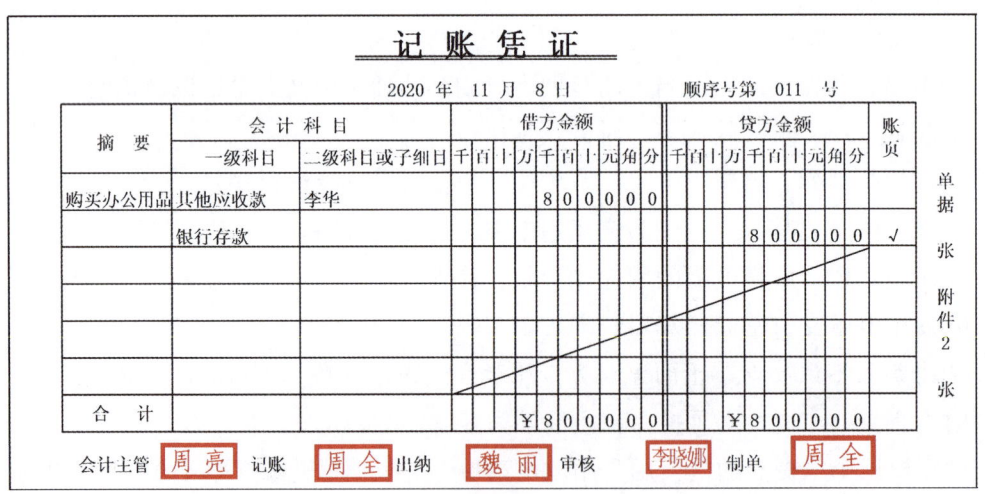

图3-2-9

说明：本凭证所附原始凭证2张（图3-2-7，图3-2-8存根部分）。

4.登记银行存款日记账

魏丽根据审核无误的记账凭证（图3-2-9），登记银行存款日记账（图3-2-10），并在记账凭证上加盖个人名章，随后将记账凭证交会计人员据此登记其他明细账、总账。

2020年		凭证		结算方式	凭证编号	摘 要	总页	借 方											贷 方										借或贷	余 额									
月	日	种类	号数					亿	千	百	十	万	千	百	十	元	角	分	亿	千	百	十	万	千	百	十	元	角	分		亿	千	百	十	万	千	百	十	元	角	分
11	1					期初余额																								借	1	0	0	0	0	0	0	0	0	0	0
	3	记	005	转账		购买支票																			6	0	0	0	借		9	9	9	9	9	4	0	0	0
						……																							借			8	6	7	2	1	2	0	0	0
	8	记	011	转支		购办公用品																	8	0	0	0	0	借			8	6	6	4	1	2	0	0	0

图3-2-10

提升训练

2020年11月10日，魏丽根据采购员张一山提交的销售发票（图3-2-11，第二联抵扣联略），准备签发一张109,000元的中国农业银行转账支票支付货款。要求：说明业务办理流程，分岗模拟办理此笔转账支票签发业务。（所需表单如图3-2-12至图3-2-14所示。）

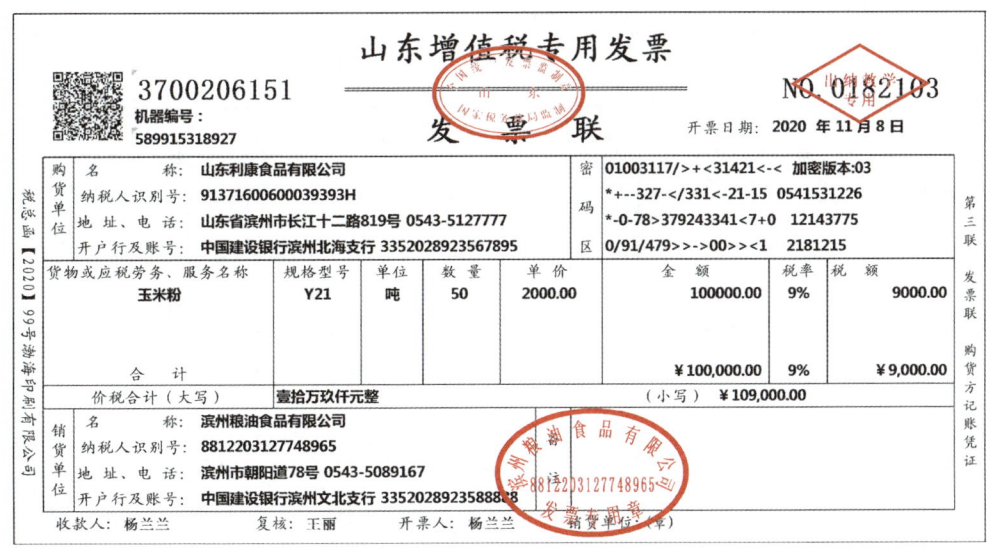

图3-2-11

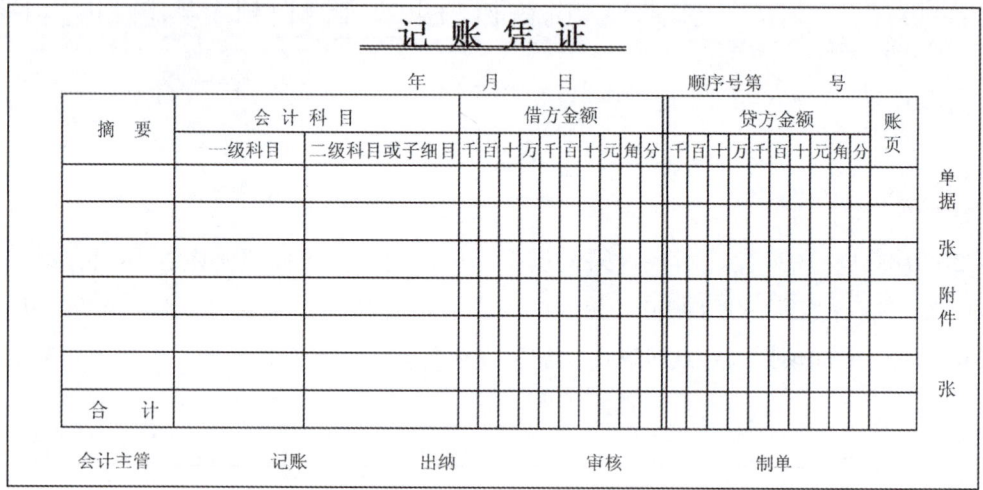

图3-2-12

记 账 凭 证

摘 要	会 计 科 目		借方金额	贷方金额	账页
	一级科目	二级科目或子细目	千百十万千百十元角分	千百十万千百十元角分	
合 计					

年　　月　　日　　　　顺序号第　　　　号

会计主管　　　　记账　　　　出纳　　　　审核　　　　制单

单据　张　附件　张

图3-2-13

银 行 存 款 日 记 账　　　　2

2020年		凭证		结算方式	凭证编号	摘 要	总页	借　　方	贷　　方	借或贷	余　　额
月	日	种类	号数					亿千百十万千百十元角分	亿千百十万千百十元角分		亿千百十万千百十元角分
11	1					期初余额				借	8 0 0 0 0 0 0 0 0 0
	3	记	005	转账		购买支票			6 0 0 0	借	9 9 9 9 9 4 0 0 0 0
						……				借	8 6 7 2 1 2 0 0 0
	8	记	11	转支		购办公用品			8 0 0 0 0 0	借	8 6 6 4 1 2 0 0 0

图3-2-14

子任务3 办理支票收款业务

工作情境

2020年11月14日，魏丽收到滨城副食品批发有限公司支付前期货款开来的中国建设银行转账支票一张，支票载明的主要事项，开户银行：中国建设银行滨州渤海支行，账号：4938028938473637，法人：赵红，金额：80,000元。当日，魏丽持支票到中国建设银行办理进账。

知识准备

出纳收到付款单位交来的支票后，首先应对支票进行审查，以免收进假支票或无效支票。对支票的审查应包括如下内容：

(1)支票填写是否清晰；

(2)支票的各项内容是否填写齐全，是否在签发单位盖章处加盖预留银行财务印鉴，大小写金额和收款人有无涂改，其他内容如有改动是否加盖了预留银行财务印鉴；

(3)支票收款单位是否为本单位；

(4)支票大小写金额填写是否正确，两者是否相符；

(5)支票是否在付款期内；

(6)背书转让的支票其背书是否正确，是否连续。

收款单位出纳对受理的转账支票审查无误后，即可到开户银行柜台填制一式三联进账单，连同支票一并送交其开户银行办理进账业务。其他银行支票银行通过"票据交换"收妥后入账。

业务处理

【业务】2020年11月14日，魏丽持收到的转账支票（图3-2-15）到中国建设银行滨州北海支行办理进账。

业务办理过程如下：

1.审核转账支票

魏丽仔细对支票的填写项目是否齐全、正确、规范，以及大小写金额与结算金额是否一致等进行审查。

2.填写支票背面

审查无误后，在支票背面背书人签章处加盖公司预留银行财务印鉴（图3-2-16），准备到开户银行办理收款进账手续。（注意：必须在支票规定的提示付款期限内办理进账手续）。

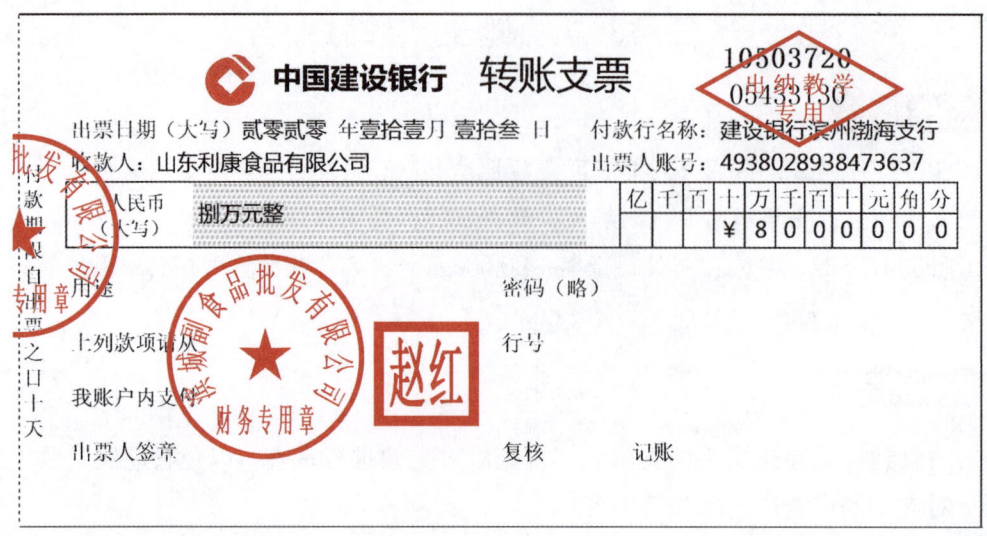

图3-2-15　转账支票正面

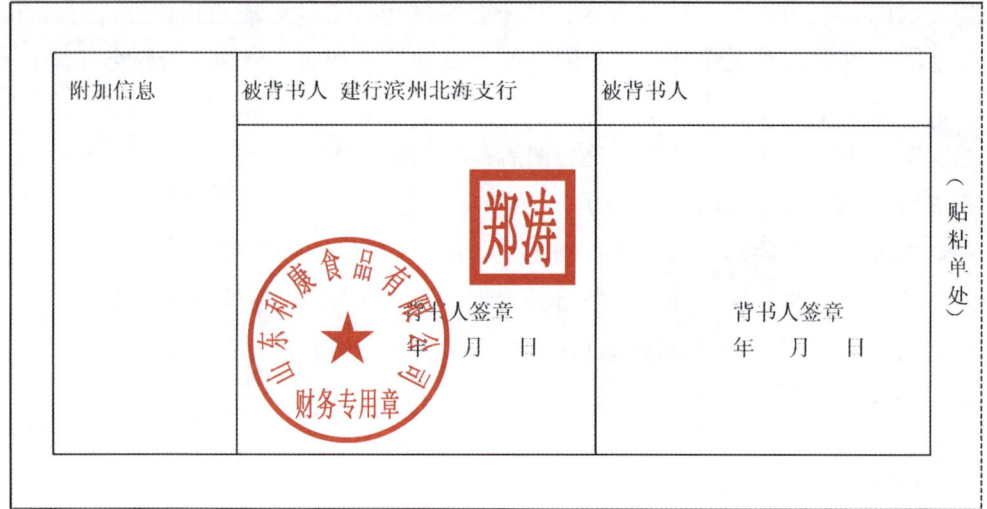

图3-2-16　转账支票背面

3.填写进账单办理进账

魏丽携带转账支票到银行填写一式三联进账单（图3-2-17至图3-2-19），一并交给开户银行办理进账业务。

银行审核无误后，在进账单的第一联加盖银行业务专用章（图3-2-17），并退还魏丽。

4.领取进账单第三联

等款项到账后，开户银行在进账单第三联加盖银行业务专用章（图3-2-19），魏丽到银行取回进账单第三联。

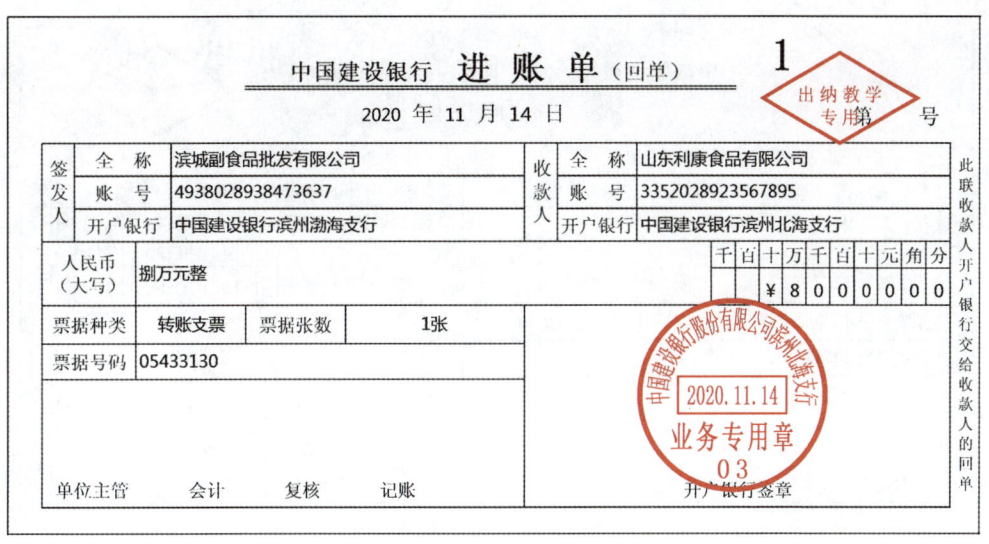

图3-2-17

说明：此回单联不做进账、账务处理的依据，仅供查询使用。

中国建设银行　**进账单**（贷方凭证）　2

出纳教学专用　第　号

2020 年 11 月 14 日

签发人	全　称	滨城副食品批发有限公司	收款人	全　称	山东利康食品有限公司
	账　号	4938028938473637		账　号	3352028923567895
	开户银行	中国建设银行滨州渤海支行		开户银行	中国建设银行滨州北海支行

| 人民币（大写） | 捌万元整 | 千 | 百 | 十 | 万 | 千 | 百 | 十 | 元 | 角 | 分 |
| | | | | ¥ | 8 | 0 | 0 | 0 | 0 | 0 | 0 |

| 票据种类 | 转账支票 | 票据张数 | 1张 |
| 票据号码 | 05433130 | | |

| 备注： | | |

此联收款人开户银行作贷方凭证

复核　　　记账

图3-2-18

5.填制审核记账凭证

魏丽将取回的进账单第三联交周全填制记账凭证，并交李晓娜审核（图3-2-20）。

6.登记银行存款日记账

魏丽根据审核无误的记账凭证（图3-2-20），登记银行存款日记账（图3-2-21），并在记账凭证上加盖个人名章，随后将记账凭证交会计人员据此登记其他明细账、总账。

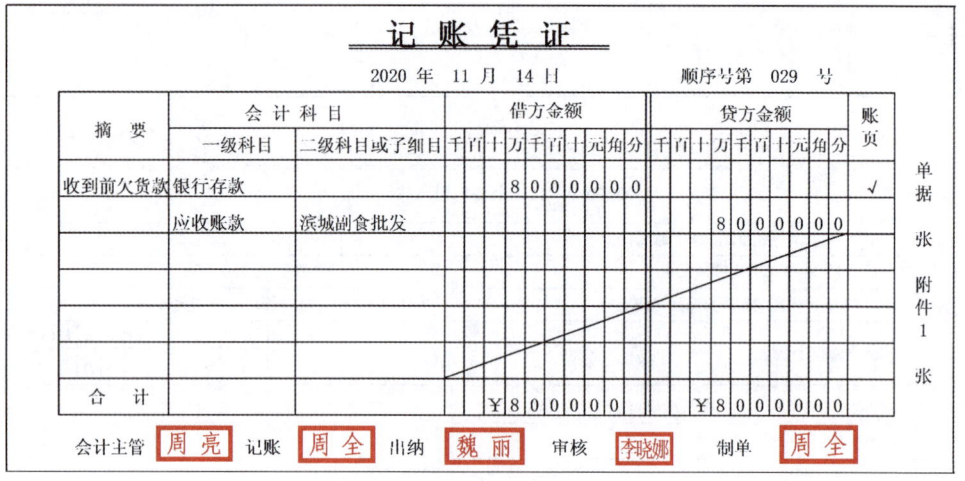

中国建设银行 **进 账 单**（收账通知）

2020 年 11 月 14 日

签发人	全 称	滨城副食品批发有限公司	收款人	全 称	山东利康食品有限公司
	账 号	4938028938473637		账 号	3352028923567895
	开户银行	中国建设银行滨州渤海支行		开户银行	中国建设银行滨州北海支行

人民币（大写）捌万元整　　　千百十万千百十元角分　¥ 8 0 0 0 0 0 0

票据种类	转账支票	票据张数	1张
票据号码	05433130		

单位主管　会计　复核　记账

中国建设银行股份有限公司滨州北海支行
2020.11.14
业务专用章
03

收款人开户行盖章

此联收款人开户银行交给收款人的收账通知

图3-2-19

记 账 凭 证

2020 年 11 月 14 日　　　顺序号第 029 号

摘 要	会 计 科 目		借方金额	贷方金额	账页
	一级科目	二级科目或子细目	千百十万千百十元角分	千百十万千百十元角分	
收到前欠货款	银行存款		8 0 0 0 0 0 0		✓
	应收账款	滨城副食批发		8 0 0 0 0 0 0	
合 计			¥ 8 0 0 0 0 0 0	¥ 8 0 0 0 0 0 0	

会计主管　周亮　记账　周全　出纳　魏丽　审核　李晓娜　制单　周全

单据张 附件 1 张

图3-2-20

说明：本凭证所附原始凭证1张（图3-2-19）。

银 行 存 款 日 记 账 10

2020年		凭证		结算方式	凭证编号	摘 要	总页	借 方	贷 方	借或贷	余 额
月	日	种类	号数					亿千百十万千百十元角分	亿千百十万千百十元角分		亿千百十万千百十元角分
						······				借	9 1 2 6 2 8 0 0 0
	14	记	029	转支		收到前欠货款		8 0 0 0 0 0 0		借	9 2 0 6 2 8 0 0 0

图3-2-21

提升训练

　　2020年11月15日，利康公司销售一批蛋白粉给滨州华东食品公司，数量100箱，单价800元，价款80,000元，增值税率13%，价税合计90,400元。魏丽收到购货方开出的建行转账支票一张（图3-2-22）。当日，魏丽持该支票到建行办理进账。

　　要求：说明业务办理流程，分岗模拟办理此支票收款业务。（所需表单如图3-2-23至图3-2-27所示，增值税专用发票第二、三联略，进账单第二联略）

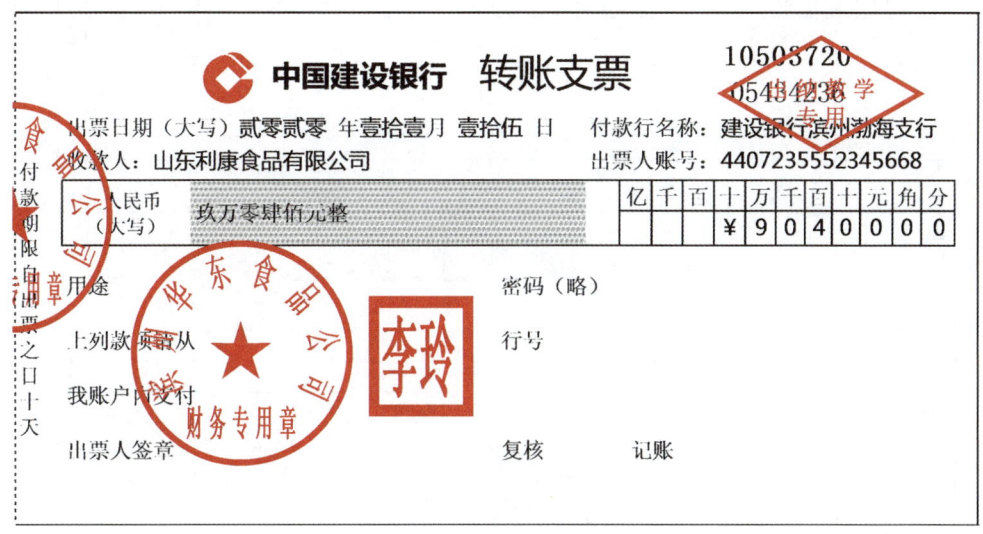

图3-2-22

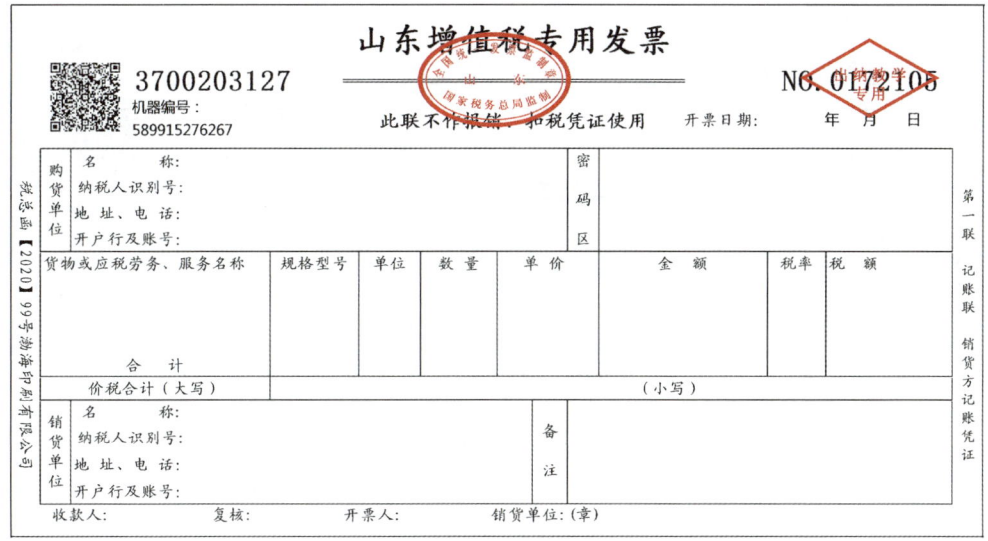

图3-2-23

中国建设银行 **进 账 单**（回单）

年 月 日　　　　　　　　　　出纳教学专用 1　第　号

签发人	全 称		收款人	全 称	
	账 号			账 号	
	开户银行			开户银行	

此联收款人开户银行交给收款人的回单

人民币 （大写）			千 百 十 万 千 百 十 元 角 分

票据种类		票据张数	
票据号码			

单位主管　　会计　　复核　　记账　　　　　　　　开户银行签章

图3-2-24

中国建设银行 **进 账 单**（收账通知）

年 月 日　　　　　　　　　　出纳教学专用 3　第　号

签发人	全 称		收款人	全 称	
	账 号			账 号	
	开户银行			开户银行	

此联收款人开户银行交给收款人的收账通知

人民币 （大写）			千 百 十 万 千 百 十 元 角 分

票据种类		票据张数	
票据号码			

单位主管　　会计　　复核　　记账　　　　　　　收款人开户行盖章

图3-2-25

记 账 凭 证

年 月 日　　　顺序号第　号

摘 要	会 计 科 目		借方金额	贷方金额	账页
	一级科目	二级科目或子细目	千 百 十 万 千 百 十 元 角 分	千 百 十 万 千 百 十 元 角 分	
合　计					

会计主管　　　记账　　　出纳　　　审核　　　制单

单据张　附件张

图3-2-26

银行存款日记账 10

2020年		凭证		结算方式	凭证编号	摘要	总页	借方											贷方											借或贷	余额										
月	日	种类	号数					亿	千	百	十	万	千	百	十	元	角	分	亿	千	百	十	万	千	百	十	元	角	分		亿	千	百	十	万	千	百	十	元	角	分
						……																								借		9	1	2	6	2	8	0	0	0	0
	14	记	029	转支		收到前欠货款					8	0	0	0	0	0	0												借		9	2	0	6	2	8	0	0	0	0

图3-2-27

💰 **任务评价**

一、任务测试

（一）单项选择题

1.一张完整的支票背面必须载明（　　）事项。

A.确定的大小写金额　　　　B.出票　　　　C.出票人签章　　　　D.背书栏信息

2.关于支票结算的基本规定，下列说法错误的是（　　）。

A.可以用于单位之间结算，不可以用于单位与个人之间结算

B.可以用于同城结算，也可用于异地结算

C.金额结算起点为100元

D.提示付款期为自出票之日起 10 天

3.对签发空头支票或印章与预留印鉴不符的支票，银行除退票外并按票面金额处以5%但不低于（　　）元的罚款。

A.500　　　　　　　　B.700　　　　　　　　C.1,000　　　　　　　　D.1,500

（二）多项选择题

1.可以用来支取现金的有（　　）。

A.普通支票　　　　　　　　　　　　B.现金支票

C.转账支票　　　　　　　　　　　　D.划线支票

2.支票正面的出票人签章，应由单位加盖（　　）。

A.企业公章　　　　　　　　　　　　B.财务专用章

C.发票专用章　　　　　　　　　　　D.法人章

3.出纳收到付款单位交来的支票后，应对（　　）内容进行审查，以免收进假支票或无效支票。

A.收款单位是否为本单位

B.支票大小写金额填写是否正确并一致

C.是否超出付款期限

D.背书转让的支票其背书是否正确并连续

（三）判断题

1.持票人持有转账支票的，必须将支票存入自己的账户，然后再从自己账户中提取现金。 （   ）

2.按照规定，企业可根据业务量的多少选择每次领购支票的数量，一般没有数量限制。 （   ）

3.所有在银行开立存款账户的单位均可以签发转账支票，中国人民银行鼓励个人使用支票结算。 （   ）

4.支票的收款人、金额、日期不得涂改，一旦涂改该支票作废。 （   ）

5.支票正联与支票存根联的出票日期，既可以使用中文大写，也可以使用阿拉伯数字小写。 （   ）

参考答案
办理支票任务
测试参考答案与解析

二、综合自评

自评项目	自评内容	自评结果	
专业能力	办理支票请购	A☐ B☐ C☐ D☐	A：85分及以上 B：75~85分 C：60~75分 D：60分以下
	签发转账支票办理付款结算，并进行账务处理	A☐ B☐ C☐ D☐	
	办理转账支票收款结算业务，并进行账务处理	A☐ B☐ C☐ D☐	
素质提升	支票结算中严格遵守国家财经法规和企业财务管理制度的职业素养提升	A☐ B☐ C☐ D☐	
	支票结算中严谨细致、精益求精的工匠精神培养	A☐ B☐ C☐ D☐	
	支票结算中诚实守信的职业品格培养	A☐ B☐ C☐ D☐	
	支票结算中对企业内外部善于沟通协调协作的服务意识提升	A☐ B☐ C☐ D☐	
查缺补漏（分条列出尚未掌握的知识点和技能点）			

任务三　办理银行本票结算业务

任务导入

任务分析

电子活页

任务目标

办理银行本票付款业务

办理银行本票收款业务

任务评价

任务四　办理银行汇票结算业务

任务导入

任务分析

任务目标

办理银行汇票付款业务

办理银行汇票收款业务

任务评价

任务五 办理商业汇票结算业务

任务导入

滨州惠达公司经理樊刚眼看着自己注册成立不到一年的公司，就面临着流动资金严重不足，资金链断裂的危险，真是犯了难。感叹道：产品不赊欠，产品销售不出去，赚不到钱；如果赊销则很多款项又收不回来，造成呆账。公司组织召开管理层会议，希望能找出一个解决这个问题办法。财务主管提出建议：除了多渠道筹集资金弥补流动资金缺口外，使用商业汇票结算可以在很大程度上解决这个问题。因为只要收到了商业汇票，特别是其中的银行承兑汇票，也就等于结清了赊销单位的货款，只是承兑汇票上的钱暂时还不能直接使用，最多不超过6个月后就可以通过开户银行进行托收了。另外，在银行承兑汇票没有到期前，单位如急需使用资金，也可到银行进行贴现，只不过损失一点贴现利息而已，而采用直接赊销挂账的方式就没有这样的保障了。若主要材料采购使用商业汇票结算也可以较少流动资金使用，有效缓解资金周转压力。

你见过银行承兑汇票吗，签发银行承兑汇票有什么要求，又应如何办理银行承兑汇票收付款结算业务？

任务分析

银行承兑汇票是商业汇票的一种。商业汇票是由收款人、付款人或承兑人申请签发，由承兑人承兑，并于到期日向收款人或背书人支付款项的一种票据。与银行汇票等结算工具相比，商业汇票的适用范围相对较窄。各企业、事业单位之间只有根据购销合同进行合法的商品交易，才能签发商业汇票。根据承兑人不同，分为银行承兑汇票和商业承兑汇票。在实践中，很多企业资金紧张时，都会使用商业汇票特别是银行承兑汇票支付货款，以缓解资金压力，因此，在出纳实际工作中经常见到。

随着金融信息化的发展和成熟，网上银行业务安全性的提高，除了纸质商业汇票外，越来越多的银行开通了网上电子商业票据业务。电子商业票据业务将在办理网上银行结算业务中进行介绍。

本任务主要进行商业汇票结算业务办理训练，具体包括：

1.办理银行承兑汇票结算业务。

2.办理商业承兑汇票结算业务。

任务目标

1.知识目标

(1)掌握银行承兑汇票的签发方法。

(2)掌握银行承兑汇票收付款业务办理流程。

(3)掌握商业承兑汇票的签发方法。

(4)掌握商业承兑汇票收付款业务办理流程。

2.能力目标

(1)能正确熟练签发银行承兑汇票。

(2)能正确熟练办理银行承兑汇票结算收付款业务，并进行账务处理。

(3)能正确签发商业承兑汇票。

(4)能正确办理商业承兑汇票结算收付款业务，并进行账务处理。

3.素质目标

(1)提升商业汇票结算中严格遵守《票据法》《支付结算办法》等国家财经法规和企业财务管理制度的职业素养。

(2)培养商业汇票结算中严谨细致、精益求精的工匠精神,诚实守信的职业品格,对企业内外部善于沟通协调协作的服务意识。

子任务1 办理银行承兑汇票结算业务

工作情境

随着经营规模扩张，为了增加融资渠道，利康公司自2020年10月起，购销业务开始大量使用银行承兑汇票结算。2020年11月23日，公司向淄博光华机械有限公司购买2台食品加工设备，货款113,000元。根据合同约定采用银行承兑汇票结算，交易合同编号为20201103。11月24日，魏丽填制一张期限为5个月的银行承兑汇票并到开户银行办理承兑，承兑协议编号为202039122。2021年4月24日，魏丽如期通知银行付款。淄博光华机械有限责任公司相关资料如下，纳税人识别号：370301766727212，公司地址：张店经济技术开发区光华路18号，开户银行：中国建设银行淄博正安支行，开户银行地址：张店经济技术开发区正安路31号，银行账号：3545778689907769，行号：013277。

知识准备

银行承兑汇票是由在承兑银行开立存款账户的存款人出票，向开户银行申请并经银行审查同意承兑，保证在指定日期无条件支付确定的金额给收款人或持票人的票据。银行对出票人签发的商业汇票进行承兑是基于对出票人资信的认可而给予的信用支持。

一、银行承兑汇票结算特点

1.信用好，承兑性强。银行承兑汇票经银行承兑，到期无条件付款。就是把企业之间的商业信用转化为银行信用。对企业来说，收到银行承兑汇票，就如同收到了现金。

2.流通性强，灵活性高。银行承兑汇票可以背书转让，也可以申请贴现，不会占用企业的资金。

3.节约资金成本。银行承兑汇票付款期限最长可达6个月，对于实力较强，银行比较信得过的企业，只需交纳规定的保证金，就能申请开立银行承兑汇票，用以进行正常的购销业务，待付款日期临近时再将资金交付给银行。

4.银行承兑汇票在同城、异地都可以使用，没有结算起点的限制。

由于银行承兑汇票具有上述优点，因而深受企业欢迎。

二、银行承兑汇票票据行为

1.出票。是出票人签发票据并将其交付给收款人的票据行为。票据必须记载事项：表明"银行承兑汇票"或"商业承兑汇票"的字样；无条件支付的委托；确定的金额；付款人名称；收款人名称；出票日期；出票人签章。欠缺记载上述规定事项之一的，商业汇票无效。

2.承兑。是汇票的付款人承诺负担票据债务的行为。商业汇票必须经过承兑，只有经过承兑的商业汇票才具有法律效力，承兑人负有到期无条件付款的责任。对于银行承兑汇票，银行应当在汇票正面记载"承兑"字样和承兑日期并签章。见票后定期付款的汇票，应当在承兑时记载付款日期。

3.背书。是指在票据背面和粘单上记载有关事项并签章的票据行为。背书发生在出票以后，以票据权利转让为目的。汇票、本票、支票都可以背书转让，因商业汇票付款期较长，所以背书更为普遍常用。商业汇票一律记名并允许背书转让。

4.贴现。是商业汇票的持票人在汇票到期日前为了取得资金，贴付一定利息将票据权利转让给银行的票据行为，是银行向持票人融通资金的一种方式。通过贴现使结算和银行资金融通相结合，有利于企业及时地补充流动资金，维持生产经营的正常进行。

5.付款。银行承兑汇票的提示付款期限自票据到期日起最长不超过10日。承兑银行凭到期日票据将款项付给收款人、被背书人或贴现银行。汇票到期后，一律通过银行办理转账结算，银行不支付现金。银行承兑汇票的承兑申请人应于票据到期前将足额资金交存其开户银行，未能足额交存票款时，承兑银行除凭票向收款人、被背书人或贴现银行无条件付款外，应根据承兑协议规定，对承兑申请人执行扣款，并对尚未扣回的承兑

票据贴现

金额每天按万分之五计收罚息。

业务处理

【业务1】2020年11月23日，利康公司向淄博光华机械有限公司购买2台食品加工设备，货款113,000元。根据购销合同约定采用银行承兑汇票结算。11月24日，魏丽到开户银行申请办理银行承兑汇票，承兑协议编号为202039122。

业务办理过程如下：

1.填写银行承兑汇票

魏丽携预留银行财务印鉴和单位公章，在周全陪同下，到开户银行柜台填写一式三联银行承兑汇票（图3-5-1，图3-5-2，图3-5-3），并在第一联、第二联出票人签章处加盖预留银行财务印鉴。在填制完银行承兑汇票后，与交易合同核对，核对无误后填制银行承兑协议书（图3-5-4），并在承兑申请人处盖单位公章与法人名章。银行承兑协议一式三联，其内容主要是汇票的基本内容，汇票经银行承兑后承兑申请人应遵守的基本条款等。

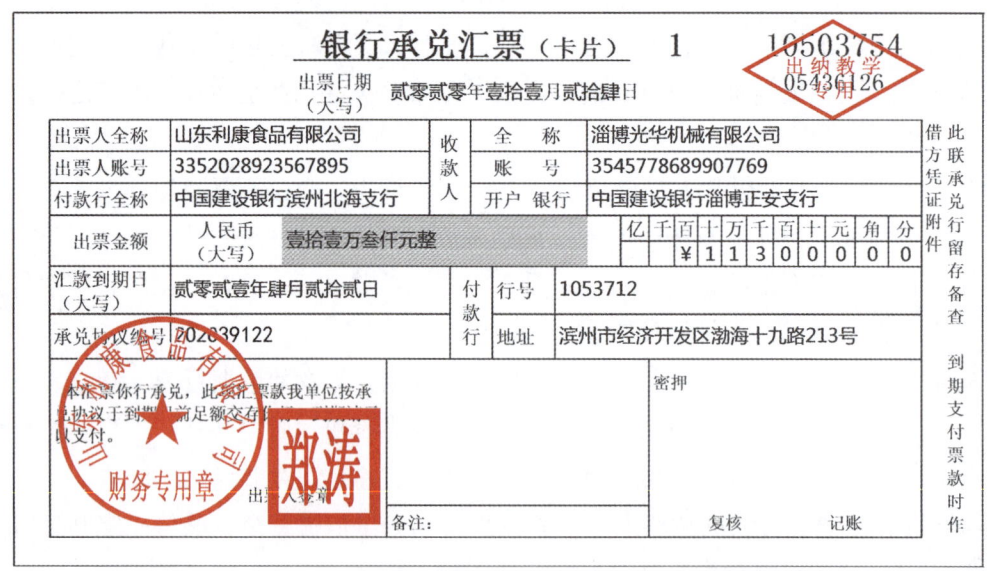

图3-5-1

2.向开户银行申请承兑

魏丽将银行承兑汇票、银行承兑协议及购货合同一并提交开户银行申请承兑。银行对提交的材料进行审查，审查同意后，在银行承兑汇票第二联及银行承兑协议上签章（图3-5-5，图3-5-6），连同银行承兑汇票第三联退还申请人，并按票面金额万分之五收取手续费（图3-5-7）。

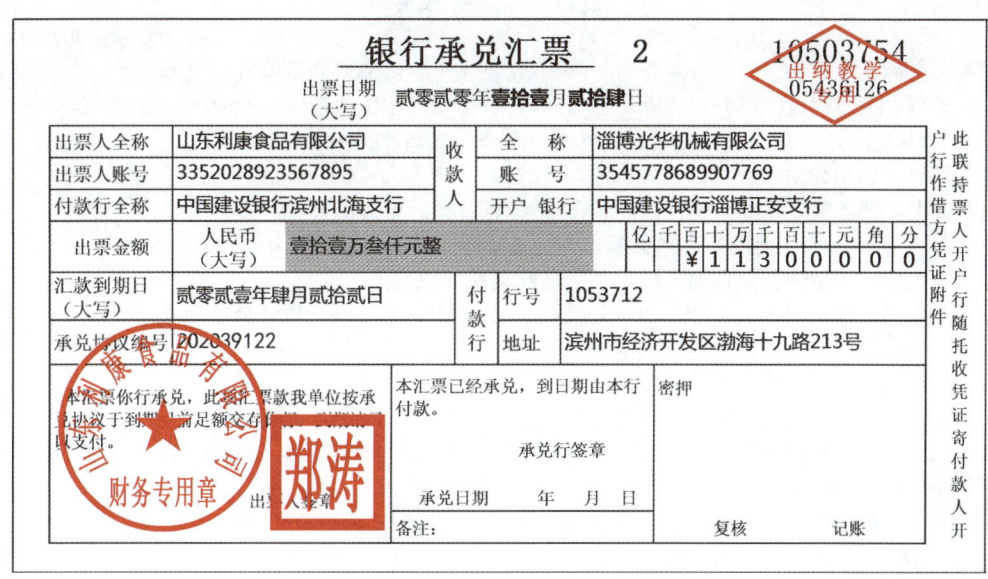

图3-5-2

图3-5-3

3.交业务人员办理结算

业务人员办妥票据领用手续，魏丽将取回的银行承兑汇票第二联交业务人员办理结算。

4.填制审核记账凭证

魏丽将银行承兑汇票第三联连同购货单位开具的增值税发票、设备采购验收单、业务收费凭证一并交周全填制记账凭证，交李晓娜审核（图3-5-8）。（采购固定资产业

银行承兑汇票协议书 1

协议编号：202039122

出票人全称：山东利康食品有限公司　　　收款人全称：淄博光华机械有限公司

开户银行：中国建设银行滨州北海支行　　　开户银行：中国建设银行淄博支行

正安分理处账号：3352028923567895　　　账号：3545778689907769

汇票号码：133440513　　　汇票金额（大写）：壹拾壹万叁仟元整

出票日期：贰零贰零年壹拾壹月贰拾肆日　　　到期日期：贰零贰壹年肆月贰拾贰日

以上汇票经承兑，出票人愿意遵守《支付结算办法》的规定及下列条款：

1.出票人于汇票到期日前将应付票款足额交存承兑行。

2.出票人按汇票金额百分之 20 存入保证金，并对汇票金额与保证金差额部分提供＿＿＿＿（保证/抵押/质押）担保，担保合同号为 20200987 。未经承兑行同意，出票人不得将其资产抵（质）押给他人或为他人提供保证担保。

3.承兑手续费按票面金额千分之 0.5 计算，在承兑时一次付清。

4.出票人与持票人如发生任何交易纠纷，均由其双方自行处理，票款于到期前仍按第一条办理不误。

5.承兑到期日，承兑行凭票无条件支付款项。如到期之前出票人不能足额交付票款，承兑行有权从保证金账户及出票人在承兑行所有存款账户上扣划。对扣划后仍不足支付部分的票款转作为出票人逾期贷款，按照有关规定计收利息，在承兑行垫付余额得到清偿前，不再对出票人办理新的承兑业务。

6.出票人付清承兑汇票票款后，本协议自动失效。

承兑行公章：　　　　　　　　出票人公章：

订立协议日期： 2020 年 11 月 24 日

本协议第1、2联分别由承兑行公司业务部和承兑申请人存执，第3联由承兑行会计部门存查。

图3-5-4

说明：本表第三联略去。

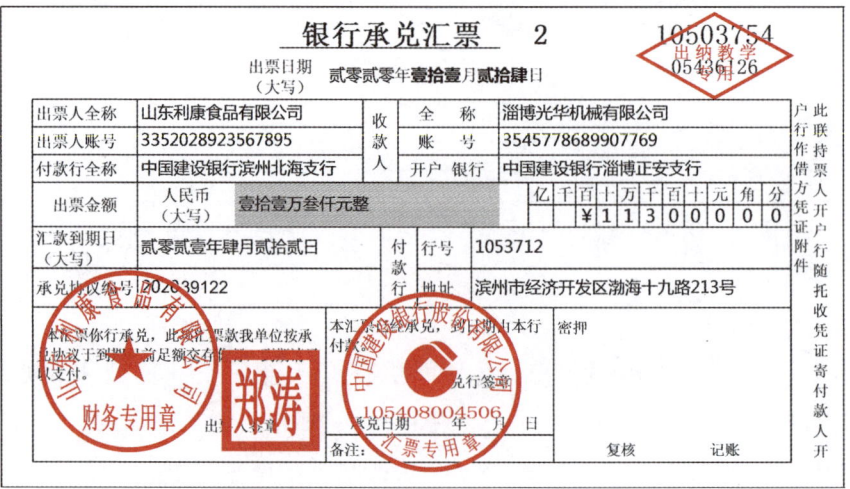

图3-5-5

银行承兑汇票协议书 2

协议编号：202039122

出票人全称：山东利康食品有限公司　　　收款人全称：淄博光华机械有限公司

开户银行：中国建设银行滨州北海支行　　开户银行：中国建设银行淄博支行正安分理处

账号：3352028923567895　　　　　　　账号：3545778689907769

汇票号码：133440513　　　　　　　　　汇票金额（大写）：壹拾壹万叁仟元整

出票日期：贰零贰零年壹拾壹月贰拾肆日　到期日期：贰零贰壹年肆月贰拾贰日

以上汇票经承兑，出票人愿意遵守《支付结算办法》的规定及下列条款：

1.出票人于汇票到期日前将应付票款足额交存承兑行。

2.出票人按汇票金额百分之 20 存入保证金，并对汇票金额与保证金差额部分提供＿＿＿（保证/抵押/质押）担保，担保合同号为 20200987 。未经承兑行同意，出票人不得将其资产抵（质）押给他人或为他人提供保证担保。

3.承兑手续费按票面金额千分之 0.5 计算，在承兑时一次付清。

4.出票人与持票人如发生任何交易纠纷，均由其双方自行处理，票款于到期前仍按第一条办理不误。

5.承兑到期日，承兑行凭票无条件支付款项。如到期之前出票人不能足额交付票款，承兑行有权从保证金账户及出票人在承兑行所有存款账户上扣划。对扣划后仍不足支付部分的票款转作为出票人逾期贷款，按照有关规定计收利息，在承兑行垫付余额得到清偿前，不再对出票人办理新的承兑业务。

6.出票人付清承兑汇票票款后，本协议自动失效。

承兑行公章：　　　　　　　　出票人公章：

订立协议日期： 2020 年 11 月 24 日

本协议第1、2联分别由承兑行公司业务部和承兑申请人存执，第3联由承兑行会计部门存查。

图3-5-6

中国建设银行
Chain Construction Bank

业 务 收 费 凭 证

币别：人民币　　　　　　2020年 11 月 24 日　　　　　流水号：

付款人 山东利康食品有限公司			账号 3352028923567895	
项目名称	工本费	手续费	电子汇划费	金额
办理银承汇票	0.00	56.50	0.00	56.50
金额（大写）伍拾陆元伍角整				
付款方式	转账			

第二联 客户回单

| 会计主管 | 授权 | 复核 李宁 | 录入 王晓悦 |

图3-5-7

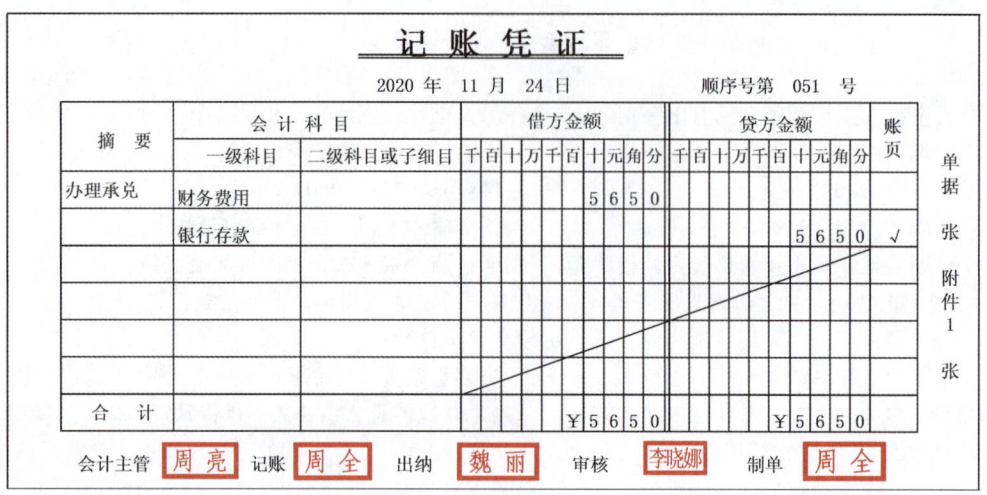

记 账 凭 证

2020 年 11 月 24 日　　　　　　　顺序号第　051　号

摘 要	会 计 科 目		借方金额										贷方金额										账页
	一级科目	二级科目或子细目	千	百	十	万	千	百	十	元	角	分	千	百	十	万	千	百	十	元	角	分	
办理承兑	财务费用							5	6	5	0												
	银行存款																	5	6	5	0		√
合 计							¥	5	6	5	0						¥	5	6	5	0		

单据 张　附件 1 张

会计主管　周亮　记账　周全　出纳　魏丽　审核　李晓娜　制单　周全

图3-5-8

说明：本凭证附原始凭证1张（图3-5-7）

务账务处理与出纳工作无关，在此略去）

5.登记银行存款日记账

魏丽根据审核无误的记账凭证（图3-5-8）登记银行存款日记账（图3-5-9），并在记账凭证上加盖个人名章，随后将记账凭证交会计人员据此登记其他明细账、总账。

银 行 存 款 日 记 账　　9

2020年		凭证		结算方式	凭证编号	摘 要	总页	借　方											贷　方											借或贷	余 额										
月	日	种类	号数					亿	千	百	十	万	千	百	十	元	角	分	亿	千	百	十	万	千	百	十	元	角	分		亿	千	百	十	万	千	百	十	元	角	分
						......																								借			7	8	3	8	1	0	0	0	0
	24	记	051	转账		办理银行承兑																		5	6	5	0		借			7	8	3	8	6	6	5	0

图3-5-9

【业务2】承接业务1，2021年4月22日，利康公司收到开户银行转来的2020年11月24日签发的银行承兑汇票（图3-5-6）和委托收款付款通知（图3-5-10），魏丽审核后通知银行付款。

业务办理过程如下：

1.审核银行承兑汇票和付款通知

魏丽对收到的银行承兑汇票和付款通知进行审核，查看银行承兑汇票是否本公司签发，背书是否连续、规范，印章是否清晰完整（图3-5-11），托收金额与票据金额是否一致等。

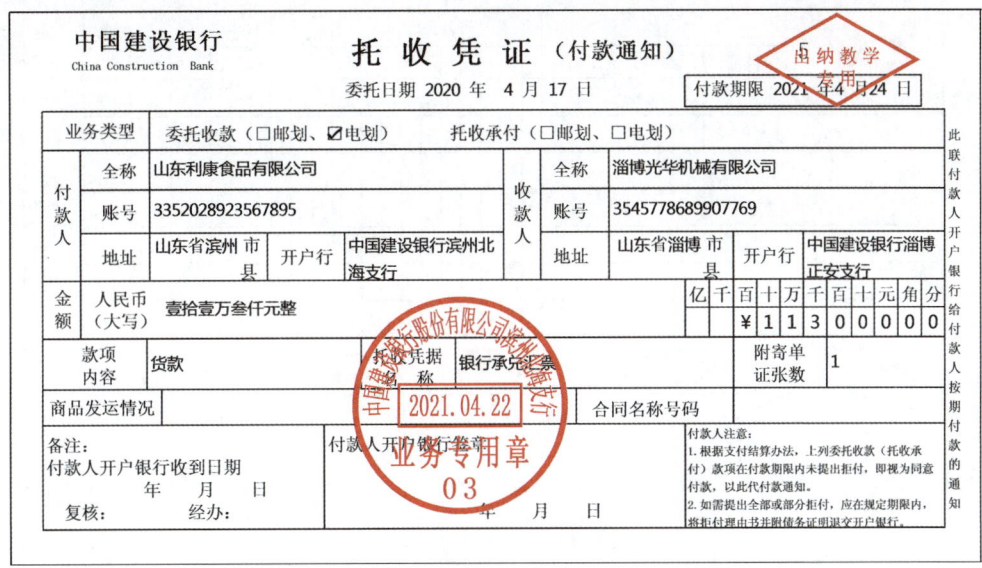

图3-5-10

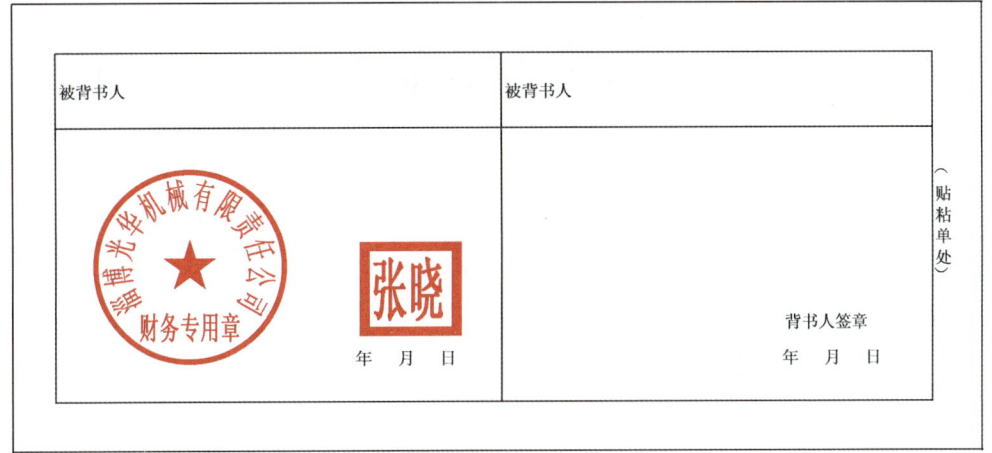

图3-5-11

2.通知银行付款

魏丽对单证审核无误后，通知开户银行付款（注意要在付款期内通知银行付款）。

3.填制审核记账凭证

魏丽将付款通知和银行承兑汇票交周全填制记账凭证，并交李晓娜审核（图3-5-12）。

4.登记银行存款日记账

魏丽根据审核无误的记账凭证（图3-5-12）登记银行存款日记账（图3-5-13），

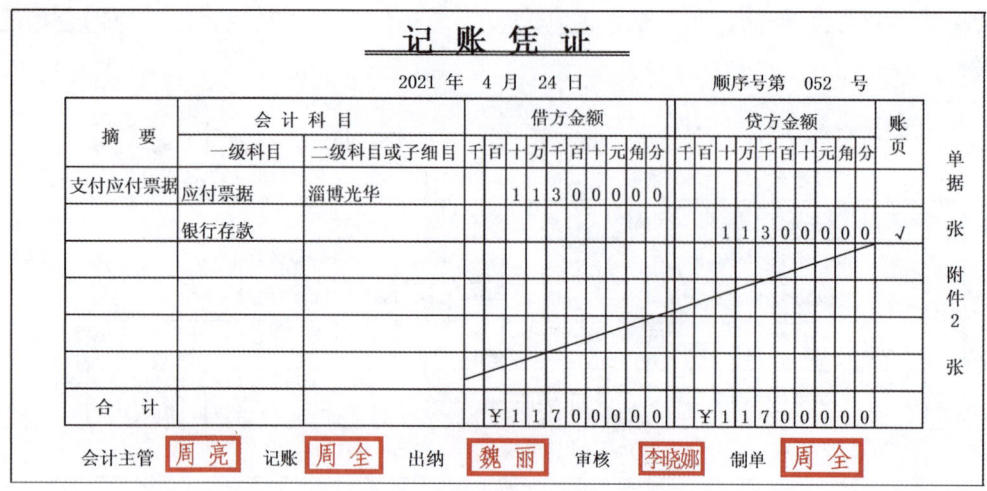

图3-5-12

说明：本凭证附原始凭证2张（图3-5-6，图3-5-10）。

2021年		凭证		结算	凭证	摘 要	总页	借 方										贷 方										借或贷	余 额									
月	日	种类	号数	方式	编号			亿	千	百	十	万	千	百	十	元	角	分	亿	千	百	十	万	千	百	十	元	角	分		亿	千	百	十	万	千	百	十	元	角	分
						⋯⋯⋯																								借			1	2	8	3	8	1	0	0	0
	24	记	051	汇票		银承汇票付款															1	1	3	0	0	0	0	0	借			1	1	7	0	8	1	0	0	0

银 行 存 款 日 记 账   21

图3-5-13

并在记账凭证上加盖个人名章，随后将记账凭证交会计人员据此登记其他明细账、总账。

【业务3】利康公司向滨州华东食品公司销售蛋白粉一批，交易合同编号202049385，价税款90,400元，双方约定采用银行承兑汇票结算，承兑协议编号2842742。2020年7月21日，利康公司收到一张由滨州华东食品公司签发并经银行承兑的银行承兑汇票一张（图3-5-14），该汇票于2020年11月20日到期。11月16日，魏丽向开户银行办理委托收款业务。

业务处理过程如下：

1.审核银行承兑汇票

魏丽收到银行承兑汇票注意审核以下问题：是否为中国人民银行统一印制的银行承兑汇票；汇票的签发和到期日期、收款单位名称、账号、开户银行等栏目是否填写齐全；汇票上的印鉴是否齐全；汇票是否超过有效承兑期限；汇票上有无注明"不得转让"字样，经转让的汇票，背书是否连续，签章是否正确。

2.填写委托收款凭证，并在银行承兑汇票背书栏内加盖预留银行财务印鉴

魏丽携带预留银行财务印鉴与审核无误的银行承兑汇票，在周全的陪同下，到开户银行填写一式五联的委托收款的托收凭证（图3-5-15，图3-5-16，第三、四、五联略），并在第二联上加盖企业预留银行财务印鉴，同时，在银行承兑汇票背面加盖预留银行财务印鉴。

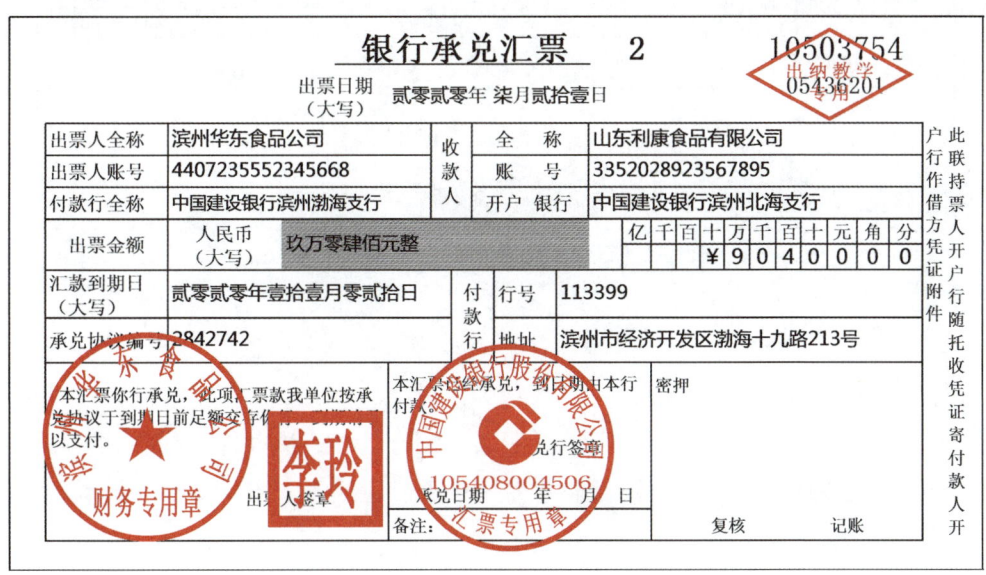

图3-5-14

<table>
<tr><td colspan="2">中国建设银行
China Construction Bank</td><td colspan="3">托 收 凭 证 （受理回单）</td><td rowspan="2">出纳教学
专用</td><td rowspan="11">此联收款人开户银行给收款人的受理回单</td></tr>
<tr><td colspan="5">委托日期 2020 年 11 月 16 日</td></tr>
<tr><td colspan="2">业务类型</td><td colspan="2">委托收款（□邮划、☑电划）</td><td colspan="2">托收承付（□邮划、□电划）</td></tr>
<tr><td rowspan="3">付款人</td><td>全称</td><td colspan="3">滨州华东食品公司</td><td rowspan="3">收款人</td><td>全称</td><td colspan="4">山东利康食品有限公司</td></tr>
<tr><td>账号</td><td colspan="3">4407235552345668</td><td>账号</td><td colspan="4">3352028923567895</td></tr>
<tr><td>地址</td><td>山东省滨州 市
县</td><td>开户行</td><td>中国建设银行滨州渤海支行</td><td>地址</td><td>山东省滨州 市
县</td><td>开户行</td><td colspan="2">中国建设银行滨州北海支行</td></tr>
<tr><td>金额</td><td>人民币
（大写）</td><td colspan="3">玖万零肆佰元整</td><td colspan="2">亿 千 百 十 万 千 百 十 元 角 分
¥ 9 0 4 0 0 0 0</td></tr>
<tr><td colspan="2">款项
内容</td><td>货款</td><td colspan="2">托收凭据
名 称</td><td colspan="2">银行承兑汇票、销售发票</td><td>附寄单
证张数</td><td colspan="2">2</td></tr>
<tr><td colspan="2">商品发运情况</td><td></td><td colspan="3">合同名称号码</td><td colspan="4"></td></tr>
<tr><td colspan="2">备注：</td><td colspan="2">款项收妥日期</td><td colspan="2"></td><td colspan="4">收款人开户银行签章</td></tr>
<tr><td>复核：</td><td>记账：</td><td></td><td colspan="2">年 月 日</td><td colspan="5">年 月 日</td></tr>
</table>

图3-5-15

中国建设银行 China Construction Bank	托 收 凭 证 （贷方凭证）														2出纳教学专用
	委托日期 2020 年 11 月 16 日														

委托日期 2020 年 11 月 16 日

业务类型		委托收款（□邮划、☑电划）			托收承付（□邮划、□电划）										
付款人	全称	滨州华东食品公司			收款人	全称	山东利康食品有限公司								
	账号	4407235552345668				账号	3352028923567895								
	地址	山东省滨州市县	开户行	中国建设银行滨州渤海支行		地址	山东省滨州市县	开户行	中国建设银行滨州北海支行						
金额	人民币（大写）	玖万零肆佰元整					亿 千 百 十 万 千 百 十 元 角 分 ¥ 9 0 4 0 0 0 0								
款项内容		货款	托收凭据名称	银行承兑汇票、销售发票			附寄单证张数		2						
商品发运情况							合同名称号码								
备注：		上列款项如有关债务证明，请予以办理。													
收款人开户银行收到日期： 年 月 日				收款人签章				复核：			经办：				

图3-5-16

3.向开户银行办理委托收款

魏丽将填写好的托收凭证和银行承兑汇票交银行经办人员办理委托收款。银行审核无误后，在托收凭证第一联加盖银行业务专用章后退还魏丽（图3-5-17）。魏丽取回后作为办理委托收款依据留存。

中国建设银行 China Construction Bank	托 收 凭 证 （受理回单）														出纳教学专用
	委托日期 2020 年 11 月 16 日														

委托日期 2020 年 11 月 16 日

业务类型		委托收款（□邮划、☑电划）			托收承付（□邮划、□电划）										
付款人	全称	滨州华东食品公司			收款人	全称	山东利康食品有限公司								
	账号	4407235552345668				账号	3352028923567895								
	地址	山东省滨州市县	开户行	中国建设银行滨州渤海支行		地址	山东省滨州市县	开户行	中国建设银行滨州北海支行						
金额	人民币（大写）	玖万零肆佰元整					亿 千 百 十 万 千 百 十 元 角 分 ¥ 9 0 4 0 0 0 0								
款项内容		货款	托收凭据名称	银行承兑汇票、销售发票			附寄单证张数								
商品发运情况							合同名称号码								
备注：		款项收妥日期		收款人开户银行签章			年 月 日								
复核：		记账：					年 月 日								

图3-5-17

4.收到开户银行收账通知

魏丽收到开户银行收账通知，从银行取回委托收款的资金汇划补充凭证（图3-5-18），并核对银行是否加盖业务专用章。

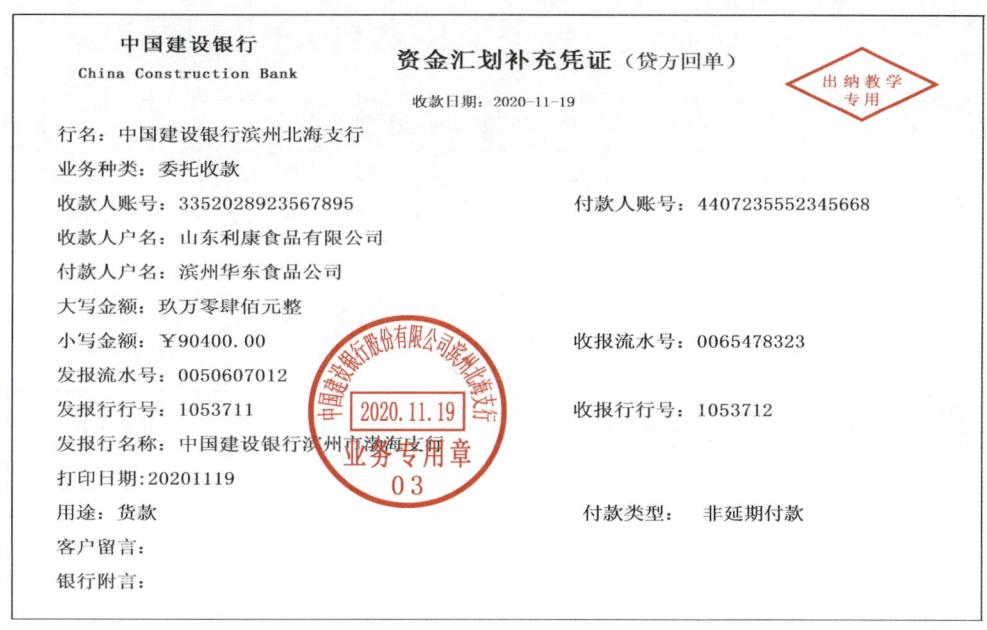

图3-5-18

5.填制审核记账凭证

魏丽将核对无误的资金汇划补充凭证交周全据此编写记账凭证，交李晓娜审核（图3-5-19）。

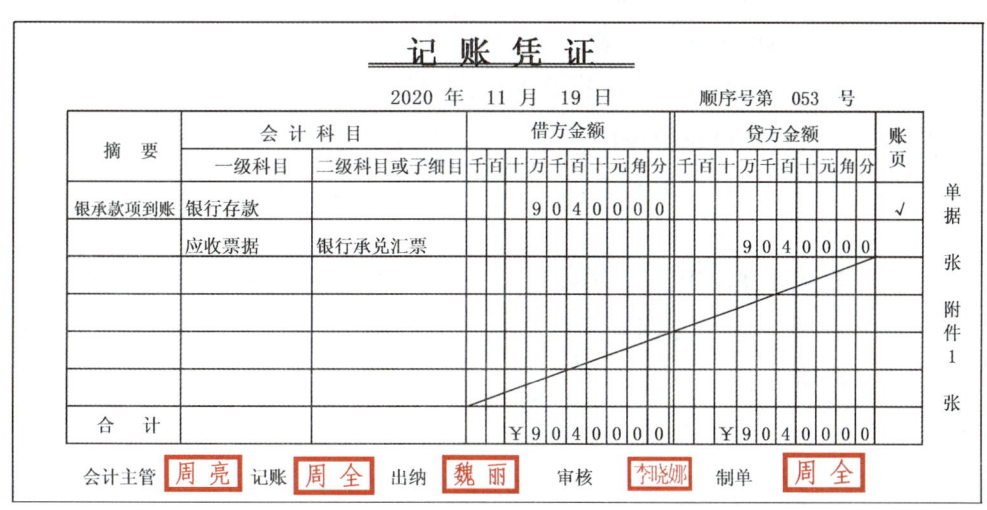

图3-5-19

说明：本凭证所附原始凭证1张（图3-5-18）。

6.登记银行存款日记账

出纳魏丽根据审核后的记账凭证（图3-5-19）登记银行存款日记账（图3-5-20），并在记账凭证上加盖个人名章，随后将记账凭证交会计人员据此登记其他明细账、总账。

								借 方											贷 方									借或贷		余 额								

银 行 存 款 日 记 账   9

2020年		凭证		结算方式	凭证编号	摘 要	总页	借 方										贷 方									借或贷	余 额									
月	日	种类	号数					亿	千	百	十	万	千	百	十	元	角	分	亿	千	百	十	万	千	百	十	元	角	分		亿	千	百	十	万	千	百	十	元	角	分
						………																								借			7	8	3	8	1	0	0	0
	19	记	053	汇票		承兑汇票款收回						9	0	4	0	0	0	0												借			8	7	4	2	1	0	0	0

图3-5-20

提升训练

2020年11月29日，利康公司向山东振林粮油食品有限公司购买一批食用油和面粉，价税款196,200元。根据合同约定采用银行承兑汇票结算，交易合同编号为20201129。山东振林粮油食品有限公司相关资料：

纳税人识别号：370103766772516，

公司地址：济南市市中区纬二路919号，

开户银行：中国工商银行济南花园路支行，

开户银行地址：济南市花园路108号，

银行账号：1602025219110003476，

行号：1253652。

要求：说明业务办理流程，分岗模拟办理签发银行承兑汇票及银行承兑汇票付款业务。（所需表单如图3-5-21至图3-5-26所示，银行承兑汇票第三联略，银行承兑汇票协议书第一、三联略）

银行承兑汇票（卡片）　1

10503754

出纳教学专用 05436129

出票日期（大写）　　年　　月　　日

出票人全称		收款人	全　称	
出票人账号			账　号	
付款行全称			开户 银行	
出票金额	人民币（大写）			亿 千 百 十 万 千 百 十 元 角 分
汇款到期日（大写）		付款行	行号	
承兑协议编号			地址	
本汇票你行承兑，此项汇票款我单位按承兑协议于到期日前足额交存你行，到期请予以支付。 出票人签章	备注：	密押 复核　　记账		

此联承兑行留存备查　到期支付票款时作借方凭证附件

图3-5-21

银行承兑汇票　2

10503754

出纳教学专用 05436129

出票日期（大写）　　年　　月　　日

出票人全称		收款人	全　称	
出票人账号			账　号	
付款行全称			开户 银行	
出票金额	人民币（大写）			亿 千 百 十 万 千 百 十 元 角 分
汇款到期日（大写）		付款行	行号	
承兑协议编号			地址	
本汇票你行承兑，此项汇票款我单位按承兑协议于到期日前足额交存你行，到期请予以支付。 出票人签章	本汇票已经承兑，到日期由本行付款。 承兑行签章 承兑日期　年　月　日 备注：	密押 复核　　记账		

此联持票人开户行随托收凭证寄付款人开户行作借方凭证附件

图3-5-22

银行承兑汇票协议书 2

协议编号：202039123

出票人全称：_____　　收款人全称：_____
开户银行：_____　　开户银行：_____
账号：_____　　账号：_____
汇票号码：_____　　汇票金额（大写）：_____
出票日期：_____　　到期日期：_____

以上汇票经承兑，出票人愿意遵守《支付结算办法》的规定及下列条款：

1.出票人于汇票到期日前将应付票款足额交存承兑行。

2.出票人按汇票金额百分之＿＿＿存入保证金，并对汇票金额与保证金差额部分提供（保证/抵押/质押）担保，担保合同号为＿＿＿＿＿＿＿。未经承兑行同意，出票人不得将其资产抵（质）押给他人或为他人提供保证担保。

3.承兑手续费按票面金额千分之＿＿＿＿计算，在承兑时一次付清。

4.出票人与持票人如发生任何交易纠纷，均由其双方自行处理，票款于到期前仍按第一条办理不误。

5.承兑到期日，承兑行凭票无条件支付款项。如到期之前出票人不能足额交付票款，承兑行有权从保证金账户及出票人在承兑行所有存款账户上扣划。对扣划后仍不足支付部分的票款转作为出票人逾期贷款，按照有关规定计收利息，在承兑行垫付余额得到清偿前，不再对出票人办理新的承兑业务。

6.出票人付清承兑汇票票款后，本协议自动失效。

承兑行公章：　　　　　　　　　　　　出票人公章：

订立协议日期：＿＿＿＿年＿＿＿月＿＿＿日

本协议第1、2联分别由承兑行公司业务部和承兑申请人存执，协议副本由承兑行会计部门存查。

图3-5-23

中国建设银行
Chain Construction Bank

业 务 收 费 凭 证

币别：**人民币**　　　　　2020 年 11 月 29 日　　　流水号：

付款人 山东利康食品有限公司		账号 3352028923567895		
项目名称	工本费	手续费	电子汇划费	金额
办理银承汇票	0.00	98.10	0.00	98.10
金额（大写）玖拾捌元壹角整				
付款方式	转账			

第二联 客户回单

中国建设银行股份有限公司枫林路支付
2020.11.29
业务专用章
0.3

会计主管　　　　授权　　　　复核 李宁　　　　录入 王晓悦

图3-5-24

记 账 凭 证

年　　月　　日　　　　　　　　　顺序号第　　号

摘　要	会 计 科 目		借方金额	贷方金额	账页
	一级科目	二级科目或子细目	千百十万千百十元角分	千百十万千百十元角分	
合　计					

会计主管　　　　　记账　　　　　出纳　　　　　审核　　　　　制单

单据　张　附件　张

图3-5-25

银 行 存 款 日 记 账　　　　9

2020年 月 日	凭证 种类 号数	结算方式	凭证编号	摘　要	总页	借　　方 亿千百十万千百十元角分	贷　　方 亿千百十万千百十元角分	借或贷	余　额 亿千百十万千百十元角分
				······				借	7 8 3 8 1 0 0 0
19	记 053	汇票		承兑汇票款收回		9 0 4 0 0 0 0		借	8 7 4 2 1 0 0 0

图3-5-26

子任务2　办理商业承兑汇票结算业务

工作情境

利康公司与济南兴华商贸有限公司签订一份50件食品添加剂的购销合同，价款180,000元，增值税税款23,400元，交易合同编号20201103。合同约定采用商业承兑汇票结算。2020年11月25日，货物发出，公司收到对方开出的销售发票，主管安排魏丽签发并承兑面额为203,400元的商业承兑汇票一张，承兑期限5个月。收款人济南兴华商贸有限公司相关资料如下：纳税人识别号：370103766170528，公司地址：济南市燕子山中路51号，开户银行：招商银行济南分行燕子山路分理处，开户银行地址：济南市燕子山西路12号，银行账号：9051231933165413，行号：023186。

📚 知识准备

商业承兑汇票与银行承兑汇票一样，也是委托付款人在指定日期无条件支付确定的金额给收款人或者持票人的票据，但承兑人是银行以外的企业，向销货方提供的信用担保是商业信用。

一、商业承兑汇票特点

商业承兑汇票既可由收款人出票，付款人承兑，也可由付款人出票并承兑。商业承兑汇票业务仅限于人民币，汇票的付款期限最长不超过6个月，每张汇票的金额一般不超过五千万元。商业承兑汇票和银行承兑汇票的承兑人不同，决定了商业承兑汇票是商业信用，银行承兑汇票是银行信用。商业承兑汇票在信用等级和流通性上低于银行承兑汇票，在银行办理贴现的难度较银行承兑汇票高。

二、商业承兑汇票承兑

商业承兑汇票按双方约定签发。由收款人签发的商业承兑汇票，应交付款人承兑；由付款人签发的商业承兑汇票，应经本人承兑。付款人须在商业承兑汇票正面签署"承兑"字样并加盖预留银行印章后，将商业承兑汇票交给收款人。

三、商业承兑汇票付款

付款人应于商业承兑汇票到期前将票款足额交存其开户银行，银行凭到期日汇票将款项划转给收款人、被背书人或贴现银行。商业承兑汇票到期日，付款人账户不足支付时，其开户银行应将商业承兑汇票退给收款人或被背书人，由其自行处理。同时银行对付款人按票面金额处以百分之五但不低于五十元的罚款。商业承兑汇票的收款人或被背书人，对同城承兑的汇票，应于汇票到期日送交开户银行办理收款；对异地承兑的汇票，应于汇票到期日前五日内送交开户银行办理收款；对逾期的汇票，应于汇票到期日的次日起十日内送交开户银行办理收款，超过期限的，银行不予受理。

说明：商业承兑汇票与银行承兑汇票同属于商业汇票，在票据行为和业务办理上大多情况都是一致的。本任务未涉及到的可参照银行承兑汇票。

📚 业务处理

【业务1】利康公司与济南兴华商贸有限公司签订了50件食品添加剂的购销合同，价款180,000元，增值税税款23,400元，合同编号20201103。2020年11月25日，根据主管安排，魏丽到开户银行签发并承兑面额为203,400元的商业承兑汇票一张，承兑期限5

个月，收款人为济南兴华商贸有限公司。

业务办理过程如下：

1.签发商业承兑汇票

魏丽签发并承兑一式三联的商业承兑汇票（图3-5-27，图3-5-28，图3-5-29），经李晓娜审核后，将第二联交给济南兴华商贸有限公司，第一联和第三联本单位留存。

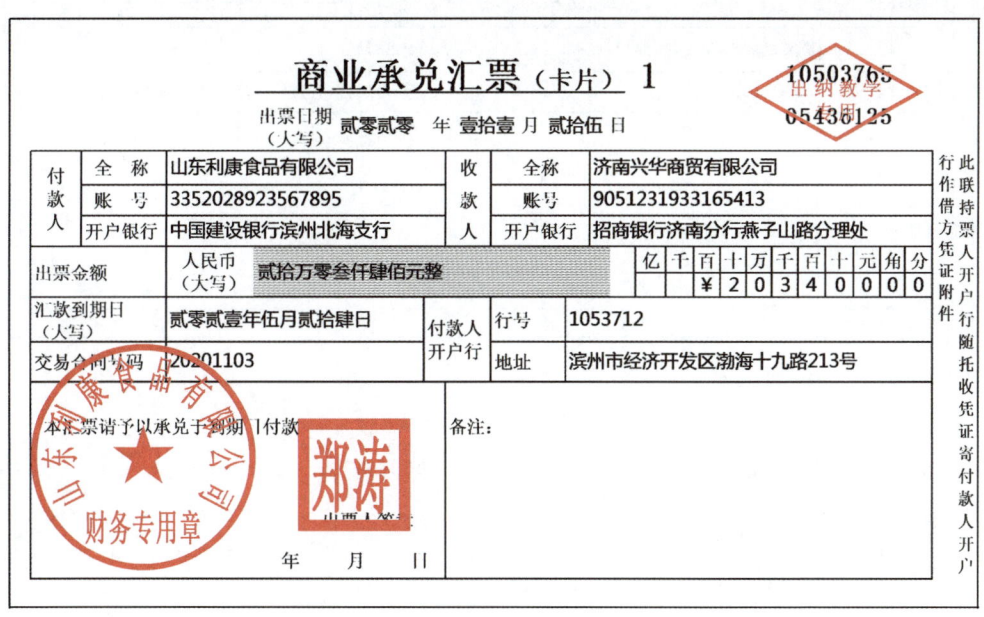

图3-5-27

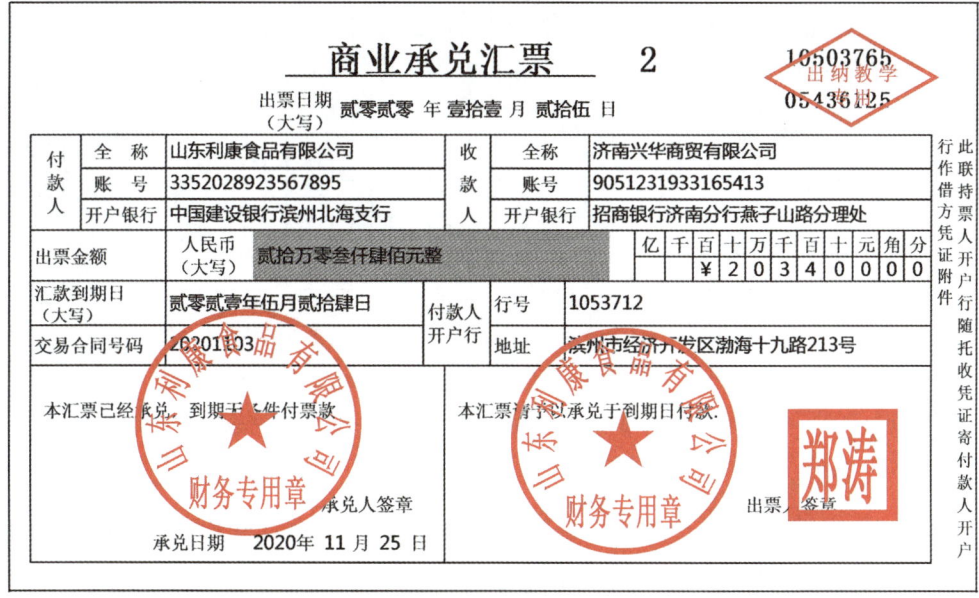

图3-5-28

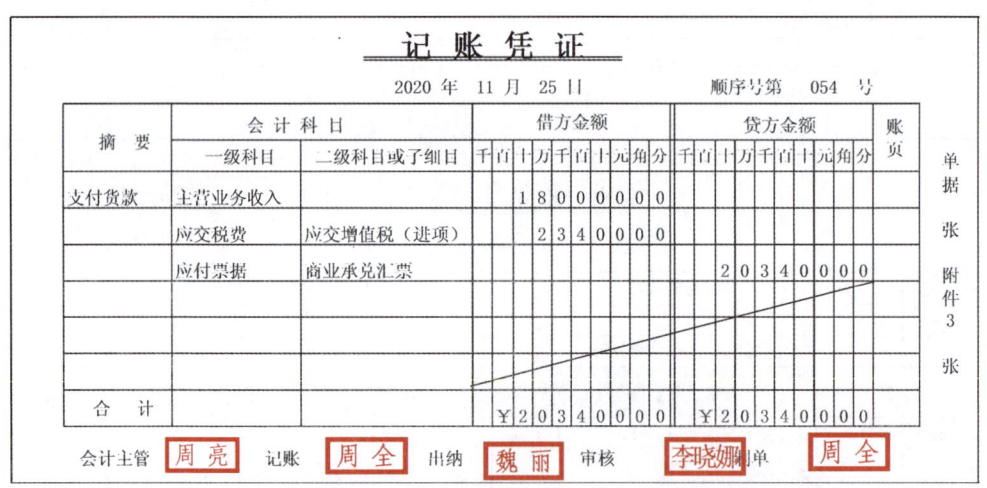

图3-5-29

2.填制审核记账凭证

魏丽将对方开来的增值税发票、材料入库单及商业承兑汇票存根交周全填制记账凭证，并交李晓娜审核（图3-5-30）。

记 账 凭 证

2020 年 11 月 25 日　　　　顺序号第 054 号

摘　要	会 计 科 目		借方金额										贷方金额										账页
	一级科目	二级科目或子细目	千	百	十	万	千	百	十	元	角	分	千	百	十	万	千	百	十	元	角	分	
支付货款	主营业务收入				1	8	0	0	0	0	0	0											
	应交税费	应交增值税（进项）					2	3	4	0	0	0											
	应付票据	商业承兑汇票													2	0	3	4	0	0	0	0	
合　计			¥	2	0	3	4	0	0	0	0		¥	2	0	3	4	0	0	0	0		

单据 张 附件 3 张

会计主管 周亮　记账 周全　出纳 魏丽　审核 李晓娜制单 周全

图3-5-30

说明：本凭证所附原始凭证3张（图3-5-29，增值税专用发票与材料入库单略）。

3.出纳登记票据备查簿

【业务2】承接业务1，2021年5月23日，利康公司收到2020年11月25日签发给济南兴华商贸有限公司的商业承兑汇票（图3-5-31，图3-5-32）和委托收款付款通知（图3-5-33），魏丽审核后通知银行付款。

业务办理过程如下：

1.审核商业承兑汇票和付款通知

魏丽对收到的商业承兑汇票和付款通知进行审核，查看银行承兑汇票是否本公司签发，背书是否连续、规范，印章是否清晰，托收金额与票据金额是否一致等。

2.通知银行付款

魏丽对单证审核无误后，通知开户银行付款（注意要在付款期内通知银行付款，而且应确保在银行承兑汇票到期前公司账户有足额资金，以备到期支付票款）。

3.填制审核记账凭证

魏丽将付款通知和交回的商业承兑汇票交会计周全填制记账凭证（图3-5-34），并交李晓娜审核。

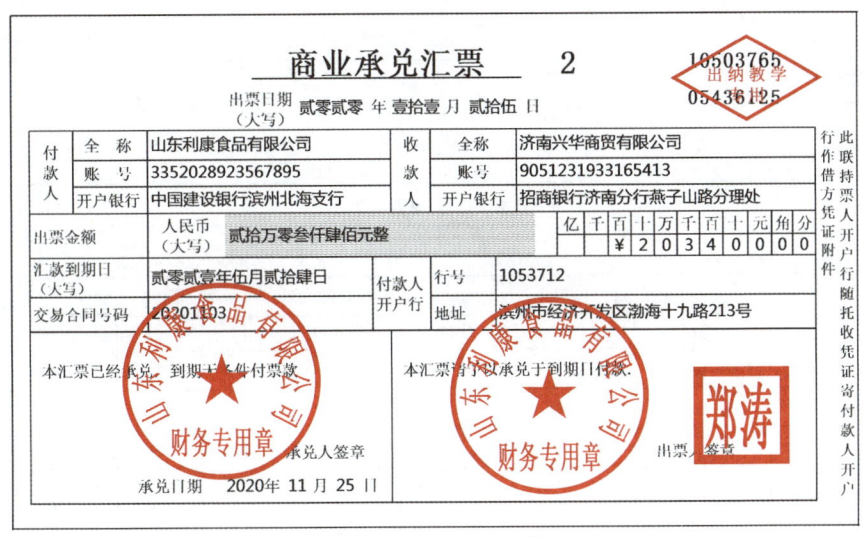

图3-5-31 商业承兑汇票正面

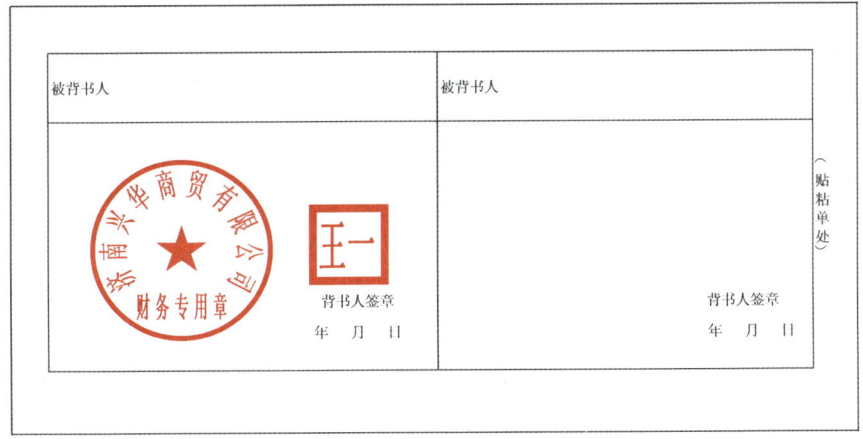

图3-5-32 商业承兑汇票背面

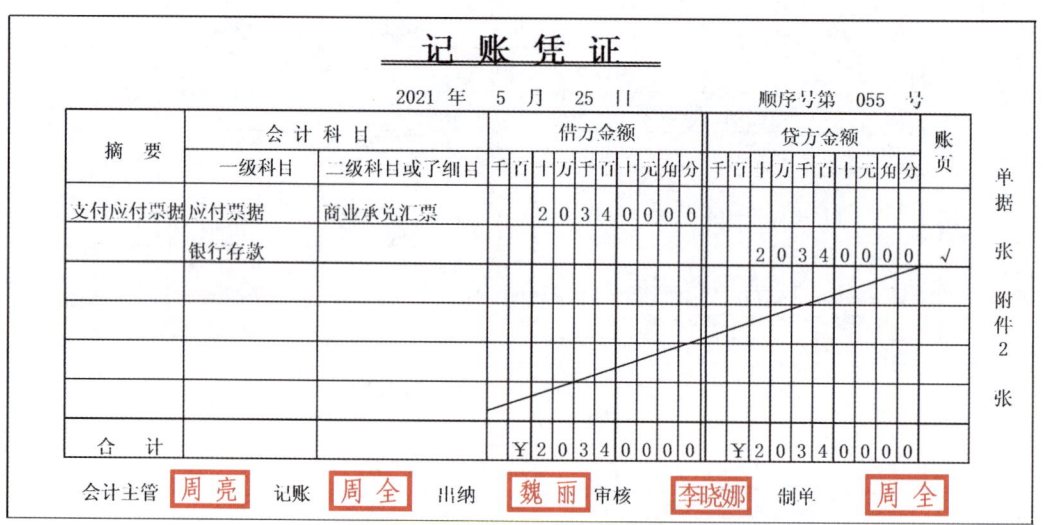

图3-5-33

图3-5-34

说明：本凭证所附原始凭证2张（图3-5-31至图3-5-33）。

4.登记银行存款日记账

魏丽根据审核后的记账凭证（图3-5-34）登记银行存款日记账（图3-5-35），并在记账凭证上加盖个人名章，随后将记账凭证交会计人员据此登记其他明细账、总账。

银行存款日记账   21

2021年		凭证		结算方式	凭证编号	摘要	总页	借方											贷方											借或贷	余额									
月	日	种类	号数					亿	千	百	十	万	千	百	十	元	角	分	亿	千	百	十	万	千	百	十	元	角	分		亿	千	百	十	万	千	百	十	元	角	分
						......																								借		1	2	8	3	8	1	0	0	0
	25	记	055	汇票		支付应付票据																2	0	3	4	0	0	0	0	借		1	0	8	0	4	1	0	0	0

图3-5-35

🪙 提升训练

利康公司持有一张青岛市福家乐商贸有限公司签发承兑的商业承兑汇票，票面金额158,200元，到期日2020年11月27日，交易合同号20200727。11月22日，魏丽到开户银行办理委托收款业务。11月30日，款项到账。青岛市福家乐商贸有限公司相关资料如下，纳税人识别号：370004511706292，公司地址：青岛市南京路71号，开户银行：中国建设银行青岛南京路支行，开户银行地址：青岛市南京路128号，银行账号：3351001933163821，行号：369876226。

要求：说明业务办理流程，分岗模拟办理此商业承兑汇票委托收款业务。（所需表单如图3-5-36至图3-5-42所示，托收凭证其他联略）

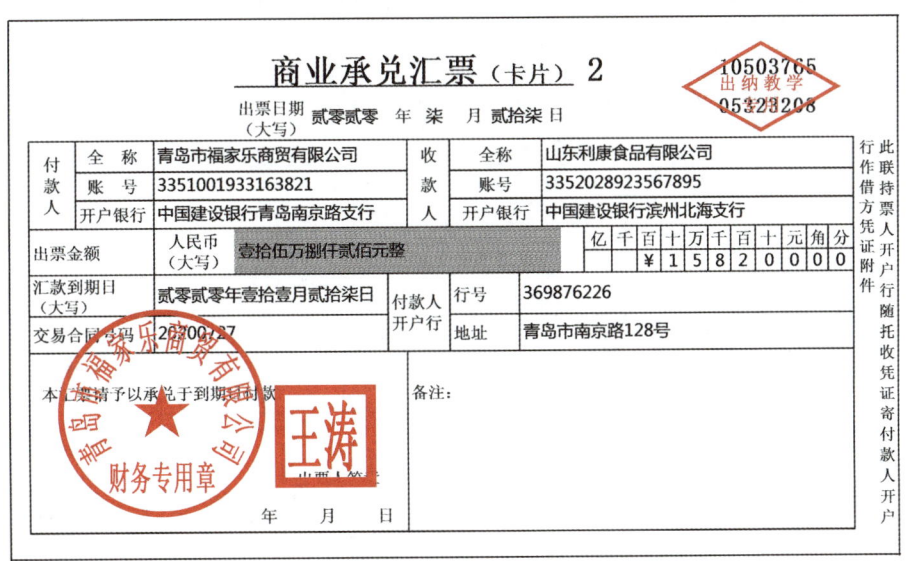

图3-5-36

被背书人		被背书人		（贴粘单处）
	背书人签章 年 月 日		背书人签章 年 月 日	

图3-5-37

中国建设银行
China Construction Bank

托 收 凭 证（受理回单）

委托日期　年　月　日

出纳教学专用

业务类型		委托收款（□邮划、□电划）			托收承付（□邮划、□电划）				
付款人	全称			收款人	全称				
	账号				账号				
	地址	省　市县	开户行		地址	省　市县	开户行		
金额	人民币（大写）						亿千百十万千百十元角分		
款项内容			托收凭据名称			附寄单证张数			
商品发运情况				合同名称号码					
备注：		款项收妥日期			收款人开户银行签章				
复核：	记账：		年　月　日		年　月　日				

此联收款人开户银行给收款人的受理回单

图3-5-38

中国建设银行
China Construction Bank

托 收 凭 证（贷方凭证）

委托日期　年　月　日

2 出纳教学专用

业务类型		委托收款（□邮划、□电划）			托收承付（□邮划、□电划）				
付款人	全称			收款人	全称				
	账号				账号				
	地址	省　市县	开户行		地址	省　市县	开户行		
金额	人民币（大写）						亿千百十万千百十元角分		
款项内容			托收凭据名称			附寄单证张数			
商品发运情况				合同名称号码					
备注：		上列款项随附有关债务证明，请予以办理。							
收款人开户银行收到日期： 年　月　日			收款人签章		复核：　　　经办：				

此联收款人开户银行作贷方凭证

图3-5-39

中国建设银行
China Construction Bank

资金汇划补充凭证（贷方回单）

出纳教学专用

收款日期：2020-11-30

行名：中国建设银行滨州北海支行

业务种类：委托收款

收款人账号：3352028923567895　　付款人账号：3351001933163821

收款人户名：山东利康食品有限公司

付款人户名：青岛市福家乐商贸有限公司

大写金额：壹拾伍万捌仟贰佰元整

小写金额：￥158,200.00　　收报流水号：0065478323

发报流水号：0020607066

发报行行号：369876226　　收报行行号：1053712

发报行名称：中国建设银行青岛南京路支行

打印日期:20201130

用途：货款　　付款类型：　非延期付款

客户留言：

银行附言：

中国建设银行股份有限公司滨州北海支行 2020.11.30 业务专用章 03

图3-5-40

记　账　凭　证

年　　月　　日　　　　顺序号第　　号

摘要	会计科目		借方金额										贷方金额										账页
	一级科目	二级科目或子细目	千	百	十	万	千	百	十	元	角	分	千	百	十	万	千	百	十	元	角	分	
合　计																							

单据　张

附件　张

会计主管　　记账　　出纳　　审核　　制单

图3-5-40

2020年		凭证		结算方式	凭证编号	摘 要	总页	借 方											贷 方										借或贷	余 额										
月	日	种类	号数					亿	千	百	十	万	千	百	十	元	角	分	亿	千	百	十	万	千	百	十	元	角	分		亿	千	百	十	万	千	百	十	元	角	分
						······																								借			7	8	3	8	1	0	0	0
	19	记	053	汇票		承兑汇票款收回						9	0	4	0	0	0	0												借			8	7	4	2	1	0	0	0

银 行 存 款 日 记 账   9

图3-5-42

🧮 任务评价

一、任务测试

（一）单项选择题

1. 银行承兑汇票的优点不包括（   ）。

A. 银行承兑到期无条件付款，信用度高

B. 可背书，可贴现，流通性强

C. 付款期限最长可达 6 个月，可缓解资金压力

D. 结算金额起点高

2. 商业汇票的持票人在汇票到期日前为了取得资金，以支付银行利息为代价将票据权利转让给银行的票据行为叫做（   ）。

A. 背书   B. 承兑   C. 贴现   D. 贷款

3. 银行承兑汇票的提示付款期限自票据到期日起最长不超过（   ）。

A. 10 天   B. 一个月   C. 三个月   D. 六个月

4. 每张商业汇票的金额一般不超过（   ）万元。

A. 500   B. 1000   C. 2,000   D. 5,000

5. 审核所收到的银行承兑汇票时，注意事项不恰当的是（   ）。

A. 是否为中国人民银行统一印制的银行承兑汇票

B. 汇票的签发和到期日期、收款单位名称、账号、开户银行等栏目是否填写齐全

C. 出票人签章是否加盖了单位公章和法人章

D. 汇票是否超过有效承兑期限

（二）多项选择题

1. 根据承兑人不同，商业汇票可分为（   ）。

A. 银行汇票　　　　　　　　　　　B. 银行承兑汇票

C. 商业承兑汇票　　　　　　　　　D. 银行本票

2. 银行承兑汇票票据行为有（   ）。

A. 出票　　　　　　　　　　　　　B. 承兑

C. 贴息　　　　　　　　　　　　　D. 付款

3. 商业承兑汇票的出票人可以是（   ）。

A. 收款人　　　　　　　　　　　　B. 付款人

C. 承兑人　　　　　　　　　　　　D.ABC 都不可以

4. 商业汇票的承兑信用，下列说法正确的有（   ）。

A. 银行承兑汇票是银行信用

B. 商业承兑汇票是商业信用

C. 银行承兑汇票比商业承兑汇票办理贴现难度低

D. 商业承兑汇票的信用等级和流通性高于银行承兑汇票

5. 商业承兑汇票按双方约定签发（   ）。

A. 由收款人签发的商业承兑汇票，应交付款人承兑

B. 由付款人签发的商业承兑汇票，应交银行承兑

C. 由付款人签发的商业承兑汇票，应经本人承兑

D. 付款人在商业承兑汇票正面签署"承兑"字样并加盖预留银行印章后交给收款人

（三）判断题

1. 只有经过承兑的商业汇票才具有法律效力，承兑人负有到期无条件付款的责任。

（　　）

2. 汇票、本票、支票都可以背书转让，但商业汇票一律不允许背书转让。　　（　　）

3. 银行承兑汇票到期后，可以办理转账结算，也可以支取现金。　　　　　（　　）

4. 银行承兑汇票的申请人未能在票据到期前足额交存票款时，承兑银行无条件付款，并对申请人扣款并计收罚息。　　　　　　　　　　　　　　　　　　　　　（　　）

5. 商业承兑汇票到期日，付款人账户不足支付时，开户银行应将商业承兑汇票退给收款人或被背书人，由其自行处理。　　　　　　　　　　　　　　　　　　　（　　）

办理商业汇票结算
业务任务测试
参考答案与解析

二、综合自评

自评项目	自评内容	自评结果	
专业能力	正确熟练签发银行承兑汇票	A☐ B☐ C☐ D☐	A：85分及以上 B：75~85分 C：60~75分 D：60分以下
	正确签发商业承兑汇票	A☐ B☐ C☐ D☐	
	熟练办理银行承兑汇票收付款业务，并进行账务处理	A☐ B☐ C☐ D☐	
	办理商业承兑汇票结算收付款业务，并进行账务处理	A☐ B☐ C☐ D☐	
素质提升	商业汇票结算中严格遵守国家财经法规和企业财务管理制度的职业素养提升	A☐ B☐ C☐ D☐	
	商业汇票结算中严谨细致、精益求精的工匠精神培养	A☐ B☐ C☐ D☐	
	商业汇票结算中诚实守信的职业品格培养	A☐ B☐ C☐ D☐	
	商业汇票结算中对企业内外部善于沟通协调协作的服务意识提升	A☐ B☐ C☐ D☐	
查缺补漏（分条列出尚未掌握的知识点和技能点）			

任务六　办理汇兑结算业务

📖 任务导入

　　济南食品机械厂在设备检修时，发现一个重要的机械配件损坏了，找遍了整个济南机械配件市场都没有找到，最后打听到广东佛山某公司生产该种配件，价格是128元，这可让车间主任刘师傅犯了难，难道还为了100多元的配件坐火车去一趟吗？在大学学会计专业的女儿给他帮了忙，建议到：只要电话联系上，说清楚要的配件，我们把钱电汇过去，配件通过物流发过来就可以了，既快捷又省事！随后，刘师傅接受建议，马上找到财务部门出纳员王丽丽，请她来帮忙办理这笔电汇业务。最终如期顺利地买到配件。

　　通过本案例可知，电汇方式付款方便又快捷。你知道电汇这种结算方式吗？电汇方式收付款有什么要求，又如何办理电汇收付款结算业务？

任务分析

企业日常支付异地款项，最常用的是汇兑结算。汇兑结算适用范围广，手续简单易行，灵活方便，因而是目前一种应用较为广泛的结算方式。对于企业出纳而言，办理汇兑结算是资金收付工作中常见的业务之一，因此也成为出纳应该掌握的重要技能之一。根据凭证（汇兑结算业务申请书）传递方式，可分为信汇和电汇两种。由于电汇快捷高效因而最为常用。汇兑结算通常有两项工作任务：一是通过汇兑结算付款，二是通过汇兑结算收款。

基于上述工作分析，本任务主要进行汇兑结算（主要是电汇结算）业务办理训练，具体包括：

1.办理汇兑付款业务。

2.办理汇兑收款业务。

任务目标

1.知识目标

(1)掌握汇兑结算的适用范围。

(2)认识汇兑结算凭证的格式，掌握其填制方法。

(3)掌握汇兑结算付款业务办理流程。

(4)掌握汇兑结算收款业务办理流程。

2.能力目标

(1)能熟练办理汇兑结算付款业务，并进行账务处理。

(2)能熟练办理汇兑结算收款业务，并进行账务处理。

3.素质目标

(1)提升汇兑结算中严格遵守《票据法》《支付结算办法》等国家财经法规和企业财务管理制度的职业素养。

(2)培养汇兑结算中严谨细致、精益求精的工匠精神，诚实守信的职业品格，对企业内外部善于沟通协调协作的服务意识。

子任务1　办理汇兑付款业务

🪙 工作情境

早上刚一上班，周亮告诉魏丽："小魏，今天中午之前要把山东振林粮油食品有限公司的12万元货款打过去，不然下午他们没办法按时发货。"站在一旁的会计见习生刘艳红问："经理，这么短的时间用什么结算方式能保证中午前款项打到他们公司账户啊？"周亮笑着回答，"用电汇打款，最快的话从办理到对方进账，只需要十几分钟甚至更快。今天就让魏丽带你一起去办理吧。"山东振林粮油食品有限公司相关资料如下,纳税人识别号：370103766772516，公司地址：济南市市中区纬二路919号，开户银行：中国工商银行济南花园路支行，开户银行地址：济南市花园路108号，银行账号：160202521910003476。支付密码：4567 8542 1256 4321。

🪙 知识准备

汇兑，是指汇款人委托银行将款项汇给外地收款人的结算方式。根据凭证传递方式，可分为信汇和电汇两种，汇款人可根据需要选择使用。信汇是指汇款人委托银行通过邮寄方式将款项支付给收款人，汇款可附带与汇款有关的少量单证，如向外地订购书刊的订购单、商品订购单以及向外地人员汇付工资时的工资发放表等。电汇是指汇款人委托银行通过电报或电传方式将款项划给收款人，电汇汇款不允许附带单证。两种方式的区别在于对汇兑结算委托书前者用挂号信投递，后者通过电报或电传发送。因此，电汇汇款的速度要比信汇快，但所支付的手续费高。

一、汇兑结算适用范围

微课
认识汇兑结算

汇兑结算适用范围广泛，适用于异地单位、个体经济户和个人的各种款项的结算。具体而言，除了适用于单位之间的款项划拨外，也可用于单位对异地的个人支付有关款项，如退休工资、医药费、各种劳务费、稿酬等，还适用于个人对异地单位支付有关款项，如邮购商品、书刊等。

二、汇兑结算特点

1.汇兑结算没有金额起点的限制，无论款额多少都可使用。

2.汇兑结算属于汇款人向异地主动付款的一种结算方式，广泛用于先汇款后发货的交易，对于异地清理旧欠以及往来款项的结算等也十分方便。

3.汇兑结算手续简便易行，灵活方便，单位或个人很容易办理，因而是目前一种应用极为广泛的结算方式。

4.汇兑结算十分快捷，普通汇款一般24小时到账，加急汇款自客户提交电汇凭证起2小时内到达收款人账户。

三、汇兑结算付款业务办理流程

1.汇款人填写汇款业务申请书。

2.银行受理汇款业务。

3.取回汇兑业务回单。

由于电汇快捷高效，出纳实际工作中电汇方式更为常用，信汇已极少使用。因此，本任务主要以电汇收付款业务办理为例学习。

业务处理

【业务1】2020年11月25日，魏丽根据采购员刘涛提供的一份经审批的采购付款申请，到开户银行办理支付山东振林粮油食品有限公司货款218,000元电汇手续。

业务办理过程如下：

1.填写汇兑结算业务委托书

魏丽携带预留银行财务印鉴，在李晓娜的陪同下，到开户银行办理电汇，根据付款申请单填制一式三联汇兑结算业务委托书（图3-6-1，图3-6-2，图3-6-3），并在第一联上加盖预留银行财务印鉴。

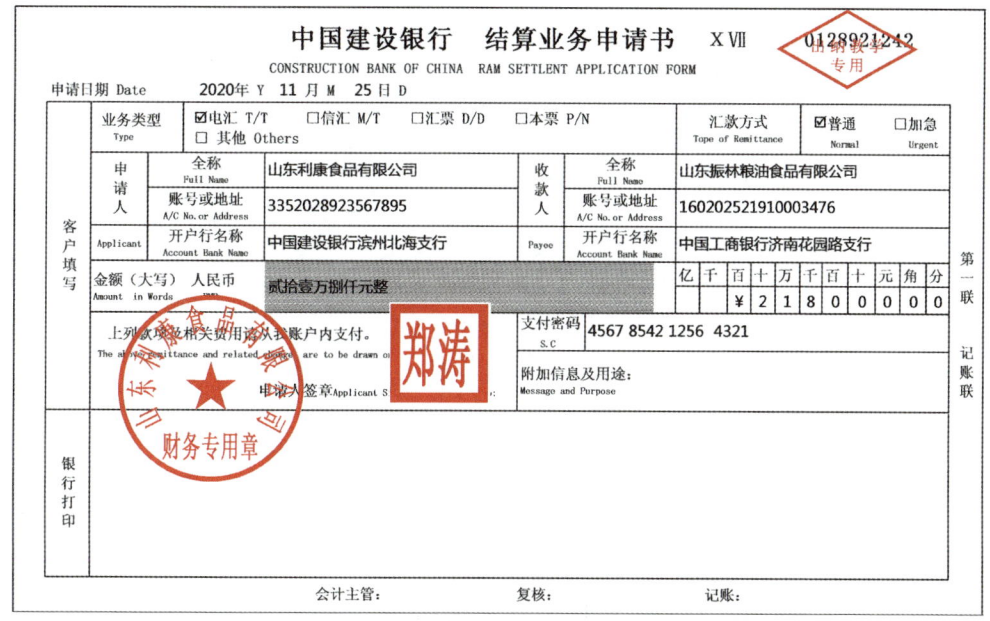

图3-6-1

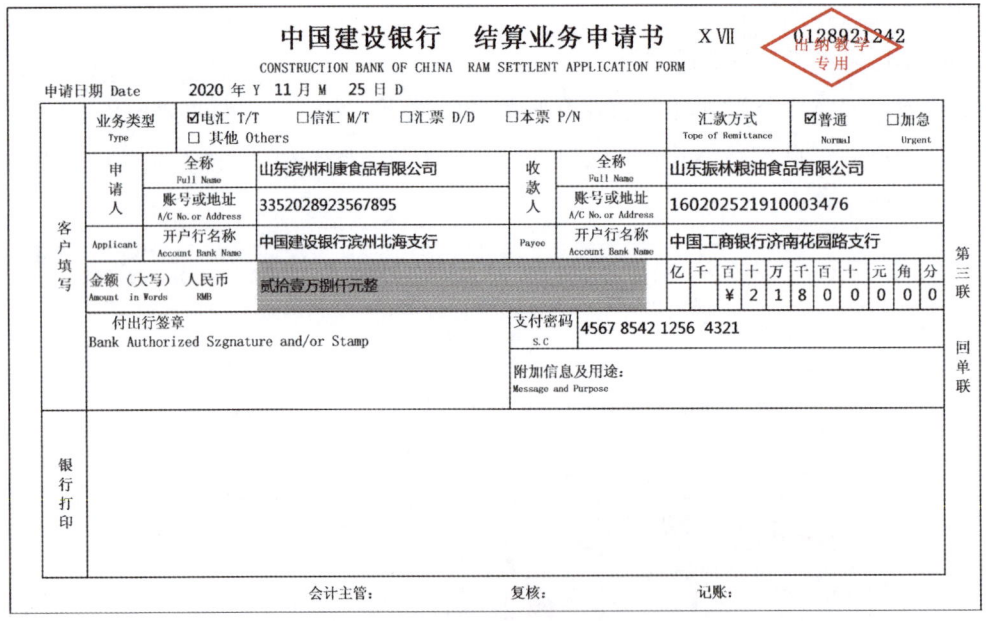

图3-6-2

中国建设银行　结算业务申请书　Ⅹ Ⅶ　0128921242
出纳教学专用

CONSTRUCTION BANK OF CHINA　RAM SETTLENT APPLICATION FORM

申请日期 Date　2020 年 Y 11月 M　25 日 D

业务类型 Type：☑电汇 T/T　□信汇 M/T　□汇票 D/D　☑本票 P/N　□其他 Others

汇款方式 Tope of Remittance：☑普通 Normal　□加急 Urgent

客户填写 Applicant

申请人：
全称 Full Name：山东滨州利康食品有限公司
账号或地址 A/C No. or Address：3352028923567895
开户行名称 Account Bank Name：中国建设银行滨州北海支行

收款人 Payee：
全称 Full Name：山东振林粮油食品有限公司
账号或地址 A/C No. or Address：160202521910003476
开户行名称 Account Bank Name：中国工商银行济南花园路支行

金额（大写）人民币 Amount in Words RMB：贰拾壹万捌仟元整
亿 千 百 十 万 千 百 十 元 角 分
¥ 2 1 8 0 0 0 0 0

付出行签章 Bank Authorized Szgnature and/or Stamp

支付密码 S.C：4567 8542 1256 4321

附加信息及用途：Message and Purpose

银行打印

会计主管：　复核：　记账：

第三联 回单联

图3-6-3

2.办理电汇

魏丽将一式三联的结算业务申请书交银行柜员。银行受理审核无误后，根据银行业务办理收费规定收取相关手续费用，开具业务收费凭证，并将结算业务申请书第三联加盖业务专用章后（图3-6-4），连同业务收费凭证（图3-6-5）退还魏丽。

3.填制审核记账凭证

魏丽将从银行取回的结算业务申请书第三联回单联和业务收费凭证交周全填制记账凭证，并交李晓娜审核（图3-6-6）。

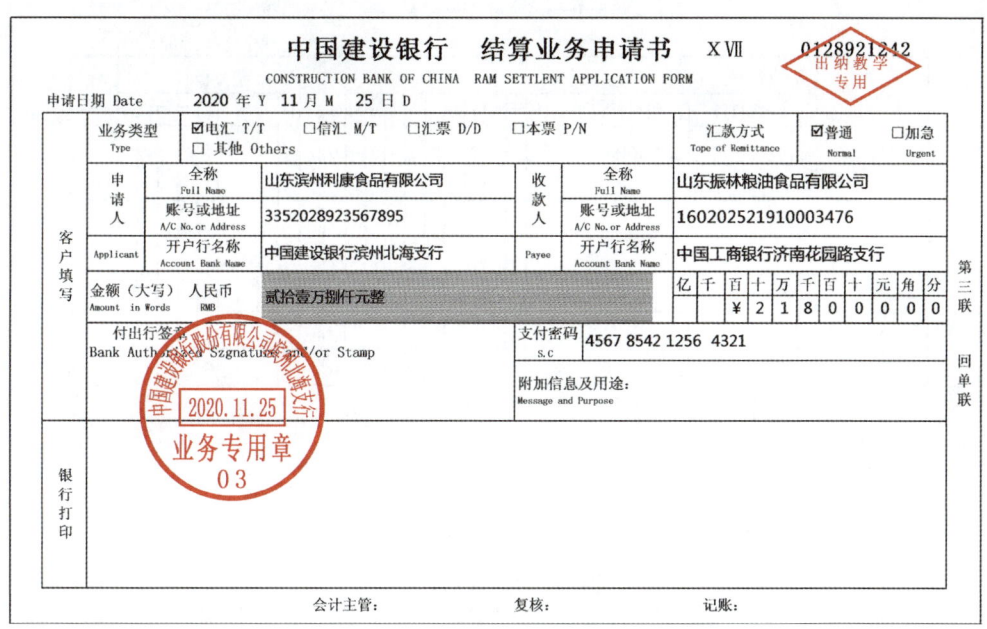

图3-6-4

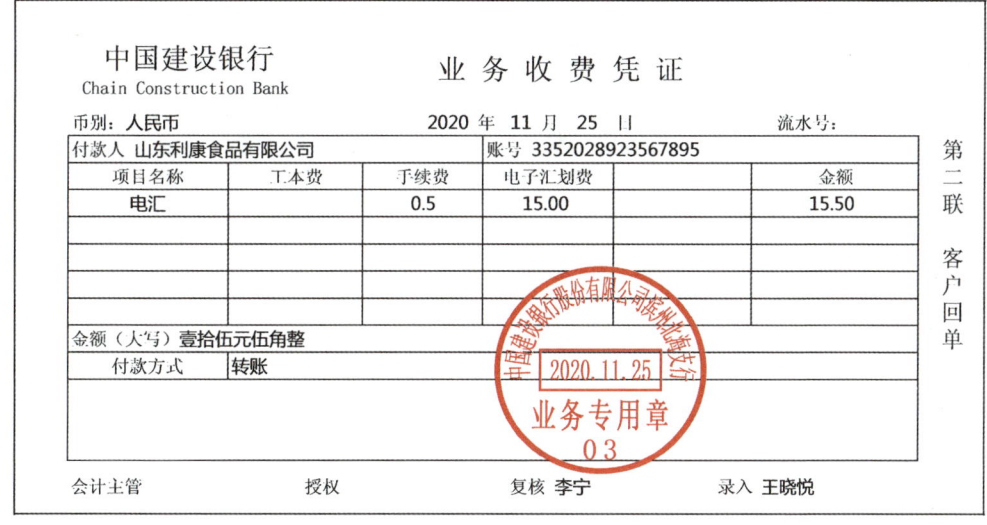

图3-6-5

4.登记银行存款日记账

魏丽根据审核无误的记账凭证（图3-6-6），登记银行存款日记账（图3-6-7），并在记账凭证上加盖个人名章，随后将记账凭证交会计人员据此登记其他明细账、总账。

记 账 凭 证

2020 年 11 月 25 日　　　　　　　　　顺序号第　061　号

摘 要	会 计 科 目		借方金额	贷方金额	账页	
	一级科目	二级科目或子细目	千百十万千百十元角分	千百十万千百十元角分		单据 张 附件 2 张
电汇付货款	应付账款	山东振林	2 1 8 0 0 0 0 0			
	财务费用		1 5 5 0			
	银行存款			2 1 8 0 1 5 5 0	√	
合 计			￥2 1 8 0 1 5 5 0	￥2 1 8 0 1 5 5 0		

会计主管　周亮　　　记账　周全　　　出纳　魏丽　　审核　李晓娜　制单　周全

图3-6-6

说明：本凭证所附原始凭证2张（图3-6-4，图3-6-5）。

银 行 存 款 日 记 账　　　　　8

2020年		凭证		结算方式	凭证编号	摘 要	总页	借　方	贷　方	借或贷	余　额
月	日	种类	号数					亿千百十万千百十元角分	亿千百十万千百十元角分		亿千百十万千百十元角分
						······				借	8 9 6 7 7 0 0 0 0
	25	记	061	电汇		付货款			2 1 8 0 1 5 5 0	借	8 7 4 9 6 8 4 5 0

图3-6-7

🪙 提升训练

2020年11月25日，利康公司采用电汇方式支付前欠淄博银河生物工程有限公司货款113,000元。淄博银河生物工程有限公司相关资料如下，纳税人识别号：370304766727407，公司地址：博山经济技术开发区大桥路56号，开户银行：中国农业银行淄博博山支行，开户银行地址：博山经济技术开发区大桥路12号，银行账号：220101041132518。支付密码:2561 4552 4212 1342。

要求：说明业务办理流程，分岗模拟办理此银行电汇付款业务，并进行账务处理。

（所需表单如图3-6-8至图3-6-12所示，结算业务申请书第二联略）

中国建设银行 结算业务申请书 ⅩⅦ 0128921243

CONSTRUCTION BANK OF CHINA RAM SETTLENT APPLICATION FORM

出纳教学专用

申请日期 Date 年Y 月M 日D

业务类型 Type	□电汇 T/T □信汇 M/T □汇票 D/D □本票 P/N □ 其他 Others		汇款方式 Tope of Remittance	□普通 Normal	□加急 Urgent

第一联

客户填写 Applicant	申请人	全称 Full Name		收款人 Payee	全称 Full Name	
		账号或地址 A/C No. or Address			账号或地址 A/C No. or Address	
		开户行名称 Account Bank Name			开户行名称 Account Bank Name	

记账联

| 金额（大写） 人民币
Amount in Words RMB | | 亿 千 百 十 万 千 百 十 元 角 分 |

上列款项及相关费用请从我账户内支付。
The above remittance and related changes are to be drawn on my account

支付密码 S.C

申请人签章Applicant Signature and/or Stamp:

附加信息及用途：
Message and Purpose

银行打印

会计主管： 复核： 记账：

图3-6-8

中国建设银行 结算业务申请书 ⅩⅦ 0128921243

CONSTRUCTION BANK OF CHINA RAM SETTLENT APPLICATION FORM

出纳教学专用

申请日期 Date 年Y 月M 日D

业务类型 Type	□电汇 T/T □信汇 M/T □汇票 D/D □本票 P/N □ 其他 Others		汇款方式 Tope of Remittance	□普通 Normal	□加急 Urgent

第三联

客户填写 Applicant	申请人	全称 Full Name		收款人 Payee	全称 Full Name	
		账号或地址 A/C No. or Address			账号或地址 A/C No. or Address	
		开户行名称 Account Bank Name			开户行名称 Account Bank Name	

回单联

| 金额（大写） 人民币
Amount in Words RMB | | 亿 千 百 十 万 千 百 十 元 角 分 |

付出行签章
Bank Authorized Szgnature and/or Stamp

支付密码 S.C

附加信息及用途：
Message and Purpose

银行打印

会计主管： 复核： 记账：

图3-6-9

中国建设银行
Chain Construction Bank

业 务 收 费 凭 证

币别：人民币　　　　　2020 年 11 月 25 日　　　　　流水号：

付款人 山东利康食品有限公司			账号 3352028923567895	
项目名称	工本费	手续费	电子汇划费	金额
电汇		0.5	15.00	15.50
金额（大写）壹拾伍元伍角整				
付款方式	转账			

会计主管　　　　授权　　　　复核 李宁　　　　录入 王晓悦

第二联　客户回单

图3-6-10

记 账 凭 证

年　　月　　日　　　　顺序号第　　号

摘要	会 计 科 目		借方金额			贷方金额			账页
	一级科目	二级科目或子细目	千百十万千百十元角分			千百十万千百十元角分			
合　计									

会计主管　　　记账　　　出纳　　　审核　　　制单

单据　张　附件　张

图3-6-11

银 行 存 款 日 记 账　　　　　8

2020年		凭证		结算方式	凭证编号	摘 要	总页	借　　方	贷　　方	借或贷	余　　额
月	日	种类	号数					亿千百十万千百十元角分	亿千百十万千百十元角分		亿千百十万千百十元角分
						……				借	8967700000
	25	记	061	电汇		付货款			21801550	借	8749684450

图3-6-12

子任务2　办理汇兑收款业务

🪙 工作情境

2020年11月2日，利康公司向德州市绿洲食品有限公司销售大豆蛋白粉一批，价税总额259,900元，合同约定货到付款，采用电汇付款方式。11月28日，公司收到建行滨州北海支行关于该笔货款到账通知，当即魏丽到开户银行取回收账通知。德州市绿洲食品有限公司相关资料如下，纳税人识别号：370502522805196，公司地址：德州市德成区新城路68号，开户银行：中国农业银行德州分行滨湖分理处，开户银行地址：德州市德城区滨湖南大道439号，银行账号：1540020400013435，行号：269876213。

🪙 知识准备

一、收款确认

收款人收到银行转来的收款通知或电划代收报单时，要对凭证的内容进行仔细审查：

(1)凭证收款人全称和账号是否与本单位的全称和账号一致；

(2)汇款用途是否与本单位有关，在确认属于本单位款项但又用途不明的情况下，应及时与本单位有关部门联系，尽快查明款项用途，从而准确归属有关核算账户；

(3)汇入银行是否加盖了办讫印章。

二、支取现金

收款人如果在汇入银行支取现金，付款人在填制汇兑业务委托书时，须在"汇款金额"大写金额栏中先填写"现金"字样再填写大写金额。款项汇入异地后，收款人需携带本人的身份证件或汇入地有关单位足以证实收款人身份的证明，到银行一次办理现金支付手续。汇兑业务委托书上未注明"现金"字样而需要支取现金的，由汇入银行按现金管理规定审查支付；需部分支取现金的，收款人应填写取款凭证和存款凭证送交汇入银行，办理支取部分现金和转账手续。

三、留行待取

汇款人将款项汇往异地需派人领取的，在办理汇款时，应在签发的汇兑凭证各联的收款人账号或地址栏注明"留行待取"字样。款项汇入异地后，收款人须携带足以证明身份的证件方可向银行支取款项。

四、转汇

收款人如需将汇款转到另一地点，应在汇入银行重新办理汇款手续。转汇时，收款人和用途不得改变，汇入银行必须在汇兑业务委托书上加盖"转汇"戳记。

业务处理

【业务】2020年11月28日，利康公司接到建行的货款到账通知，当即魏丽到银行取回一份资金汇划补充凭证（图3-6-13）。

中国建设银行
China Construction Bank

资金汇划补充凭证（贷方回单）

收款日期：2020-11-28

行名：中国建设银行滨州北海支行

业务种类：汇兑

收款人账号：3352028923567895　　　　　　付款人账号：1540020400013435

收款人户名：山东利康食品有限公司

付款人户名：德州市绿洲食品有限公司

大写金额：贰拾伍万玖仟玖佰元整

小写金额：￥259900.00　　　　　　收报流水号：0065478321

发报流水号：1150607092

发报行行号：269876213　　　　　　收报行行号：4、7789628

发报行名称：中国农业银行德州分行滨湖分理处

打印日期：20201128

用途：货款　　　　　　付款类型：　非延期付款

客户留言：

银行附言：

图3-6-13

业务办理过程如下：

1.领取并审核资金汇划补充凭证

魏丽到开户银行领取资金汇划补充凭证（图3-6-13），经过仔细核对确认无误。

2.填制审核记账凭证

魏丽将取回的资金汇划补充凭证交周全填制记账凭证，并交李晓娜审核（图3-6-14）。

3.登记银行存款日记账

魏丽根据审核无误的记账凭证（图3-6-14），登记银行存款日记账（图3-6-15），并在记账凭证上加盖个人名章，随后将记账凭证交会计人员据此登记其他明细账、总账。

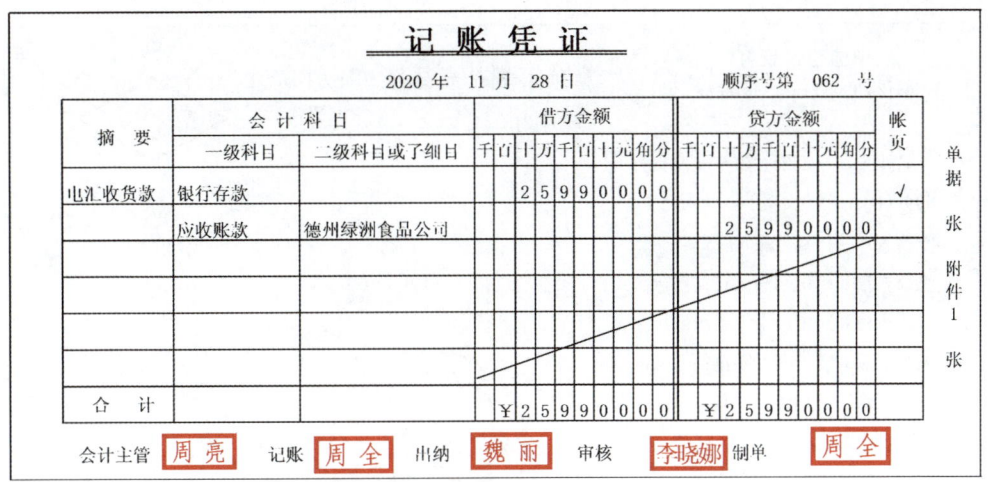

图3-6-14

说明：本凭证所附原始凭证1张（图3-6-13）。

2020年		凭证		结算	凭证	摘 要	总页	20借 方											贷 方											借或贷	余 额										
月	日	种类	号数	方式	编号			亿	千	百	十	万	千	百	十	元	角	分	亿	千	百	十	万	千	百	十	元	角	分		亿	千	百	十	万	千	百	十	元	角	分
						······																								借		8	9	6	7	7	0	0	0	0	0
25	记	061	电汇			付货款															2	1	8	0	1	5	5	0	借		8	7	4	9	6	8	4	5	0
28	记	062	电汇			电汇收货款				2	5	9	9	0	0	0	0													借		9	0	0	9	5	8	4	5	0

银 行 存 款 日 记 账   8

图3-6-15

提升训练

2020年11月19日，利康公司向中山市德福母婴用品贸易公司销售燕麦片120箱，蛋白粉50箱，共计价税款180,800元，合同约定货到后电汇付款。11月29日，魏丽收到建设银行转来的该批货款的收账通知。

要求：说明业务办理流程，分岗模拟办理此银行电汇收款业务，并进行账务处理。（所需表单如图3-6-16至图3-6-18所示）

中国建设银行
China Construction Bank

资金汇划补充凭证（贷方回单）

收款日期：2020-11-29

行名：中国建设银行滨州北海支行

业务种类：汇兑

收款人账号：3352028923567895　　　　　　付款人账号：4846015000180101118716

收款人户名：山东利康食品有限公司

付款人户名：中山市德福母婴用品贸易公司

大写金额：壹拾捌万零捌佰元整

小写金额：¥180800.00　　　　　　　　　　收报流水号：1065475625

发报流水号：2350137541

发报行行号：16787622　　　　　　　　　　收报行行号：1457789651

发报行名称：交通银行中山市分行菊城支行

打印日期：20201129

用途：货款　　　　　　　　　　　　　　　付款类型：非延期付款

客户留言：

银行附言：

图3-6-16

记 账 凭 证

年　　月　　日　　　　　　顺序号第　　号

摘 要	会 计 科 目		借方金额									贷方金额									账页	
	一级科目	二级科目或子细目	千	百	十	万	千	百	十	元	角	分	千	百	十	万	千	百	十	元	角	分	
合　计																							

单据　张　附件　张

会计主管　　　　记账　　　　出纳　　　　审核　　　　制单

图3-6-17

银行存款日记账   8

2020年		凭证		结算方式	凭证编号	摘要	总页	借 方 20 亿 千 百 十 万 千 百 十 元 角 分	贷 方 亿 千 百 十 万 千 百 十 元 角 分	借或贷	余 额 亿 千 百 十 万 千 百 十 元 角 分
月	日	种类	号数								
						……				借	8 9 6 7 7 0 0 0 0 0
	25	记	061	电汇		付货款			2 1 8 0 1 5 5 0	借	8 7 4 9 6 8 4 5 0
	28	记	062	电汇		电汇收货款		2 5 9 9 0 0 0 0		借	9 0 0 9 5 8 4 5 0

图3-6-18

📝 **任务评价**

一、任务测试

（一）单项选择题

1.汇兑结算适用范围广泛，适用于单位、个体经济户和个人在（ ）各种款项的结算。

A.同城   B.异地

C.同城和异地   D.单位内部

2.汇款人将款项汇往异地需派人领取的，在办理汇款时，应在签发的汇兑凭证各联的收款人账号或地址栏注明（ ）字样。

A.转汇   B.待领取

C.留行待取   D.待取

3.收款人如需将汇款转到另一地点，办理转汇时的处理不正确的是（ ）。

A.应在汇出银行重新办理汇款手续

B.应在汇入银行重新办理汇款手续

C.收款人和用途不得改变

D.汇入银行必须在汇兑业务委托书上加盖"转汇"戳记

（二）多项选择题

1.下列支付结算方式中，没有金额起点限制的是（ ）。

A.银行承兑汇票   B.信汇

C.电汇   D.支票

2.电汇是指汇款人委托银行通过（ ）方式将款项划给收款人。

A.邮寄   B.电报

C.电传   D.任意方式

3.收款人收到银行转来的收款通知或电划代收报单时，要对凭证（　　）内容进行审查。

A.凭证收款人全称和账号是否与本单位的全称和账号一致

B.汇款用途是否与本单位有关

C.查明款项用途

D.汇入银行是否加盖了办讫印章

（三）判断题

参考答案

办理汇兑结算
业务任务测试
参考答案与解析

1.电汇汇款的速度要比信汇快，通常所支付的手续费也低，因而更为常用。（　　）

2.汇兑结算十分快捷，普通汇款一般 24 小时到账，加急汇款自客户提交电汇凭证起 2 小时内到达收款人账户。　　　　　　　　　　　　　　　　　　　　　（　　）

3.收款人如果在汇入银行支取现金，付款人在填制汇兑业务委托书时，须在"汇款金额"大写金额栏中先填写"现金"字样再填写大写金额。　　　　　　　　　（　　）

二、综合自评

自评项目	自评内容	自评结果	
专业能力	熟练办理银行汇兑（主要是电汇）收款业务，并进行账务处理	A□　B□　C□　D□	A：85 分及以上 B：75~85 分 C：60~75 分 D：60 分以下
	办理银行汇兑（主要是电汇）付款业务，并进行账务处理	A□　B□　C□　D□	
素质提升	汇兑结算中严格遵守国家财经法规和企业财务管理制度的职业素养提升	A□　B□　C□　D□	
	汇兑结算中严谨细致、精益求精的工匠精神培养	A□　B□　C□　D□	
	汇兑结算中诚实守信的职业品格培养	A□　B□　C□　D□	
	汇兑结算中对企业内外部善于沟通协调协作的服务意识提升	A□　B□　C□　D□	
查缺补漏 （分条列出尚未掌握的知识点和技能点）			

任务七　办理委托收款结算业务

任务导入

进入10月，又到了采暖季节，山东滨州诚信热力公司财务部门主管王曼丽看着业务员统计上来的26个小区2,560个采暖户的资料，心想今年冬季采暖费价格23元/m²，采暖户房子面积从70m²～210m²不等，各户应缴纳的采暖费用不尽相同，面对这么多采暖户，怎么才能省时、省力地把费用按时收取上来，而且又能让采暖户满意呢？新上任的主管王曼丽马上想到了银行，委托银行来收取这批款项岂不是自己既省心，采暖户缴费又方便，一举两得啊！

你知道委托收款这种结算方式吗？那么，主管王曼丽应该怎么来处理这项工作？

任务分析

在银行或其他金融机构开立账户的企业单位和个体经济户的商品交易，公用事业单位向用户收取水电费、邮电费、煤气费、公房租金以及其他应收款项，无论是在同城还是异地，均可使用委托收款的结算方式。对于企业出纳而言，办理委托收款结算有两项工作任务，一是通过委托收款结算收款，二是通过委托收款结算付款。

基于上述工作分析，本任务主要进行委托收款结算业务办理训练，具体包括：

1.办理委托收款结算收款业务。

2.办理委托收款结算付款业务。

任务目标

1.知识目标

(1)掌握委托收款的适用范围。

(2)认识托收凭证的格式，掌握其填制方法。

(3)掌握委托收款结算收款业务办理流程。

(4)掌握委托收款结算拒绝付款理由书的填写方法。

(5)掌握委托收款结算付款业务办理流程。

2.能力目标

(1)能正确办理委托收款结算收款业务，并进行账务处理。

(2)能正确办理委托收款结算付款业务，并进行账务处理。

3.素质目标

(1)提升委托收款结算中严格遵守《票据法》《支付结算办法》等国家财经法规和企业财务管理制度的职业素养。

(2)培养委托收款结算中严谨细致、精益求精的工匠精神,诚实守信的职业品格,对企业内外部善于沟通协调协作的服务意识。

子任务1　办理委托收款结算收款业务

🪙 工作情境

2020年11月17日,利康公司向德州市绿洲食品有限公司销售脱皮大豆500包,单价100元,合同约定,采用委托收款方式结算。根据销售部门提供的销售清单,魏丽开出增值税专用发票一份,价款50,000元,增值税4,500元。当日,魏丽到银行办理通过委托收款(电划)结算方式收取货款手续。11月21日,收到银行收账通知(电划补充报单),货款到账。德州市绿洲食品有限公司相关资料如下,单位名称:德州市绿洲食品有限公司,纳税人识别号:370502522805196,公司地址:德州市德成区新城路68号,开户银行:中国农业银行德州分行滨湖分理处,开户银行地址:德州市德城区滨湖大道439号,银行账号:1540020400013435。

🪙 知识准备

微课

委托收款
结算收款

委托收款是收款人委托银行或其他金融机构向付款人收取款项的结算方式,具体分为邮寄和电划两种收款方式。前者是以邮寄方式由收款人开户银行向付款人开户银行转送委托收款凭证,提供收款依据;后者则是以电报方式由收款人开户银行向付款人开户银行转送电传信息编制的补充报单,提供收款依据。

一、委托收款结算适用范围

凡在银行或其他金融机构开立账户的单位和个体经济户的商品交易,公用事业单位向用户收取水电费、邮电费、煤气费、公房租金等劳务款项以及其他应收款项,无论是在同城还是异地,均可使用委托收款的结算方式。

单位或个人凭已承兑的商业汇票(商业承兑汇票和银行承兑汇票)、国内信用证、储蓄委托收款(存单)、债券等付款人债务证明办理款项结算的,均可使用委托收款结算。

二、委托收款结算特点

1.委托收款结算使用广泛、灵活,无金额起点和最高额限制。

2.使用对象无严格限定，在银行或其他金融机构开立账户的企业和个人均可使用。

3.从地域上，同城、异地均可办理。

三、委托收款结算收款业务办理流程

收款人首先填制一式五联委托收款凭证。第一联作收款人开户银行给收款人的回单，第二联收款人开户银行作贷方凭证，第三联付款人开户银行作借方凭证，第四联付款人开户银行凭已汇款或收款人作收账通知，第五联付款人开户银行给付款人付款的通知。

收款单位开户银行收到收款单位递交的委托收款凭证和有关单证后，按照有关规定进行认真审查，审查无误后办理委托收款手续，并在委托收款凭证第一联上加盖业务受理章后退还收款单位，同时按规定收取一定量的手续费和邮电费。

款项到账后，取回收账通知。

业务处理

【业务1】2020年11月17日，利康公司向德州市绿洲食品有限公司销售脱皮大豆价税款合计54,500元，魏丽根据销售部门提供的销售清单开出增值税专用发票（图3-7-1，图3-7-2，第一联略），到开户银行办理委托收款（电划）结算手续。

业务办理过程如下：

1.填写托收凭证

魏丽持增值税专用发票第二、三联（图3-7-1，图3-7-2）到开户银行填写一式五联托收凭证（图3-7-3至图3-7-7），并在托收凭证第二联收款单位处加盖预留银行财务印鉴。

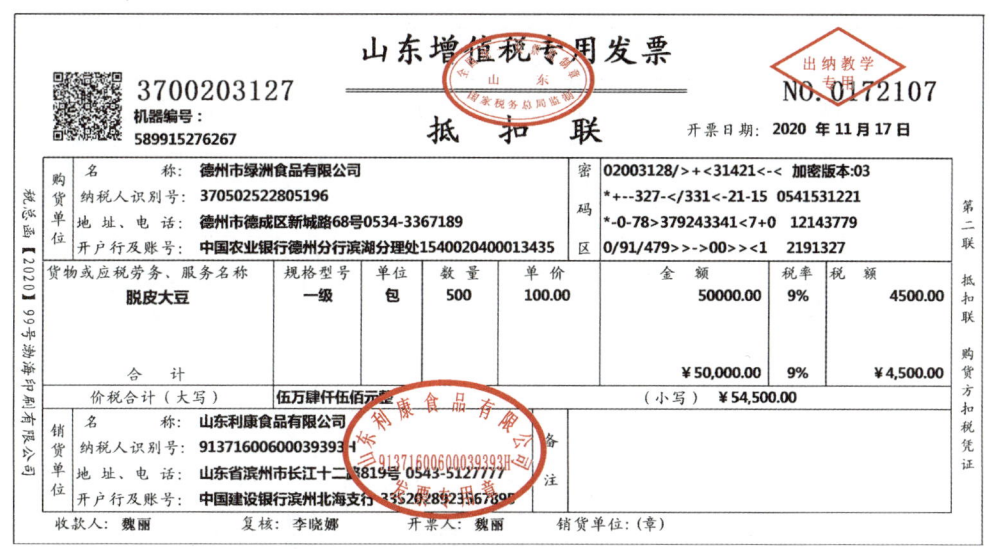

图3-7-1

山东增值税专用发票

3700203127

机器编号：
589915276267

发 票 联

NO.0172107

开票日期：2020 年 11 月 17 日

购货单位	名　称：	德州市绿洲食品有限公司			密码区	02003128/>+<31421<-< 加密版本号:03 *+-327-</331<-21-15 0541531221 *-0-78>379243341<7+0 12143779 0/91/479>->-00>><1 2191327			
	纳税人识别号：	370502522805196							
	地址、电话：	德州市德成区新城路68号0534-3367189							
	开户行及账号：	中国农业银行德州分行滨湖分理处1540020400013435							

货物或应税劳务、服务名称	规格型号	单位	数量	单价	金　额	税率	税　额
脱皮大豆	一级	包	500	100.00	50000.00	9%	4500.00
合　计					¥50,000.00	9%	¥4,500.00
价税合计（大写）		伍万肆仟伍佰元整			（小写）¥54,500.00		

销货单位	名　称：	山东利康食品有限公司	备注
	纳税人识别号：	91371600600039393H	
	地址、电话：	山东省滨州市长江十二路819号 0543-5127777	
	开户行及账号：	中国建设银行滨州北海支行 3352028923567895	

收款人：魏丽　　　复核：李晓丽　　　开票人：魏丽　　　销货单位：（章）

图3-7-2

中国建设银行
China Construction Bank

托 收 凭 证 （受理回单）

委托日期 2020 年 11 月 17 日

业务类型	委托收款（□邮划、☑电划）		托收承付（□邮划、□电划）		
付款人	全称	德州市绿洲食品有限公司	收款人	全称	山东利康食品有限公司
	账号	1540020400013435		账号	3352028923567895
	地址	山东省德州市县　开户行　中国农业银行德州分行滨湖分理处		地址	山东省滨州市县　开户行　中国建设银行滨州北海支行
金额	人民币（大写）	伍万肆仟伍佰元整		亿千百十万千百十元角分 ¥ 5 4 5 0 0 0 0	
款项内容	货款	托收凭据名称	销售发票	附寄单证张数	2
商品发运情况			合同名称号码		
备注：		款项收妥日期		收款人开户银行签章	
复核：　　记账：			年　月　日		年　月　日

图3-7-3

中国建设银行
China Construction Bank

托 收 凭 证 （贷方凭证）

委托日期 2020 年 11 月 17 日

业务类型	委托收款（□邮划、☑电划）		托收承付（□邮划、□电划）		
付款人	全称	德州市绿洲食品有限公司	收款人	全称	山东利康食品有限公司
	账号	1540020400013435		账号	3352028923567895
	地址	山东省德州市县　开户行　中国农业银行德州分行滨湖分理处		地址	山东省滨州市县　开户行　中国建设银行滨州北海支行
金额	人民币（大写）	伍万肆仟伍佰元整		亿千百十万千百十元角分 ¥ 5 4 5 0 0 0 0	
款项内容	货款	托收凭据名称	销售发票	附寄单证张数	2
商品发运情况			合同名称号码		
备注：	上列款项确有真实贸易证明，请予以办理。				
收款人开户银行收到日期 年　月　日		收款人签章		复核：　　经办：	

图3-7-4

188

图3-7-5

图3-7-6

2.开户银行受理委托收款业务

魏丽将填写好的一式五联托收凭证连同增值税发票第二、三联交银行柜员审核。银行柜员审核无误后，在托收凭证第一联上加盖业务专用章（图3-7-8），作为业务受理回单退还魏丽。收款人开户银行将托收凭证第二联留存作为业务受理凭证，第三联、第四联、第五联连同增值税发票联和抵扣联一起传递给付款人开户银行办理收款。

3.填制审核记账凭证，登记相关明细账、总账

魏丽将增值税专用发票第一联连同银行盖章的托收凭证第一联交周全填制记账凭证，并交李晓娜审核（图3-7-9）。会计人员据此凭证入账。

中国建设银行
China Construction Bank

托 收 凭 证 （付款通知）

出纳教学专用

委托日期 2020 年 11 月 17 日　　　　付款期限　　年　月　日

业务类型	委托收款（□邮划、☑电划）　托收承付（□邮划、□电划）														
付款人	全称	德州市绿洲食品有限公司		收款人	全称	山东利康食品有限公司									
	账号	1540020400013435			账号	3352028923567895									
	地址	山东省德州 市县	开户行	中国农业银行德州分行滨湖分理处		地址	山东省滨州 市县	开户行	中国建设银行滨州北海支行						
金额	人民币（大写）	伍万肆仟伍佰元整					亿 千 百 十 万 千 百 十 元 角 分 ¥ 5 4 5 0 0 0 0								
款项内容	货款		托收凭据名称	销售发票			附寄单证张数	2							
商品发运情况					合同名称号码										
备注 付款人开户银行收到日期 　　年　月　日 复核：　　经办：		付款人开户银行签章 　　年　月　日					付款人注意： 1. 根据支付结算办法，上列委托收款（托收承付）款项在付款期限内未提出拒付，即视为同意付款，以此代填付款通知。 2. 如需提出全部或部分拒付，应在规定期限内，将拒付理由书并随同有关证明退交开户银行。								

此联付款人开户银行给付款人按期付款的通知

图3-7-7

中国建设银行
China Construction Bank

托 收 凭 证 （受理回单）

出纳教学专用

委托日期 2020 年 11 月 17 日

业务类型	委托收款（□邮划、☑电划）　托收承付（□邮划、□电划）														
付款人	全称	德州市绿洲食品有限公司		收款人	全称	山东利康食品有限公司									
	账号	1540020400013435			账号	3352028923567895									
	地址	山东省德州 市县	开户行	中国农业银行德州分行滨湖分理处		地址	山东省滨州 市县	开户行	中国建设银行滨州北海支行						
金额	人民币（大写）	伍万肆仟伍佰元整					亿 千 百 十 万 千 百 十 元 角 分 ¥ 5 4 5 0 0 0 0								
款项内容	货款		托收凭据名称	销售发票			附寄单证张数	2							
商品发运情况					合同名称号码										
备注		款项收妥日期 收款人开户银行签章 　　年　月　日 复核：　　记账：													

此联收款人开户银行给收款人的受理回单

2020.11.17
业务专用章
03

图3-7-8

【业务2】承接业务1，2020年11月21日，魏丽接到开户银行委托收款到账通知后到银行取回收账通知。

业务办理过程如下：

1. 取回委托收款收账通知

魏丽收到银行委托收款到账通知后，到银行取回加盖银行办讫章的电划补充报单（资金汇划补充凭证，图3-7-10），并对报单进行审查。

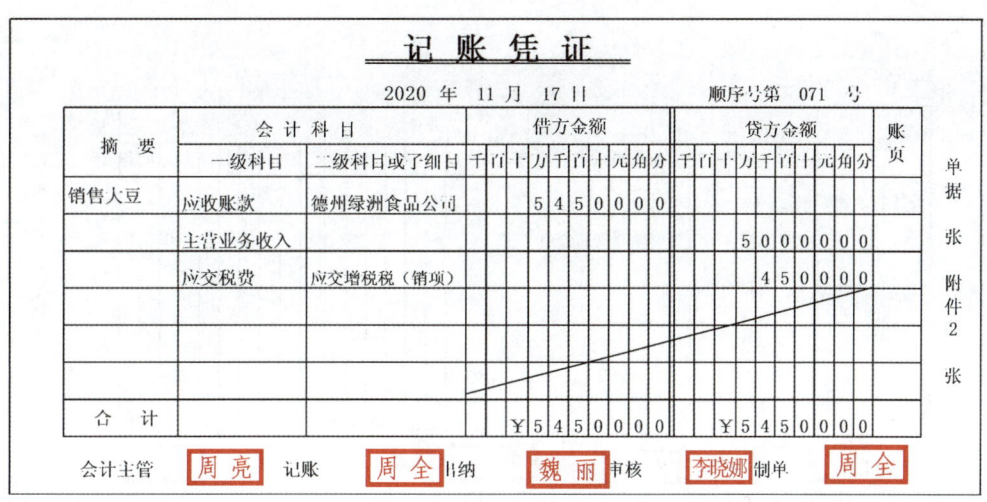

图3-7-9

说明：本凭证所附原始凭证2张（增值税发票第一联，图3-7-8）。

2.填制审核记账凭证

魏丽将收账通知交周全填制记账凭证，并交李晓娜审核（图3-7-11）。

图3-7-10

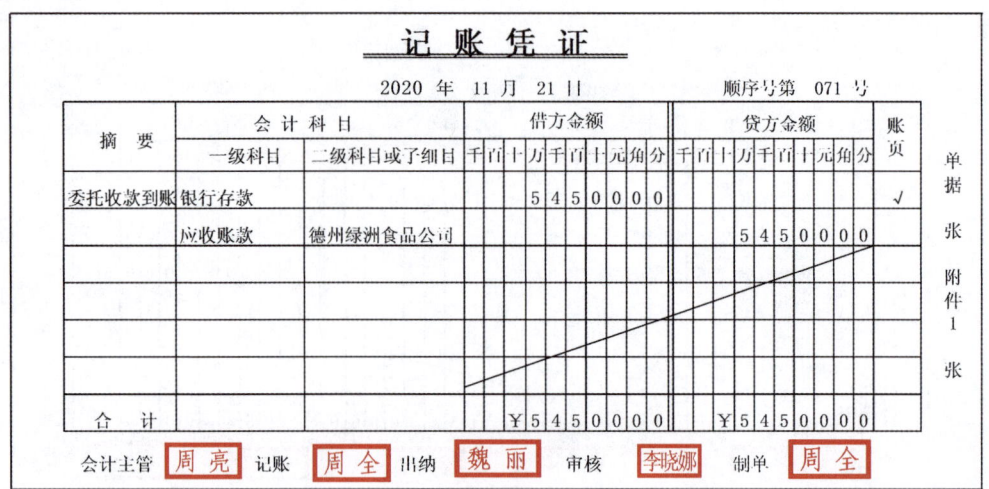

记 账 凭 证

2020 年 11 月 21 日　　　　顺序号第 071 号

摘要	会计科目		借方金额	贷方金额	账页
	一级科目	二级科目或子细目	千百十万千百十元角分	千百十万千百十元角分	
委托收款到账	银行存款		5 4 5 0 0 0 0		√
	应收账款	德州绿洲食品公司		5 4 5 0 0 0 0	
合计			￥5 4 5 0 0 0 0	￥5 4 5 0 0 0 0	

会计主管 周亮　记账 周全　出纳 魏丽　审核 李晓娜　制单 周全

单据 张 附件 1 张

图3-7-11

说明：本凭证所附原始凭证1张（图3-7-10）。

3.登记银行存款日记账

魏丽根据审核无误的记账凭证（图3-7-11），登记银行存款日记账（图3-7-12），并在记账凭证上加盖个人名章，随后将记账凭证交会计人员据此登记其他明细账、总账。

银 行 存 款 日 记 账　　　　9

2020年		凭证		结算方式	凭证编号	摘要	总页	借方	贷方	借或贷	余额
月	日	种类	号数					亿千百十万千百十元角分	亿千百十万千百十元角分		亿千百十万千百十元角分
						……				借	8 7 7 4 1 0 0 0
	21	记	071	委收		委托收款到账		5 4 5 0 0 0 0		借	9 3 1 9 1 0 0 0

图3-7-12

提升训练

1.利康公司持有青岛市福家乐商贸有限公司的银行承兑汇票一张（图3-7-13），汇票金额310,000元，到期日期2020年11月22日。11月15日，魏丽到开户银行办理委托收款（邮划）结算手续。

要求：说明业务办理流程，分岗模拟办理此银行委托收款（邮划）结算收款业务。（所需表单如图3-7-14，图3-7-15，托收凭证其他联略）

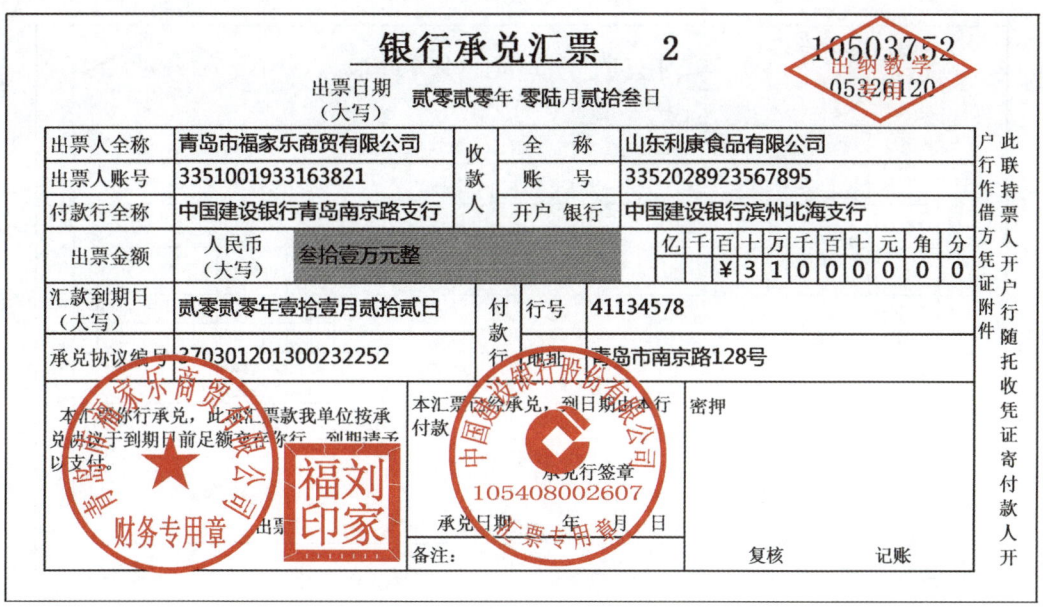

图3-7-13

中国建设银行
China Construction Bank

托 收 凭 证 （受理回单）

出纳教学专用

委托日期　年　月　日

业务类型	委托收款（□邮划、□电划）　　托收承付（□邮划、□电划）										
付款人	全称				收款人	全称					
	账号					账号					
	地址	省　市　县	开户行			地址	省　市　县	开户行			
金额	人民币（大写）						亿 千 百 十 万 千 百 十 元 角 分				
款项内容		托收凭据名称					附寄单证张数				
商品发运情况					合同名称号码						
备注：		款项收妥日期				收款人开户银行签章					
复核：　　记账：			年　月　日				年　月　日				

此联收款人开户银行给收款人的受理回单

图3-7-14

193

中国建设银行
China Construction Bank

托 收 凭 证 （贷方凭证）

委托日期　年　月　日

2出纳教学专用

业务类型	委托收款（□邮划、□电划）		托收承付（□邮划、□电划）		

付款人	全称		收款人	全称	
	账号			账号	
	地址	山东省德州 市县	开户行		地址	山东省滨州 市县	开户行

金额	人民币（大写）					亿 千 百 十 万 千 百 十 元 角 分

款项内容		托收凭据名称		附寄单证张数	
商品发运情况			合同名称号码		

备注：	上列款项随附有关债务证明，请予以办理。

收款人开户银行收到日期：　年　月　日　　　　收款人签章　　　　复核　　　　经办

此联收款人开户银行作贷方凭证

图3-7-15

2.承接上题，11月22日，接开户银行到账通知，该笔票据款项如期收回。

　　要求：说明业务办理流程，分岗模拟办理此委托收款（邮划）结算到款业务。（所需表单如图3-7-16至图3-7-18所示）

中国建设银行
China Construction Bank

托 收 凭 证 （汇款依据或收账通知）

委托日期 2020 年 11 月 15日　　付款期限 2020年11月22日

出纳教学专用

业务类型	委托收款（□邮划、☑电划）		托收承付（□邮划、□电划）		

付款人	全称	青岛市福家乐商贸有限公司	收款人	全称	山东利康食品有限公司
	账号	3351001933163821		账号	3352028923567895
	地址	山东省青岛 市县	开户行 中国建设银行青岛南京路支行	地址	山东省滨州 市县	开户行 中国建设银行滨州北海支行

金额	人民币（大写） 叁拾壹万元整				亿 千 百 十 万 千 百 十 元 角 分 ¥ 3 1 0 0 0 0 0 0

款项内容	货款	托收凭据名称	银行承兑汇票	附寄单证张数	1
商品发运情况			合同名称号码		

备注：	上列款项已划回收入你方账户内。收款人开户银行签章

复核：　　　　经办：　　　年　月　日

2020.11.23 业务专用章

此联付款人开户行凭以汇款或收款人开户银行作收账通知

图3-7-16

记 账 凭 证

年　　月　　日　　　　　　　　　顺序号第　　号

摘　要	会计科目		借方金额	贷方金额	账页
	一级科目	二级科目或子细目	千百十万千百十元角分	千百十万千百十元角分	
合　计					

会计主管　　　　记账　　　　出纳　　　　审核　　　　制单

单据　张　附件　张

图3-7-17

银行存款日记账　　　9

2020年 月 日	凭证 种类号数	结算方式	凭证编号	摘　要	总页	借　方 亿千百十万千百十元角分	贷　方 亿千百十万千百十元角分	借或贷	余　额 亿千百十万千百十元角分
				……				借	8 7 7 4 1 0 0 0
21	记 071	委收		委托收款到账		5 4 5 0 0 0 0		借	9 3 1 9 1 0 0 0

图3-7-18

子任务2　办理委托收款结算付款业务

🪙 工作情境

利康公司与滨州供电公司签订了2020年用电合同，合同约定采用委托收款方式按季度缴纳电费，合同号202011235。2020年11月24日，利康公司收到开户银行第3季度电费付款通知，共79,100元，魏丽通知开户银行付款。滨州供电公司相关资料如下，纳税人识别号：372301313875127，公司地址：山东省滨州市东海二路112号，开户银行：中国建设银行滨州东城支行，开户银行地址：滨州市东海一路216号，银行账号：3352028923217234。

委托收款付款人收到开户银行付款通知后，对债务证明进行审核，决定是否付款。

一、通知银行付款

付款人开户银行在接到寄来的委托收款凭证及债务证明，并经审查无误后将委托收款第五联盖章后连同债务证明传递给付款人，通知付款人向收款人付款。具体而言：

(1)以银行为付款人的，银行应在当日将款项主动支付给收款人。

(2)以企业单位为付款人的，银行应及时通知付款人，按照有关办法规定，需要将有关债务证明交给付款人的应交给付款人并签收。付款人应于接到通知的当日书面通知银行付款。如果付款人未在接到通知日的次日起3日内通知银行付款的，视同付款人同意付款，银行应于付款人接到通知日的次日起第4日上午开始营业时，将款项划给收款人。

二、拒绝付款

付款人审查有关债务证明后，对收款人委托收取的款项需要拒绝付款的，可以办理拒绝付款。在付款期内填制委托收款结算拒绝付款理由书，并加盖预留银行财务印鉴，连同有关单证送交开户银行。银行不负责审查拒付理由，将拒绝付款理由书和有关凭证及单证寄给收款人开户银行并转交收款人。

三、无款支付

付款人在付款期满日、银行营业终了前如无足够资金支付全部款项，即为无款支付。银行于次日上午开始营业时，通知付款人将有关单证（单证已作账务处理的，付款人可填制应付款项证明书）在两天内退回开户银行，银行将有关结算凭证连同单证或应付款项证明单退回收款人开户银行并转交收款人。付款人逾期不退回单证的，开户银行应按照委托收款的金额自发出通知的第3天起，每天处以0.5‰但不低于50元的罚金，并暂停付款人委托银行向外办理结算业务，直到退回单证时为止。

【业务1】2020年11月24日，利康公司收到滨州供电公司委托银行第3季度电费收款的付款通知（图3-7-19）和增值税专用发票（图3-7-20，第二联略），魏丽通知开户银行付款。

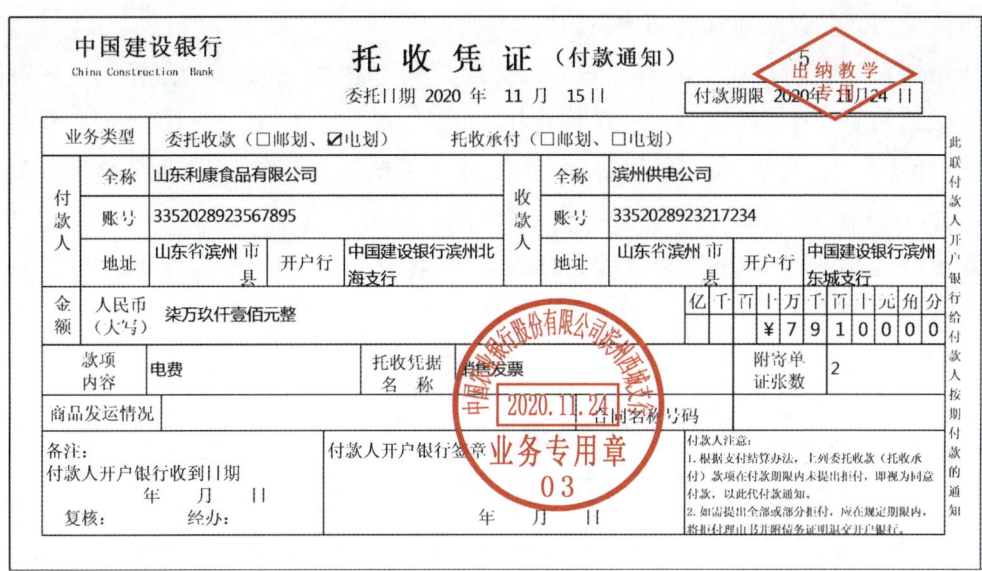

图3-7-19

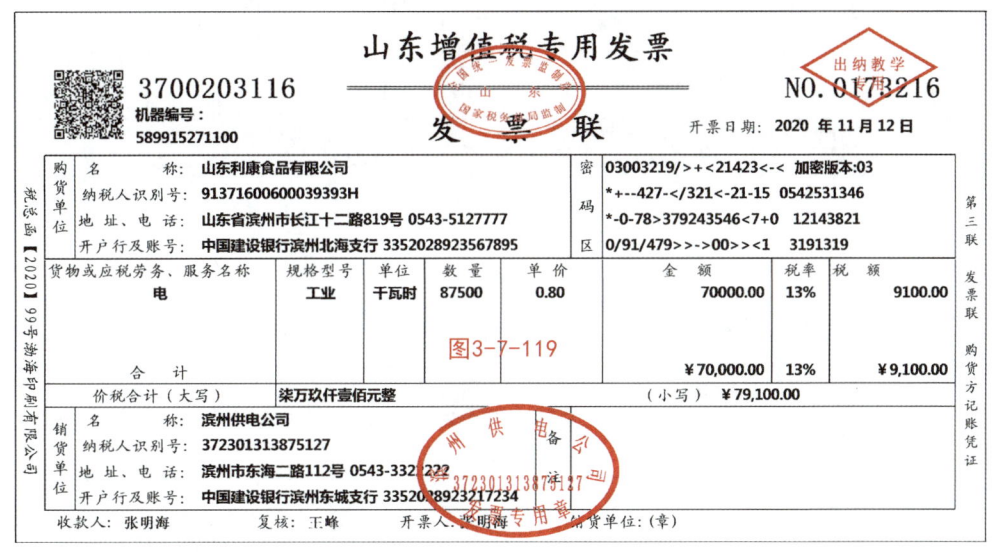

图3-7-20

业务处理过程如下：

1.审核托收凭证

魏丽对从开户银行取回的托收凭证（付款通知）（图3-7-19）和增值税专用发票（图3-7-20）进行审核，审核内容包括：增值税专用发票所列结算金额是否正确，付款通知和有关单证所记载内容是否齐全、正确，是否已到付款期限等。

2.通知开户银行付款

审核无误后，魏丽通知开户银行付款。

出纳应在规定的付款期限内通知银行付款。委托收款的付款期为3天，从开户银行发出付款通知的次日开始算，在付款期限内未向银行提出异议的，银行视作同意付款。付款人同意付款，开户银行应在付款期期满的次日（遇节假日顺延）将款项划给收款人。

3.填制审核记账凭证

魏丽将增值税专用发票和收账通知交周全填制记账凭证，并交李晓娜审核（图3-7-21）。

记 账 凭 证

2020 年 11 月 24 日　　　　　顺序号第 072 号

摘 要	会 计 科 目		借方金额	贷方金额	账页
	一级科目	二级科目或子细目	千百十万千百十元角分	千百十万千百十元角分	
支付电费	制造费用		7 0 0 0 0 0 0		
	应交税费	应交增值税（进项）	9 1 0 0 0 0		
	银行存款			7 9 1 0 0 0 0	✓
合 计			￥7 9 1 0 0 0 0	￥7 9 1 0 0 0 0	

会计主管 周亮　记账 周全　出纳 魏丽　审核 李晓娜　制单 周全

图3-7-21

说明：本凭证所附原始凭证2张（图3-7-19，图3-7-20）。

4.登记银行存款日记账

魏丽根据审核无误的记账凭证（图3-7-21），登记银行存款日记账（图3-7-22），并在记账凭证上加盖个人名章，随后将记账凭证交会计人员据此登记其他明细账、总账。

银 行 存 款 日 记 账　　9

2020年		凭证		结算方式	凭证编号	摘 要	总页	借 方	贷 方	借或贷	余 额
月	日	种类	号数					亿千百十万千百十元角分	亿千百十万千百十元角分		亿千百十万千百十元角分
						……				借	8 7 7 4 1 0 0 0
	21	记	071	委收		委托收款到账		5 4 5 0 0 0 0		借	9 3 1 9 1 0 0 0
	24	记	072	委收		支付电费			7 9 1 0 0 0 0	借	8 5 2 8 1 0 0 0

图3-7-22

【业务2】假如，利康公司在收到滨州供电公司委托银行第3季度电费收款付款通知（图3-7-19）和增值税专用发票（图3-7-20，第二联略）后，通过核对，委托收款金额与单位实际用电量不符，托收金额比实际结算金额多出5,650元，因此拒付多出款项。魏丽到开户银行办理部分拒付款手续。

业务处理流程如下：

1.填写拒绝付款理由书

在付款期限内，通过审核付款通知和债务证明（增值税专用发票）与实际结算金额不符，需要部分或全额拒付款的，魏丽应出具一式四联部分拒绝付款理由书，并加盖财务专用章（图3-7-23至图3-7-26）。

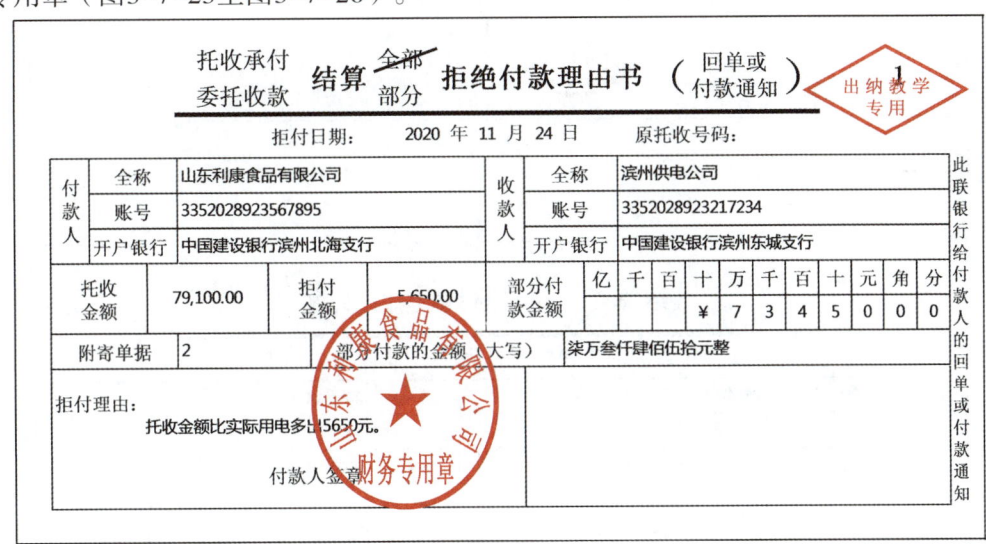

图3-7-23

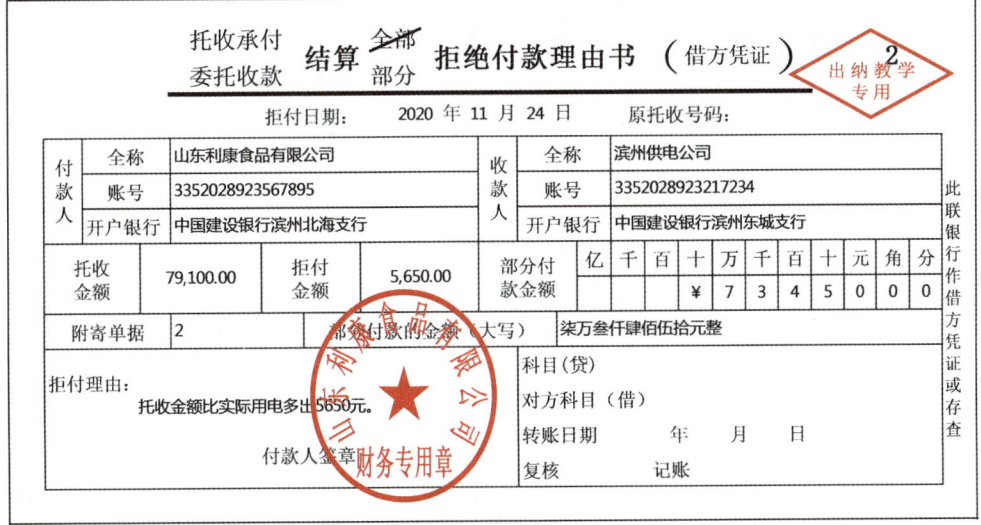

图3-7-24

199

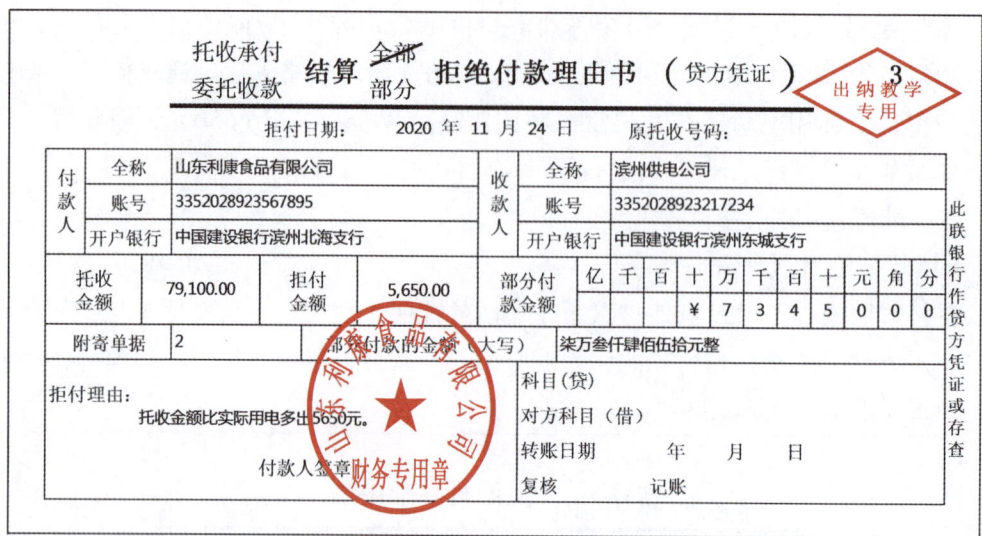

图3-7-25

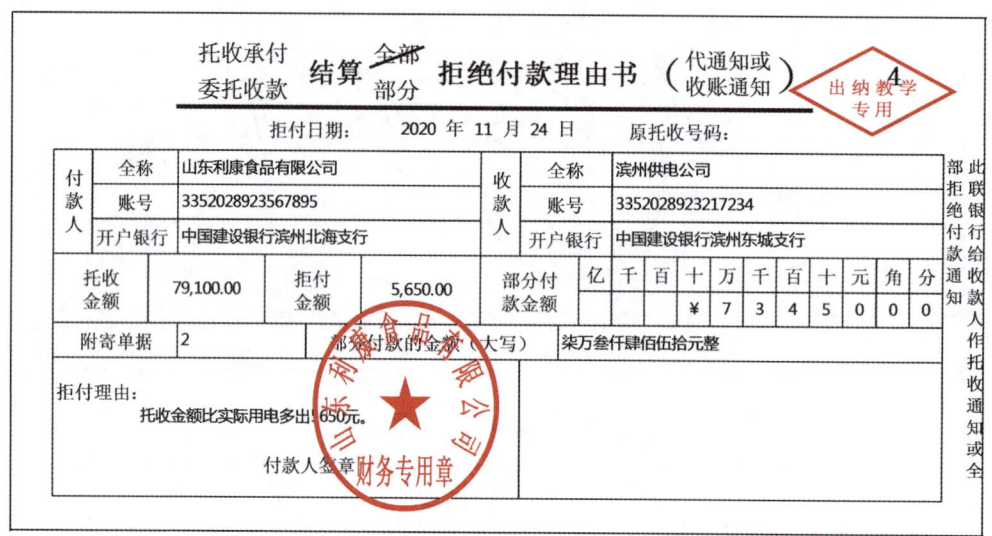

图3-7-26

2. 到开户银行办理拒绝付款业务

魏丽将填制的部分拒绝付款理由书，连同原托收凭证（图3-7-19）、增值税专用发票（图3-7-20，第二联略）一起送交开户银行。

3. 银行办理部分划款，退回部分拒绝付款理由书和相关单证

银行收到拒绝付款理由书和相关单证，不负责审查拒付理由，按照拒绝付款理由书部分付款金额向收款人开户银行划款，同时将拒绝付款理由书和相关单证转送收款人开户银行。银行对拒绝付款理由书第一联盖章后作为回单退给付款人（图3-7-27）。

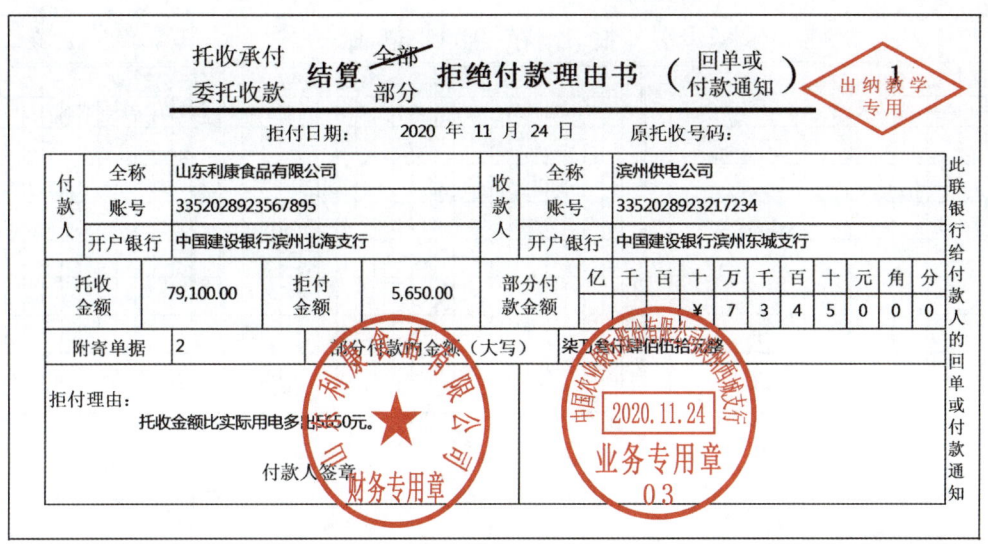

图3-7-27

4.填制审核记账凭证

魏丽将收到银行退回的拒绝付款理由书回单交周全填制记账凭证，并交李晓娜审核（图3-7-28）。

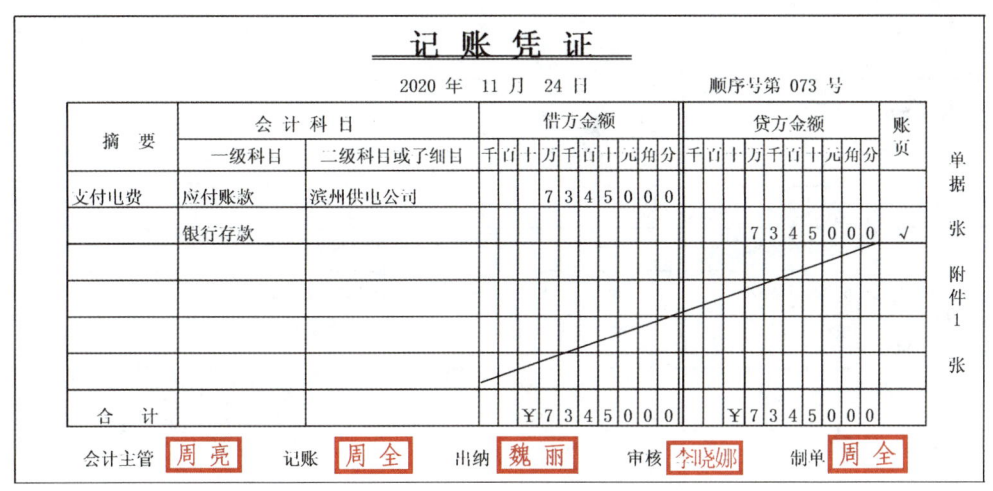

图3-7-28

说明：本凭证所附原始凭证1张（图3-7-27）。

5.登记银行存款日记账

魏丽根据审核无误的记账凭证（图3-7-28），登记银行存款日记账（图3-7-29），并在记账凭证上加盖个人名章，随后将记账凭证交会计人员据此登记其他明细账、总账。

银行存款日记账 　　　　9

2020年		凭证		结算方式	凭证编号	摘　要	总页	借　方											贷　方											借或贷	余　额									
月	日	种类	号数					亿	千	百	十	万	千	百	十	元	角	分	亿	千	百	十	万	千	百	十	元	角	分		亿	千	百	十	万	千	百	十	元	角	分
						······																								借			8	7	7	4	1	0	0	0
	21	记	071	委收		委托收款到账					5	4	5	0	0	0	0													借			9	3	1	9	1	0	0	0
	24	记	072	委收		支付电费																7	3	4	5	0	0	0	借			8	5	8	4	6	0	0	0

图3-7-29

提升训练

1.2020年11月25日，利康公司收到开户银行转来的付款通知（图3-7-30）和一张本公司签发的到期商业承兑汇票（图3-7-31）。

要求：说明业务办理流程，分岗模拟办理此委托收款结算付款业务。（所需表单如图3-7-32，图3-7-33所示）

中国建设银行 China Construction Bank	**托 收 凭 证** （付款通知） 出纳教学专用				
	委托日期 2020 年 11 月 18 日		付款期限 2020 年 11 月 25		
业务类型	委托收款（□邮划、☑电划） 　托收承付（□邮划、□电划）				
付款人	全称	山东利康食品有限公司	收款人	全称	山东振林粮油食品有限公司
	账号	3352028923567895		账号	1602025219100003476
	地址	山东省滨州 市 县　开户行　中国建设银行滨州北海支行		地址	山东省济南 市 县　开户行　中国工商银行济南花园路支行
金额	人民币（大写）　陆拾叁万元整			￥6 3 0 0 0 0 0 0	
款项内容	货款	托收凭证名　称	商业承兑汇票	附寄单证张数	1
商品发运情况				合同名称号码	
备注：付款人开户银行收到日期 年 月 日 复核：　　经办：	付款人开户银行签章 2020.11.25 业务专用章 03			付款人注意：1.根据支付结算办法，上列委托收款（托收承付）款项在付款期限内未提出拒付，即视为同意付款，以此代付款通知。2.如需提出全部或部分拒付，应在规定期限内，将付讫理由书并附信务证明退交开户银行。	

图3-7-30

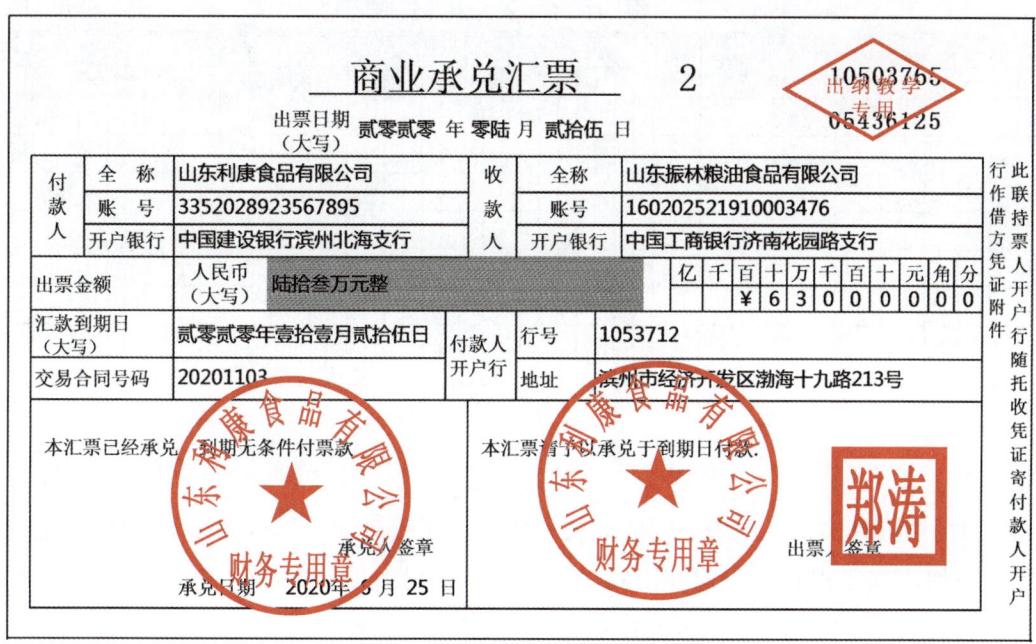

图3-7-31

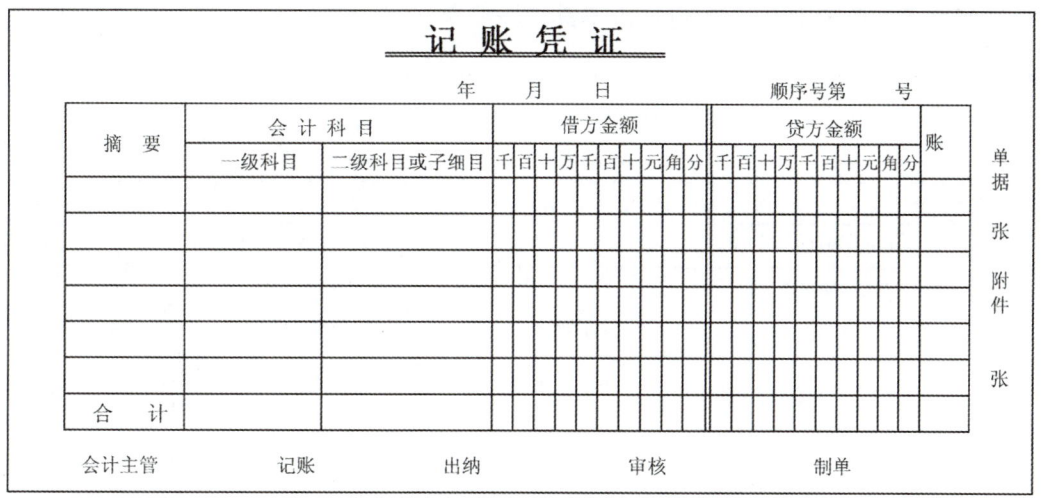

图3-7-32

银行存款日记账

2020年		凭证		结算	凭证	摘要	总	借　方	贷　方	借或	余　额
月	日	种类	号数	方式	编号		页	亿千百十万千百十元角分	亿千百十万千百十元角分	贷	亿千百十万千百十元角分
						……				借	8 7 7 4 1 0 0 0
	21	记	071	委收		委托收款到账		5 4 5 0 0 0 0		借	9 3 1 9 1 0 0 0
	24	记	072	委收		支付电费			7 3 4 5 0 0 0	借	8 5 8 4 6 0 0 0

图3-7-33

2.2020年11月26日，利康公司收到银行转来的托收凭证（付款通知）（图3-7-34）和淄博银河生物工程有限公司开出具的增税发票一份（图3-7-35，第二联略）。到货后，公司发现淄博银河生物工程有限公司所发送货物部分不符合质量要求，故拒付不合格产品货款43,524元。

要求：说明业务办理流程，分岗模拟办理此委托收款结算付款业务。（所需表单如图3-7-36至图3-7-38所示，拒付理由书其他联略）

中国建设银行
China Construction Bank

托 收 凭 证 （付款通知）

委托日期 2020 年 11 月 19 日

付款期限 2020 年 11 月 26 日

业务类型	委托收款（□邮划、☑电划）　　托收承付（□邮划、□电划）		
付款人	全称	山东利康食品有限公司	收款人	全称	淄博银河生物工程有限公司
	账号	3352028923567895		账号	220101041132518
	地址	山东省滨州市县 开户行 中国建设银行滨州北海支行		地址	山东省淄博市县 开户行 中国农业银行淄博博山支行

金额 人民币（大写） 叁拾壹万伍仟贰佰柒拾元整 亿千百十万千百十元角分 ¥3 1 5 2 7 0 0 0

| 款项内容 | 货款 | 托收凭证名称 | 销售发票 | 附寄单证张数 | 2 |

商品发运情况

备注：付款人开户银行收到日期　　年　月　日
复核：　　经办：

付款人开户银行签章
2020.11.26

付款人注意：
1. 根据支付结算办法，上列委托收款（托收承付）款项在付款期限内未提出拒付，即视为同意付款，以此代付款通知。
2. 如需提出全部或部分拒付，应在规定期限内，将拒付理由书并随债务证明退交开户银行。

此联付款人开户银行给付款人按期付款的通知

图3-7-34

山东增值税专用发票

3700302157

机器编号：589815271210

发 票 联

NO.06134011

开票日期：2020 年 11 月 20 日

购货单位	名　称：	山东利康食品有限公司				密码区	03004219/>+<31423<-< 加密版本:03 *+--127-</321<-21-13 0542531351 *-0-78>379243546<7+0 12143825 0/91/479>>->00>>1 3191320
	纳税人识别号：	91371600600039393H					
	地址、电话：	山东省滨州市长江十二路819号 0543-5127777					
	开户行及账号：	中国建设银行滨州北海支行3352028923567895					

货物或应税劳务、服务名称	规格型号	单位	数量	单价	金额	税率	税额
食用添加剂	T45	KG	900	310.00	279000.00	13%	36270.00
合　计					¥279,000.00	13%	¥36,270.00

价税合计（大写）　叁拾壹万伍仟贰佰柒拾元整　　　（小写）　¥315,270.00

销货单位	名　称：	淄博银河生物工程有限公司
	纳税人识别号：	370304766727407
	地址、电话：	博山开发区大桥路56号 18706297168
	开户行及账号：	中国农业银行淄博博山支行220101041132518

收款人：李新　　复核：王玲玲　　开票人：李新

图3-7-35

托收承付 委托收款 结算 全部 部分 拒绝付款理由书 （回单或付款通知） 1

拒付日期：　年　月　日　　原托收号码：

付款人	全称		收款人	全称	
	账号			账号	
	开户银行			开户银行	

托收金额		拒付金额		部分付款金额	亿 千 百 十 万 千 百 十 元 角 分

附寄单据		部分付款的金额（大写）	

拒付理由：

付款人签章

图3-7-36

记 账 凭 证

年　月　日　　　　　顺序号第　　号

摘要	会 计 科 目		借方金额	贷方金额	账页	
	一级科目	二级科目或子细目	千百十万千百十元角分	千百十万千百十元角分		单据张附件张
合　计						

会计主管　　　记账　　　出纳　　　审核　　　制单

图3-7-37

银 行 存 款 日 记 账　　　　9

2020年		凭证		结算方式	凭证编号	摘要	总页	借　　方	贷　　方	借或贷	余　额
月	日	种类	号数					亿千百十万千百十元角分	亿千百十万千百十元角分		亿千百十万千百十元角分
						……				借	877411000
	21	记	071	委收		委托收款到账		5450000		借	9319 1000
	24	记	072	委收		支付电费			7345000	借	8584 6000

图3-7-38

✏️ 任务评价

一、任务测试

（一）单项选择题

1.收款人委托银行或其他金融机构向付款人收取款项的结算方式是（　　）。

A.汇兑　　　　　　　　B.委托收款

C.银行承兑汇票收款　　D.商业承兑汇票收款

206

2.在银行或其他金融机构开立账户的企业单位和个体经济户在（　　）的商品交易、公用事业单位收费等款项结算，可选用委托收款方式。

A.同城

B.异地

C.同城和异地

D.单位内部

3.付款人在付款期满日、银行营业终了前如无款项支付时，下列处理错误的是（　　）。

A.银行于次日上午开始营业时，通知付款人将有关单证两天内退回开户行

B.银行将结算凭证连同单证或应付款项证明单退回收款人开户行转交收款人

C.付款人逾期不退回单证的，开户银行应按规定处以罚金直到退回单证为止

D.付款人逾期未退回单证期间，其委托银行对外结算业务正常办理

（二）多项选择题

1.下列支付结算方式中，没有金额起点限制的有（　　）。

A.委托收款

B.信汇

C.电汇

D.银行本票

2.单位或个人凭（　　）等付款人债务证明办理款项结算的，均可使用委托收款结算。

A.国内信用证

B.已承兑的商业汇票

C.债券

D.存单

3.付款人对收款人委托收取的款项需要办理拒绝付款时，正确的处理是（　　）。

A.在付款期内填制委托收款结算拒绝付款理由书

B.在委托收款结算拒绝付款理由书上加盖预留银行财务印鉴

C.将委托收款结算拒绝付款理由书连同有关单证送交开户银行

D.银行不负责审查拒付理由，将拒绝付款理由书和有关单证寄给收款人开户银行转交收款人

（三）判断题

1.收款单位开户银行收到委托收款凭证和有关单证，审查无误后办理委托收款手续，同时按规定收取一定量的手续费和邮电费。　　　　　　　　　　　　　（　　）

2.如果付款人未在接到通知日的次日通知银行付款的，视同付款人同意付款。

（　　）

3.委托收款以银行为付款人的，银行应在接到委托收款凭证及债务证明的当日，经审查无误后将款项主动支付给收款人。　　　　　　　　　　　　　　　（　　）

二、综合自评

自评项目	自评内容	自评结果	
专业能力	能正确办理委托收款结算收款业务，并进行账务处理	A□ B□ C□ D□	A：85分及以上 B：75~85分 C：60~75分 D：60分以下
	能正确办理委托收款结算付款业务，并进行账务处理	A□ B□ C□ D□	
素质提升	委托收款结算中严格遵守国家财经法规和企业财务管理制度的职业素养提升	A□ B□ C□ D□	
	委托收款结算中严谨细致、精益求精的工匠精神培养	A□ B□ C□ D□	
	委托收款结算中诚实守信的职业品格培养	A□ B□ C□ D□	
	委托收款结算中对企业内外部善于沟通协调协作的服务意识	A□ B□ C□ D□	
查缺补漏（分条列出尚未掌握的知识点和技能点）			

任务八　办理托收承付结算业务

电子活页

任务导入

电子活页

任务分析

电子活页

任务目标

电子活页

办理托收承付收款业务

电子活页

办理托收承付付款业务

电子活页

任务评价

项目四　互联网结算业务

互联网技术的快速发展催生了"支付宝"、"财付通"等为代表的第三方支付结算方式，同时也为传统的银行支付方式开辟了新的途径，支票结算、银行汇票、汇兑等传统结算方式越来越多的被网上银行转账等电子支付手段来替代，商业汇票等票据业务也开始实现线上办理。互联网结算手段便利了人们的生活，简化了支付的流程，提高企业支付结算效率。互联网环境下的银行支付结算业务和第三方支付已经成为当前十分重要的结算方式。

★ 项目分析

本项目主要进行企业网上银行、支付宝、微信结算账户的开通、登录训练以及结算业务训练。通过学习达到以下要求：

1. 掌握企业网上银行账户的开通办理流程，能熟练进行企业网上银行的开设、登录，能够通过企业网上银行办理账户查询、转账付款、票据业务及其他线上业务。

2. 掌握企业支付宝开通业务办理流程，能熟练通过企业支付宝办理收付款结算业务。

3. 掌握企业微信开通业务办理流程，能熟练通过企业微信办理收付款结算业务。

★ 学习导图

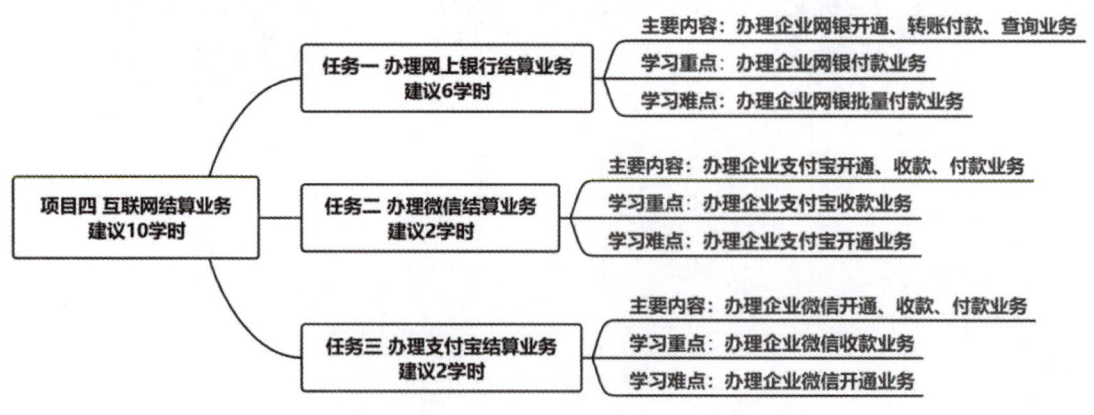

任务一 办理网上银行结算业务

📖 任务导入

临近银行下班时间，滨州粮油食品有限公司出纳马晓丽匆忙来到银行购买支票、同时办理一笔电汇业务。银行柜员告诉马晓丽："回去向你们财务经理汇报，开通网上银行吧，同城和异地结算都可以，费用也不高，这样就免去为了汇一笔款每天忙忙碌碌跑银行了，定期来打对账单就可以了，而且不受银行上下班时间限制。这样很方便的！"马晓丽回去汇报后，财务经理同意开通网上银行的建议，并安排马晓丽尽快申请办理。

📖 任务分析

网上银行结算是付款人通过网络与银行之间的支付接口进行款项交易的一种即时支付方式。随着网上支付系统安全性的日益提高和网络普及，越来越多的企业开始使用网上支付进行款项结算，大大提高了结算效率。因此，对于企业出纳而言，网上银行结算也成为一项必备的职业技能。

本任务主要进行企业网上银行结算业务办理训练，具体包括：

1. 办理网上银行开通业务。

2. 登录网上银行。

3. 办理网上银行转账业务。

4. 办理网上银行查询业务

5. 办理网上银行票据业务。

📖 任务目标

1. 知识目标

(1) 掌握网上银行结算的功能及适用范围。

(2) 了解网上银行结算的主要内容。

(3) 掌握网上银行开通业务办理流程。

(4) 掌握网上银行支付业务办理流程。

(5) 掌握网上银行查询业务操作流程。

2. 能力目标

(1) 能熟练办理网上银行开通业务。

(2) 能熟练办理网上支付结算业务。

(3) 能熟练进行网上支付结算业务查询。

3. 素质目标

(1) 提升互联网支付的资金安全、信息泄露等问题的风险防范意识，培养保护网络信息安全、严守结算纪律的职业素养。

(2) 培养网上银行转账付款、票据签发等工作中严谨细致、精益求精的工匠精神，诚实守信的职业品格。

子任务一　办理网上银行开通业务

工作情境

利康公司几年来业务范围、经营规模不断扩大，周亮为了提高结算工作效率，经请示公司主要领导，决定于2020年11月对基本存款账户开通网上银行。11月28日，周亮安排魏丽到开户银行办理网上银行开通业务。

知识准备

网上银行，又称网络银行、在线银行，是指银行利用Internet技术，通过Internet向客户提供账户管理、付款业务、收款业务、票据业务、集团理财、信用证业务、贷款业务等服务项目，使客户可以足不出户就能够安全便捷地管理活期和定期存款、支票、信用卡及个人投资等。可以说，网上银行是在Internet上的虚拟银行柜台。网上银行又被称为"3A银行"，因为它不受时间、空间限制，能够在任何时间、任何地点、以任何方式为客户提供金融服务。

目前，根据中国建设银行提供的网上银行服务项目，通过网上银行企业可以进行账户查询、转账付款、现金管理、缴费业务、票据业务、国际业务、信贷融资、投资理财、电子商务等业务。

业务处理

【业务】2020年11月28日，魏丽携带预留银行财务印鉴，在李晓娜的陪同下，到开户银行——中国建行银行滨州北海支行办理网上银行开通业务。

业务办理过程如下：

1.准备相关资料

魏丽需准备申请开通网上银行的相关资料，具体包括：营业执照、法人身份证、经办人身份证等资料的原件及复印件。不同商业银行要求所需提供资料略有差异。

2.填写申请表

魏丽持准备好的资料到开户银行办理开户。

首先在银行柜员指导下填写《中国建设银行网上银行高级企业客户申请表》（图4-1-1）或向银行柜员口述网上银行高级企业客户开通申请。

中国建设银行网上银行高级企业客户申请表

申请内容：☑客户签约　☑账户签约　□证书载体　□代发业务　□流程优化　□账户注销　□客户注销

客户填写栏：

企业名称	山东利康食品有限公司		
证件类型	营业执照	证件编号	3700001804657
企业法人代表	郑涛	电话	13476095675
企业财务负责人	周亮	电话	13476095642
企业财务负责人身份证号	3 7 2 3 0 1 1 9 8 3 1 2 1 1 4 1 6 1		
企业经办人	魏丽	电话	13476095216
企业经办人身份证号	3 7 2 3 0 1 1 9 8 1 1 1 0 2 5 2 2 7		
企业联系电话	0543-2222211	企业传真电话	0543-2222777　邮政编码　256600
企业地址	山东省滨州市长江十二路819号	EMAIL地址	
银行客户经理	粤晓宁	电话	13675231456

签约账户登记：

账户类型	币种	账号	账户名称

是否开通	□是　□否	证书类型	□CCBCA　　□CFCA
代发业务		证书载体	□USB Key
代发方式	□单笔　□多笔	是否需要优化客户流程	□申请单一授权功能
			□申请重复指定操作员功能
代发限额（大写）	单笔　　，日累计　　，月累计　　。（不填即默认分行限额）	证书数量（大写）	主管__个　操作员__个
代发账号		服务年费（大写）	元

银行填写栏：

企业客户号		企业协议号	
柜台名称		柜台机构号	
我企业已对以上资料进行认真填写，保证填写内容准确无误。		经审核，该企业以上账户预留印鉴核对相符。申请情况属实，已成功登记。	
经办人签字：魏丽		客户经理签字：	
财务主管签字：		验印员签章：	
银行预留印鉴		操作员签章：	
单位公章： 　　年　月　日		会计主管签章：	
		网点业务用章： 　　年　月　日	

填制说明：此表为一式两份，用于企业客户在建设银行网上银行系统开户。如果有多个账户网银签约，一个账户填写一张。企业针对申请内容在表头的□打√后，加盖企业在银行的预留印鉴、财务主管签字后，连同证件原件、经办人身份证明、企业授权书送交账户开户银行进行签约。

图4-1-1

说明：此表第二联略。

3. 开户银行受理

开户银行对申请资料审核无误后，签订书面《中国建设银行股份有限公司网上银行企业客户服务协议》（图4-1-2）或进行服务协议电子签约，办理开户，办理网上银行盾，收取工本费和服务费（图4-1-3）。

中国建设银行股份有限公司网上银行企业客户服务协议

甲方：中国建设银行股份有限公司滨州分行
乙方：山东利康食品有限公司

为促进电子商务的发展，加快企业资金结算速度，提高结算效率，同时规范双方业务行为，甲、乙双方本着平等互利的原则，就中国建设银行股份有限公司（以下简称"中国建设银行"）网上银行企业客户服务相关事宜达成如下协议，协议双方应遵守《中国建设银行股份有限公司网上银行业务章程》及本协议。

第一章 总 则
第一条 如无特别说明，下列用语在本协议中的含义为：
（一）网上银行客户：指甲方网上银行的企业客户，包括普通客户、高级客户、VIP客户。
……

图4-1-2

中国建设银行 Chain Construction Bank	业 务 收 费 凭 证				
币别：人民币		2020 年 11 月 28 日		流水号：	
付款人 山东利康食品有限公司			账号 3352028923567895		
项目名称	工本费	手续费	服务费		金额
开通网银	180.00	0.5	200.00		380.50
金额（大写）叁佰捌拾元伍角整					
付款方式	转账				
会计主管	授权		复核 李宁		录入 王晓悦

第二联 客户回单

图4-1-3

4. 填制审核记账凭证

出纳人员魏丽将带回业务收费凭证交周全填制记账凭证，并交李晓娜审核（图4-1-4）。

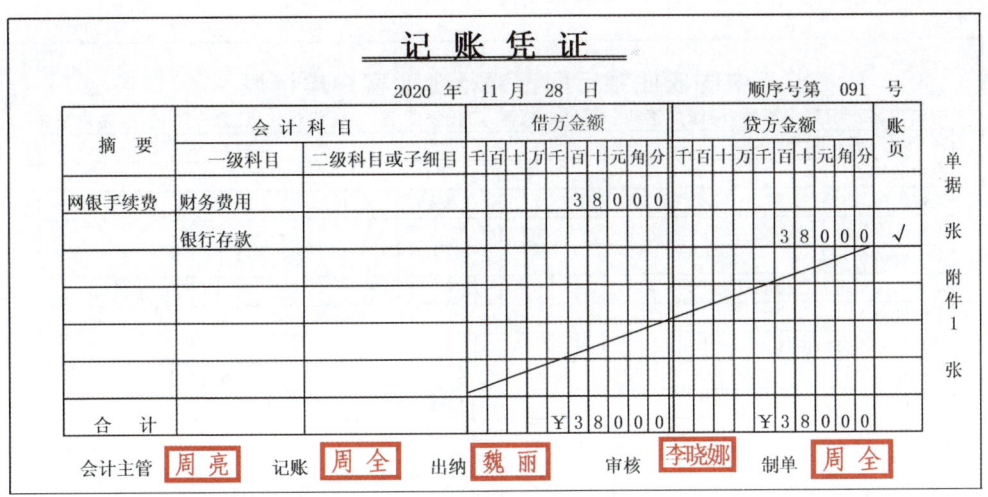

图4-1-4

说明：本凭证所附原始凭证1张（图4-1-3）。

5.登记银行存款日记账

魏丽根据审核无误的记账凭证（图4-1-4），登记银行存款日记账（图4-1-5），并在记账凭证上加盖个人名章，随后将记账凭证交会计人员据此登记其他明细账、总账。

银行存款日记账   10

2020年 月 日	凭证 种类 号数	结算方式	凭证编号	摘要	总页	借方 亿千百十万千百十元角分	贷方 亿千百十万千百十元角分	借或贷	余额 亿千百十万千百十元角分
				......				借	6 8 3 8 1 0 0 0
28	记 091	转账		网银手续费			3 8 0 5 0	借	6 8 3 4 3 0 5 0

图4-1-5

💰 **提升训练**

2020年11月29日，利康公司需将在中国农业银行滨州西城支行开设的一般存款账户（银行账号：7540010400056877）开通网上银行。会计主管安排魏丽去办理。要求：说明办理网上银行开通业务流程，并模拟办理此网上银行开通业务。（所需表单如图4-1-6所示，服务协议略，账务处理资料略）

中国农业银行网上银行企业客户申请表

申请内容：□客户签约 □账户签约 □证书载体 □代发业务 □流程优化 □账户注销 □客户注销

客户填写栏：

企业名称			
证件类型		证件编号	
企业法人代表		电话	
企业财务负责人		电话	
企业财务负责人身份证号			
企业经办人		电话	
企业经办人身份证号			
企业联系电话		企业传真电话	邮政编码
企业地址		EMAIL地址：	
银行客户经理		电话	

签约账户登记：

账户类型	币种	账号	账户名称

是否开通	□是　□否	证书类型	□CCBCA　　　□CFCA
代发业务		证书载体	□USB Key
代发方式	□单笔　□多笔	是否需要优化客户流程	□申请单一授权功能 □申请重复指定操作员功能
代发限额（大写）	单笔　　，日累计　　，月累计　　。（不填即默认分行限额）	证书数量（大写）	主管__个　操作员__个
代发账号		服务年费（大写）	元

银行填写栏：

企业客户号		企业协议号	
柜台名称		柜台机构号	

我企业已对以上资料进行认真填写，保证填写内容准确无误。	经审核，该企业以上账户预留印鉴核对相符。申请情况属实，已成功登记。
经办人签字：	客户经理签字：
财务主管签字：	验印员签章：
银行预留印鉴：	操作员签章：
单位公章： 　　年　月　日	会计主管签章：
	网点业务用章： 　　　　年　月　日

填制说明：此表为一式两份，用于企业客户在建设银行网上银行系统开户。如果有多个账户网银签约，一个账户填写一张。企业针对申请内容在表头的□打√后，加盖企业在银行的预留印鉴、财务主管签字后，连同证件原件、经办人身份证明、企业授权书送交账户开户银行进行签约。

图4-1-6

子任务二　登录网上银行

工作情境

利康公司已经向中国建设银行申请开通了网上银行业务，公司规定出纳魏丽负责网上银行业务的转账制单、业务查询、表单打印等工作，周亮负责网上银行业务的转账、缴费、票据等相关业务的复核工作。公司为了尽快把网上银行利用起来，以提高工作效率，特要求魏丽、周亮尽快学习登录网上银行，掌握网上银行操作。

知识准备

一、网上银行密码安全使用提示

1.简版企业客户的操作员代码为证件号码后6位，不足6位默认为999999，初始登录密码与交易密码均为999999。

2.高级客户及VIP客户的主管的操作员代码与初始登录密码、交易密码均为999999，登录密码及交易密码可由主管进入网上银行以后修改，但主管的操作员代码不能改。

3.制单员与复核员的操作员代码与初始登录密码、交易密码由主管进入网上银行以后设置。

4.若操作员遗忘了自己在网上银行的登录密码或是交易密码，则可以直接由上级（主管或是副主管）强制重置密码。

5.若主管遗忘了自己在网上银行的登录密码或是交易密码，可以向当地建设银行的网上银行业务主办部门提出申请，进行恢复重置。

6."登录密码"与"交易密码"可以是数字或是字母，长度为6~12位。

7.每日连续输错密码的最多次数为：登录密码6次，交易密码9次，登录密码加交易密码12次，超过次数，操作员状态将被冻结。

8.建议不要设置相同的登录密码和交易密码，并进行定期更换。

二、证书安全使用提示

1.建议在他人电脑上安装、使用证书后，应及时删除证书。

2.建议不要在网吧等公共场所下载、安装、使用证书。

3.建议不要将证书密码、客户号、放置在他人容易看到的地方。

4.目前建行企业网上银行客户证书类型分为两类：CCBCA和CFCA。两者区别在于：

微课

更新证书001

(1)CCBCA是中国建设银行认证中心开发的企业客户电子证书系统；CFCA是中国金融认证中心开发的电子证书系统。

(2)CCBCA证书目前免费使用；CFCA证书使用客户需向中国金融认证中心交纳一定的服务费用。

(3)CCBCA证书出现问题，只能重写证书，不能恢复；CFCA证书的可以恢复。

5.使用CCBCA证书进入企业网上银行时，请确保计算机的浏览器升级为128位，在同一台计算机上用不同的角色做完业务之后，须退出该浏览器重新进入，并选择对应的证书号，以防出现证书号和操作员不匹配现象。

6.如果出现证书密码遗忘，IC卡被锁及损坏等问题，可与客户经理联系，可向当地银行提出重写证书申请。

业务处理

【业务】为尽快熟悉业务，2020年11月30日，魏丽与周亮登录中国建设银行企业网上银行高级版。

业务办理过程如下：

1.在电脑的USB接口插入中国建设银行网银盾（图4-1-7）。

网银盾角色	操作员	复核员	管理员
正面			
反面	60H105901333	18G105901533	18G105901534

图4-1-7

说明：中国建设银行二代网银盾是具有液晶屏幕显示和物理按键确认的新一代网上银行USBKey安全产品，网银盾的使用者主要有三个角色，操作员、复核员和管理员，所以网银盾一般有三个，一个是操作员网银盾，一个是审核员网银盾，一个是管理员网银盾，常用的是操作员网银盾和审核员网银盾，三者权限不同。图4-1-7中左侧操作员网银盾由魏丽使用，负责企业网上银行的制单业务；中间复核员网银盾为周亮使用，负责企业网上银行的复核业务；右侧管理员网银盾由总经理郑涛使用，权限是可以冻结该操作员或审核员的一切权限。

2.在浏览器地址栏录入中国建设银行网页地址http://company1.ccb.com/ ，按回车键登录中国建设银行公司机构页面，执行企业网上银行"登录"命令（图4-1-8）。

图4-1-8

3.页面显示未检测到E路护航（图4-1-9），根据页面提示下载并安装新版本的E路护航，并根据提示进行安装。安装完成后插入网银盾，在自动弹出的页面输入网银盾密码（图4-1-10），并单击"确定"按钮，进入网上银行登录界面。

微课

安装 E 路护航
安全组件 001

图4-1-9

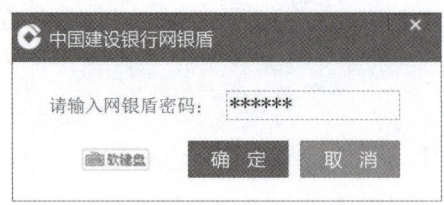

图4-1-10

4.在网上银行登录界面（图4-1-11）输入登录密码，单击"登录"按钮。进入"山东利康食品有限公司"网上银行登录信息确认界面（图4-1-12），界面显示登录人员、上次登录时间、本次登录IP地址。登录人核对无误后，单击"进入操作界面"按钮，进入"山东利康食品有限公司"网上银行业务处理界面（图4-1-13）。

图4-1-11

图4-1-12

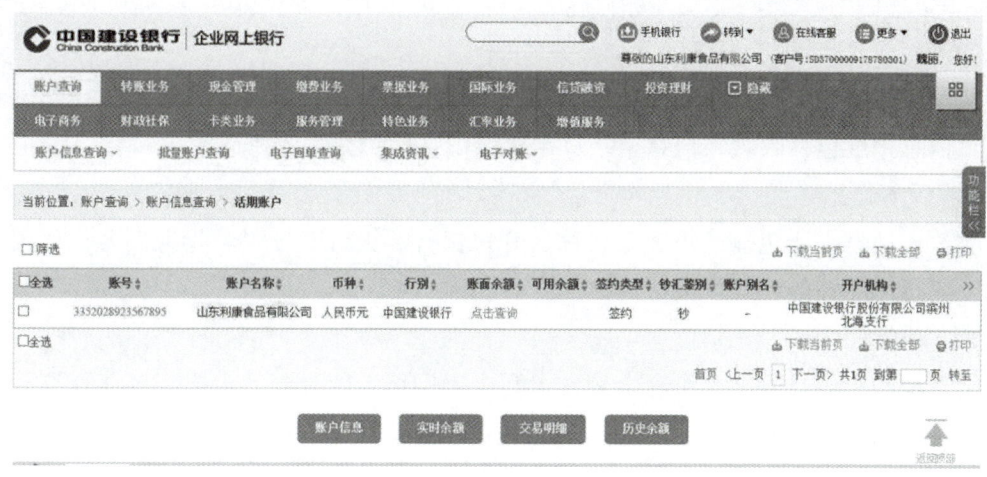

图4-1-13

💰 **提升训练**

通过教师联系校企合作单位，由校外实训指导教师讲解演示操作员、审核员登录网上银行流程，见习一次操作员、审核员登录企业网上银行过程。

子任务三　办理网上银行转账业务

💰 **工作情境**

2020年12月2日，利康公司与济南兴华商贸有限公司签订了一份食用油采购合同，价税总额为196,200元，根据合同约定发货前需支付30%货款，合同签订10日内供货完毕。因生产订单增多，库存材料不足，为了让供货商提前发货，12月7日，应采购部门要求，会计主管让魏丽上午12点前必须通过网上银行将款项58,860元汇到供货商银行账户。济南兴华商贸有限公司相关资料如下，开户银行：招商银行济南分行燕子山路分理处；开户银行地址：济南市燕子山西路12号；银行账号：9051231933165413。

💰 **知识准备**

办理网上银行支付业务，为了降低网络交易给企业带来的资金风险，防止企业内部人员挪用资金，申请网上支付时，一般银行会给企业几个不同权限的网银盾，每个网银盾密码不一致。企业在使用网上银行办理支付业务时，不同岗位的人员根据自己的权限进行相关业务操作。一笔业务处理，先由操作员操作，再由复核员复核，只有在审核通过的情况下这笔操作的支付才会如实付出。

一、操作员业务处理

网银盾的操作员权限一般是出纳拥有，主要负责制单，录入结算信息。操作员录入的结算信息一般包括收款人信息、结算金额及确认信息并输入密码。

1.收款人信息

收款人信息主要包括：收款人名称、开户银行、银行账号等。收款人名称要用单位全称。跨行的结算的，开户银行名称也要写全称。

2.结算金额

结算金额一般只需填入小写金额，大写金额网络系统为制动生成，要注意核对大小写金额是否与结算金额一致。

3.确认信息并输入密码

收款人信息和结算金额输入确认无误后，单击确定，弹出密码对话框，输入自己的网银盾密码，单击确定，发送给下一级人员进行复核。

二、复核员业务处理

网银盾的复核员权限一般是会计主管拥有，主要负责审核出纳提交的付款信息。复核分为复核信息无误和复核信息有误两种情况。

1.复核信息无误

复核员登录网上银行进入工作界面后，核对信息无误时，只需单击提交并输入自己的网银盾密码，再单击确定，则直接转发给下一级的管理人员。

2.复核信息有误

复核员核对发现信息有误时，单击拒绝支付，并输入自己的网银盾密码，再单击确定，则返回给上一级的操作员（出纳），出纳进行相应的操作修改后再次进行提交。

三、管理员业务处理

网银盾的管理员权限一般是总经理拥有，主要负责对操作员和复核员的权限控制及复核。管理员复核信息与复核员一样，分为复核信息无误和复核信息有误两种情况。

1.复核信息无误

管理员登录网上银行进入工作界面后，核对信息无误时，单击提交并输入自己的网银盾密码，再单击确定，该笔网上支付业务完成。

2.复核信息有误

管理员核对发现信息有误时，单击拒绝支付，并输入自己的网银盾密码，再单击确定，则该笔付款信息直接返回给上给第一级的操作员（出纳），出纳进行相应的操作修改后再次进行逐步提交。

网银转账 001

实践中，管理员复核权限除大额度支付自己掌控外，其余复核权限交会计主管。权限主要是对操作员和复核员的权限控制。

💰 **业务处理**

【**业务1**】单笔付款，2020年12月7日，魏丽按照会计主管要求，通过网上银行将58,860元款项转账到济南兴华商贸有限公司账户。

业务办理过程如下：

1.操作员业务办理过程

(1)操作员登录"中国建设银行网上银行系统"。出纳魏丽在电脑的USB接口插入中国建设银行操作员网银盾，登录"中国建设银行网上银行系统"。

(2)打开转账业务中的"转账制单"菜单，单击"单笔付款"命令,进入"单笔付款" 对话框（图4-1-14）。

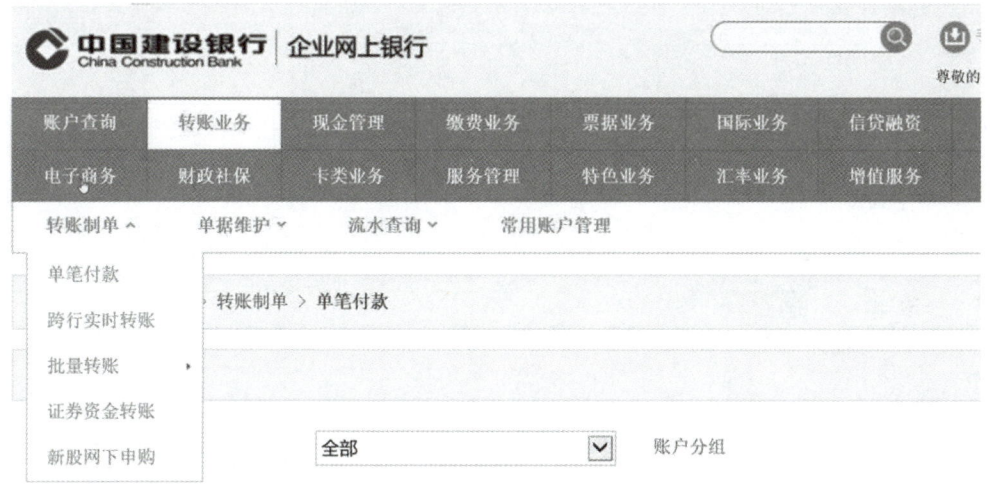

图4-1-14

录入收款单位相关信息和金额。请选择付款账号"3352028923567895山东利康食品有限公司中国建设银行股份有限公司北海支行"。录入"请选择收款人"相关信息，根据收款单位提供银行账号信息选择收款人行别，选中"收款单位为他行"前的单选框，填写收款单位相关信息（图4-1-15），录入付款金额"小写"，填写用途"货款"，单击"下一步"按钮。若收款单位为建行，则选中"收款单位为建行"前的单选框。

核对收款人信息以及金额，确认无误后选择下级复核员周亮，单击"确认"按钮（图4-1-16）。在弹出的对话框输入网银盾密码，核对网银盾页面的信息，确认无误后按网银盾的"OK"键。

当前位置：转账业务 > 转账制单 > 单笔付款

❶ 请选择付款人

账户分组 [全部 ▼]

* 付款人账号： [按账户优先级排序 ▼]

3352028923567895　山东利康食品有限公司　　人民币 中国建设银行股份有限公司 ▼　☐ 设置为默认付款账户

请输入模糊账号或模糊账户名称　🔍 模糊查询　📧 查询余额

❷ 请选择收款人

* 收款人行别： ○ 收款人为建行　◉ 收款人为他行

* 收款人账号： 9051 2319 3316 5413　　📧 常用收款账户

* 收款人户名： 济南兴华商贸有限公司

◉ 快速选择 ○ 手工录入

* 收款人开户行： [招商银行 ▼] [　　　　　] 📧 模糊查询

[山东省 ▼] [　　　　▼]

[招商银行济南分行燕子山路分理处 ▼]

如未找到开户机构，请在【手工录入】中填写

选择开户行❓ 后，您可输入**联行号**或者**关键字**进行查找

省市信息可能影响手续费计费及到账时效与正确性，请认真填写

❸ 请填写交易金额及相关信息

定条件付款： ☐

* 金额： 58,860.00　　（元）　交易限额查询

大写金额：

* 用途： [货款 ▼]　　☐ 设置为默认用途 用途维护

客户方流水号： [　　　　　] ❓

定时定频设置： ☐

[下一步]

图4-1-15

当前位置：转账业务 > 转账制单 > 单笔付款

付款人	户名：	山东利康食品有限公司	收款人	户名：	济南兴华商贸有限公司
	账号：	3352 0289 2356 7895		账号：	9051 2319 3316 5413
	开户行：	中国建设银行股份有限公司滨州北海支行		开户行：	招商银行济南分行燕子山路分理处
	金额（大写）	伍万捌仟捌佰陆拾元整		金额（小写）：	58,860.00（元）
	用途：	货款			

跟单信息： [　　　　　] ❓

选择下级复核员： [周亮 ▼]

短信通知下级复核员： ☐

邮件通知下级复核员： ☐

[上一步]　[确认]

图4-1-16

(3)制单成功。进入"制单成功"对话框 。若继续网上银行付款则单击"继续制单"按钮，若网上银行付款结束，则退出单笔付款界面，等待下一级复核员复核。

2.复核员业务处理过程

(1)复核员周亮登录"中国建设银行网上银行系统"，在电脑的USB接口插入中国建设银行复核员网银盾，登录"中国建设银行网上银行系统"。

(2)打开"转账业务"中的"转账复核"菜单。执行"按笔复核"命令。页面显示出纳魏丽制作的对济南兴华商贸有限公司的转账付款基本信息，选中该笔业务并单击下一步（图4-1-17）。对魏丽制作的转账付款单据进行复核（复核付款单位名称、付款单位账号及开户银行及付款金额是否准确）。复核无误后，单击"确定"按钮，在弹出的对话框输入网银盾密码，核对网银盾页面的信息，核对无误后按网银盾的"OK"键，完成复核，完成对济南兴华商贸有限公司的付款业务。

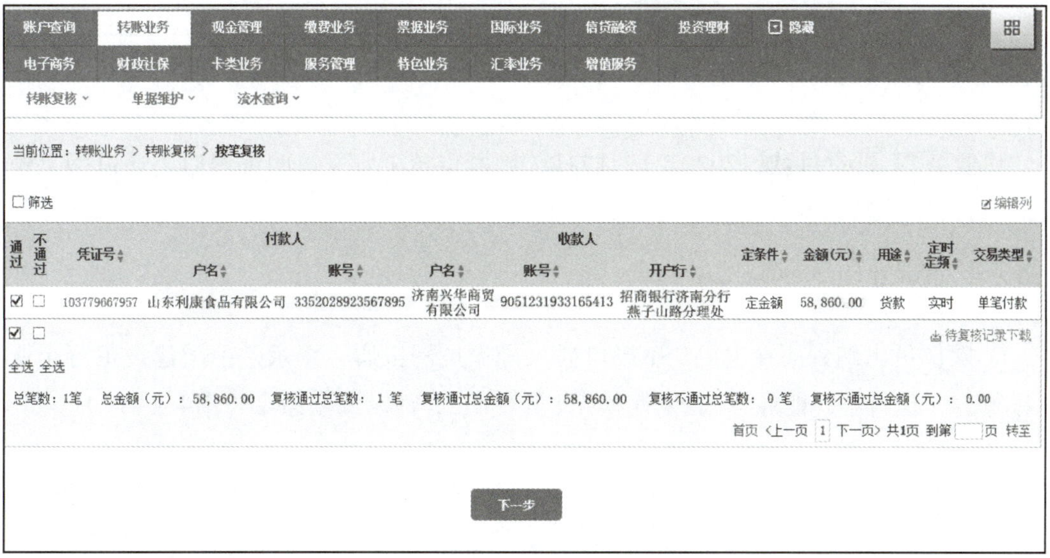

图4-1-17

图4-1-18

【业务2】批量付款，2020年12月7日，魏丽审核工资发放明细表后，通过网上银行发放11月份工资。

业务办理过程如下：

1.操作员制单

(1)操作员出纳魏丽在电脑USB接口插入操作员网银盾，登录"中国建设银行企业网上银行"，执行"转账业务–转账制单–批量转账–文件录入"命令（图4-1-19）。

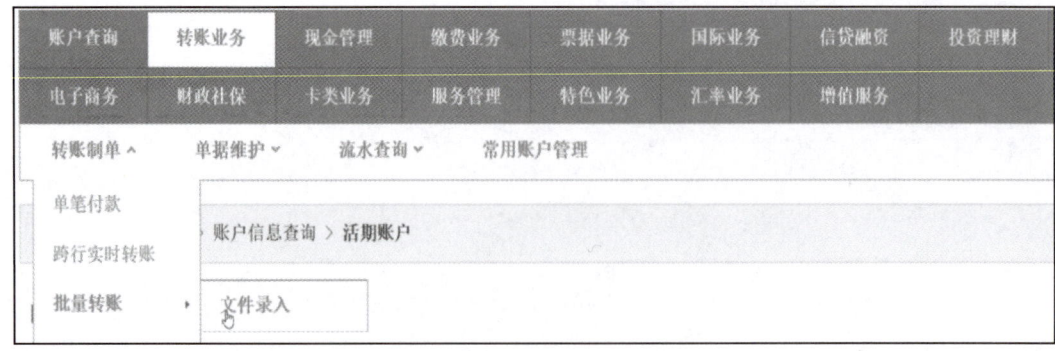

图4-1-19

(2)显示批量转账对话框，单击"浏览"按钮选择上传批量转账excel文件，将批量代发工资清单文件上传，并单击下一步（图4-1-20）。

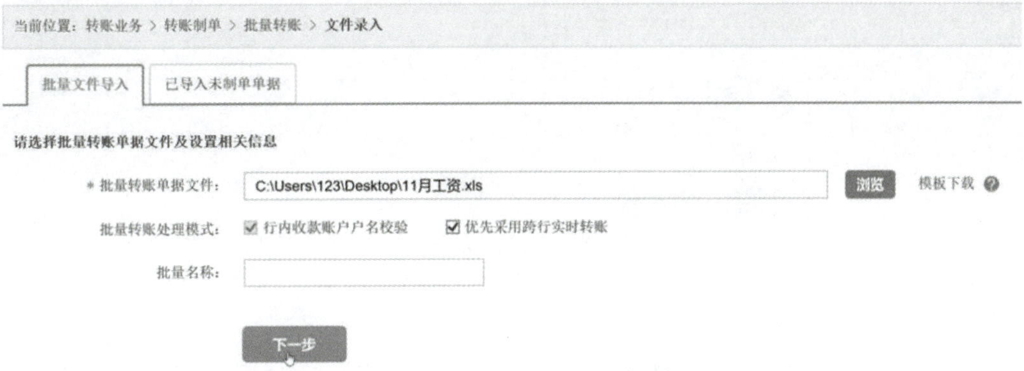

当前位置：转账业务 > 转账制单 > 批量转账 > 文件录入

| 批量文件导入 | 已导入未制单单据 |

请选择批量转账单据文件及设置相关信息

＊批量转账单据文件：　C:\Users\123\Desktop\11月工资.xls　　　　　　　　浏览　模板下载 ❓

批量转账处理模式：　☑ 行内收款账户户名校验　　☑ 优先采用跨行实时转账

批量名称：　　　　　　_____

下一步

图4-1-20

说明：使用EXCEL表制作批量转账清单，模板在"批量转账"页面下载（图4-1-20）。

(3)页面显示批量转账的企业账户名称、账号、收款人账户、户名及金额，确认无误后，单击全选选中所有转账记录，并单击"下一步"按钮（图4-1-21）。选择下一级复核员周亮，并单击"确定"按钮（图4-1-22），在弹出的对话框输入网银盾密码，核对网银盾页面的信息，确认无误后按网银盾的"OK"键。制单成功，等待下一级复核员会计主管周亮复核。

上传成功记录

选择	序号	批量名称	付款人		收款人		金额（元）	用途
			账号	户名	账号	户名		
☑	1	11月工资.xls	3352028923567895	山东利康食品有限公司	6228181213145698788	张三	1000.00	工资
☑	2	11月工资.xls	3352028923567895	山东利康食品有限公司	6228181234780112298	李四	1500.00	工资

☑ 全选

合计笔数：　2　合计金额（元）：2500.00　上传成功笔数：　2　上传成功金额（元）：2500.00

选中笔数：　2　选中金额（元）：2500.00

上一步　　下一步　　删除

图4-1-21

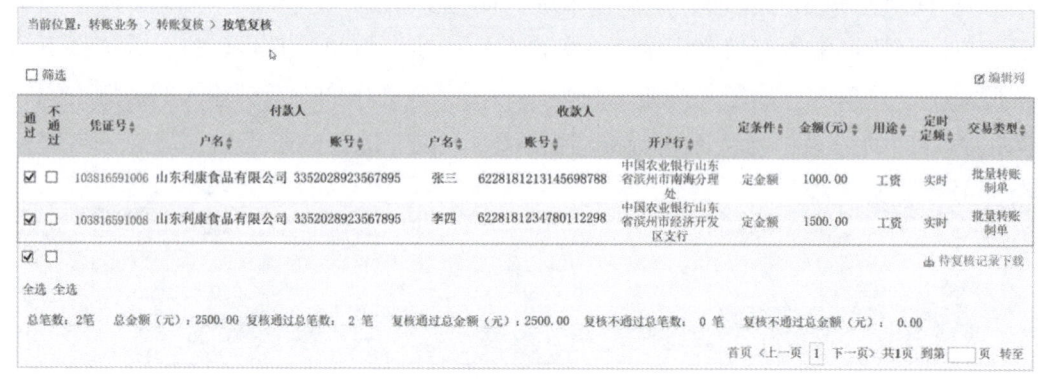

序号	批量名称	付款人		收款人			金额（元）	用途	复核员
		账号	户名	账号	户名	开户行			
1	11月工资.xls	3352028923567895	山东利康食品有限公司	6228181213145698788	张三	中国农业银行山东省滨州市南海分理处	1000.00	工资	周亮 ▼
2	11月工资.xls	3352028923567895	山东利康食品有限公司	6228181234780112298	李四	中国农业银行山东省滨州市经济开发区支行	1500.00	工资	周亮 ▼
						批量选择复核员：			周亮 ▼

提交下级复核员笔数：　2　提交下级复核员金额（元）：2500.00

定时定额设置：　□

上一步　　确定

图4-1-22

3.复核员单据复核

(1)复核员登录"中国建设银行网上银行系统"。周亮在电脑的USB接口插入中国建设银行复核员网银盾，登录"中国建设银行网上银行系统"。

(2)执行"转账业务—转账复核—按笔复核"命令，选中需要复核的交易前面的单选框，复核代发工资总额，确认无误后单击"下一步"按钮（图4-1-23）。

当前位置：转账业务 > 转账复核 > 按笔复核

□筛选　　　　　　　　　　　　　　　　　　　　　　　　　☑编辑列

通过	不通过	凭证号	付款人		收款人			定条件	金额（元）	用途	定时定额	交易类型
			户名	账号	户名	账号	开户行					
☑	□	103816591006	山东利康食品有限公司	3352028923567895	张三	6228181213145698788	中国农业银行山东省滨州市南海分理处	定金额	1000.00	工资	实时	批量转账制单
☑	□	103816591008	山东利康食品有限公司	3352028923567895	李四	6228181234780112298	中国农业银行山东省滨州市经济开发区支行	定金额	1500.00	工资	实时	批量转账制单
☑	□											待复核记录下载

全选 全选

总笔数：2笔　总金额（元）：2500.00　复核通过总笔数：2 笔　复核通过总金额（元）：2500.00　复核不通过总笔数：0 笔　复核不通过总金额（元）：0.00

首页 <上一页 1 下一页> 共1页 到第□页 转至

下一步

图4-1-23

(3)进入复核提交单据界面，单击"确定"按钮（图4-1-24），在弹出的对话框输入网银盾密码，核对网银盾页面的信息，确认无误后按网银盾的"OK"键，系统将进行批量转账代发工资交易。

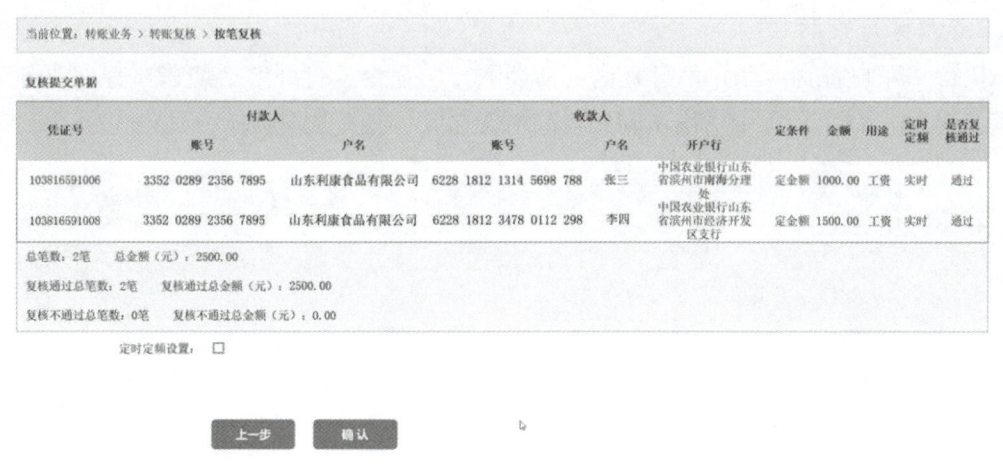

图4-1-24

提升训练

通过教师联系校企合作单位，由校外实训指导教师讲解演示企业网上银行常用结算功能，模拟一笔网上支付结算的支付业务。

子任务四 办理网上银行查询业务

工作情境

2020年12月7日，魏丽按银行对账工作惯例，对公司11月份银行存款明细进行查询，与银行存款日记账进行核对。

知识准备

网上银行能提供实时查询功能，以便企业动态掌握账务信息。查询功能具体包括：
1.查询企业银行存款账户的余额信息。
2.查询企业银行存款账户的明细交易记录信息。
3.下载企业银行存款账户明细进行财务分析。

业务处理

【业务】2020年12月7日，魏丽对11月份银行存款明细进行查询，与银行存款日记账进行核对。

业务处理过程如下（以明细查询为例）：

1.登录"中国建设银行网上银行系统"

在电脑的USB接口插入中国建设银行操作员网银盾，登录"中国建设银行网上银行系统"。

微课

网银查询
业务001

2.选择账户查询

执行"账户查询—账户信息查询—活期账户"命令,打开"活期账户查询业务"对话框(图4-1-25),选中"山东利康食品有限公司"前的单选框。

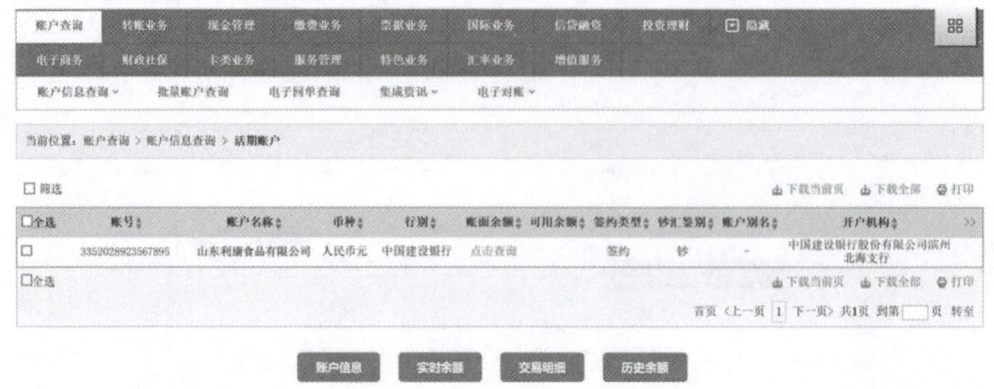

图4-1-25

3.明细汇总查询

选中要查询的账户后,单击"交易明细"按钮,打开"交易明细查询"查询条件选择对话框(图4-1-26),在必输项"起止日期"录入11月份查询时间(20201101—20201130),"交易方向"选择"全部",其他项选择模糊查询,单击"确定"按钮,

当前位置:账户查询 > 账户信息查询 > 活期账户

交易明细查询

＊ 查询类型:	明细 ▼
＊ 起止日期:	20201101 📅 - 20201130 📅 ○最近7天 ○最近14天 ○最近30天 ❓
交易金额:	[ ] - [ ]
交易方向:	◉全部 ○转入 ○转出
冲正交易:	◉显示 ○不显示 ❓
对方户名:	[ ]
对方账号:	[ ]
交易备注:	[ ]
交易摘要:	请选择 ▼
起止明细编号:	[ ] - [ ] ❓

确定　　　返回

图4-1-26

显示查询企业所查询时间段全部交易明细（图4-1-27）。

说明：查询支持按交易时间、交易金额、交易方向、对方户名、对方账号、交易摘要等条件查询；其中交易时间是必输项，允许查询距当前日2年内的交易明细，且查询范围不大于3个月；对方户名、账号及交易摘要支持模糊查询。

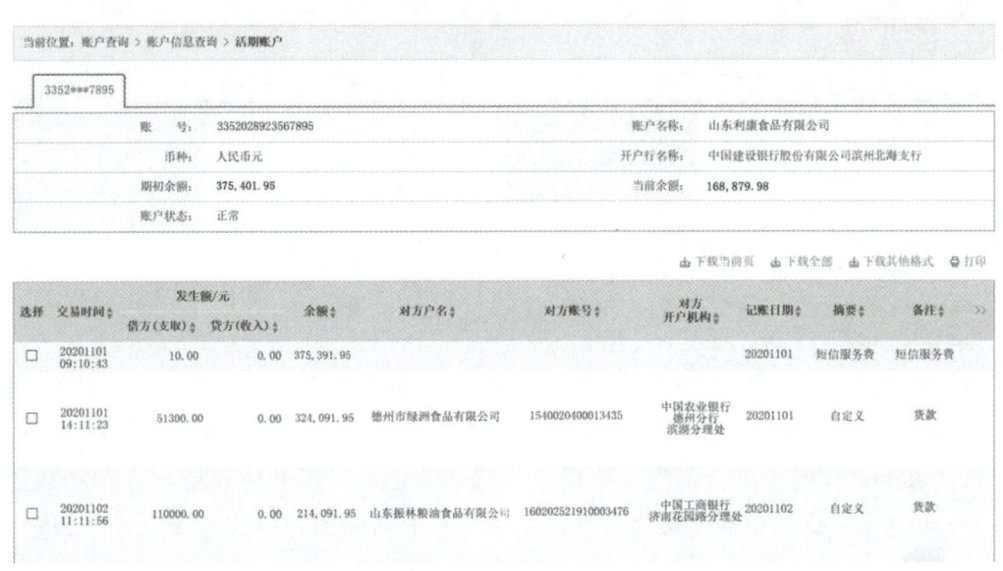

图4-1-27

4.电子回单打印

查询结果支持电子回单打印预览，选择需要打印预览的企业账户前的单选框，单击"电子回单打印预览"按钮，进入"中国建设银行网上银行电子回执"页面(图4-1-28)，在此页面可打印电子回单。

图4-1-28

说明：查询结果支持下载全部明细，查询结果中支持打印账户在中国建设银行所有渠道交易的电子回单：选择一条或多条交易明细记录，单击"电子回单打印预览"按钮。

单击"打印全部回单"，可连续打印查询的全部电子回单，系统自动设置格式为1张A4纸打印3张回单。

提升训练

通过教师联系校企合作单位，由校外实训指导教师讲解演示企业网上银行查询业务功能，模拟办理一笔企业网上银行电子回单打印过程。

子任务五　办理电子商业汇票业务

工作情境

2020年12月12日，利康公司再次向淄博光华机械有限公司采购4台食品加工设备，货款226,000元。根据合同约定采用银行承兑汇票结算，交易合同编号为20201223。12月12日，魏丽通过网上银行签发一张电子银行承兑汇票，承兑协议编号为202039122。2021年4月12日，魏丽如期通知银行付款。淄博光华机械有限责任公司相关资料如下，纳税人识别号：370301766727212，公司地址：张店经济技术开发区光华路18号，开户银行：中国建设银行淄博正安支行，开户银行地址：张店经济技术开发区正安路31号，银行账号：3545778689907769，行号：013277。

知识准备

随着网上银行业务功能的扩充，电子商业汇票业务在越来越多的商业银行上线，逐渐取代传统纸质商业汇票业务，记载电子商业汇票要素全部电子化，通过银行的系统渠道流通，传递效率高，足不出户就可交易，方便快速，收票、托收实现零在途。

一、什么是电子商业汇票

电子商业汇票是指出票人依托中国人民银行开发建设的电子商业汇票系统（Electronic Commercial Draft System,简称ECDS），以数据电文形式制作，委托付款人在指定日期无条件支付确定的金额给收款人和持票人的票据。电子商业汇票和纸质商业汇票一样，按承兑人不同分为：电子银行承兑汇票和电子商业承兑汇票。电子银行承兑汇票由银行或财务公司承兑。电子商业承兑汇票由银行、财务公司以外的法人或其他组织承兑。电子商业汇票的付款人即为承兑人。

电子商业汇票系统，是经中国人民银行批准，依托网络和计算机技术，接受、登记、转发电子商业汇票数据电文，提供与电子商业汇票货币给付、资金清算行为相关服务并提供纸质商业汇票登记、查询和商业汇票（含纸质、电子商业汇票）公开报价服务的综合性业务处理平台。

二、电子商业汇票的特点

与纸质商业汇票相比，电子商业汇票具有以下特点：

(1)以数据电文形式代替实物票据；

(2)以电子签名代替实体签章；

(3)以网络数据传输代替人工实物传递；

(4)以计算机录入代替人工书写；

(5)付款期限由最长六个月延长到一年。

其最主要的特征是商业汇票的电子化和无纸化，出票、流转、兑付等均以电子方式进行，没有实物形式的商业汇票。

三、电子商业汇票票面要素

1.电票号码。主要分为5个部分，共30位，全部由阿拉伯数字组成，具体结构如下：票据种类标识（1位，1是银行承兑汇票，2是商业承兑汇票）；支付系统行号（12位，是出票人开户行的支付系统行号）；出票信息登记日期（8位，是票据信息成功登记到ECDS的工作日，例如20201212）；当天流水号（8位，是ECDS系统当天唯一的流水号）；校验码（1位，是ECDS系统自动生成，用于防止录入错误）。

2.票面金额。以人民币为计价单位，单张票据金额不得超过10亿元。

3.票面的承兑日期。等于或者晚于出票日期。

4.电票的付款期限。自出票日起至到期日止，最长不得超过1年。

5.票据正面及背面是否存在转让标记来确定该票据是否可再转让。

票据正面右上角的票据状态为电子商业汇票特有要素。企业客户在票据流转过程中主要会遇到以下几种票据状态：出票已登记、提示承兑待签收、提示承兑已签收、提示收票待签收、提示收票已签收、背书待签收、背书已签收、买断式贴现待签收、买断式贴现已签收、提示付款待签收、提示付款已签收待清算、票据已结清。

四、电子商业汇票常用功能

（一）出票

1.商业承兑汇票出票流程

(1)操作员单击"票据业务–电子商业汇票–出票"选择"商业承兑汇票"，单击"出

票申请",填写相关票据的详细信息,经确认后提交,再由复核员登录网银系统进行复核。

(2)操作员单击"票据业务–电子商业汇票–出票"选择"商业承兑汇票",单击"承兑申请",确认票据的各项详细信息并提交,再由复核员登录网银系统进行复核。

(3)开票方操作员单击"票据业务–电子商业汇票–应答"选择"商业承兑汇票",选择确认票据的各项详细信息后,单击"签收"提交。

(4)操作员单击"票据业务–电子商业汇票–出票"选择"商业承兑汇票""交票/退票",确认票据各项信息无误后提交,再由复核员登录网银系统进行"交票"复核处理。

注意:若自动处理方式选择了"自动承兑申请和自动承兑应答",则出票步骤的第(2)、(3)步省略,只需要第(1)和第(4)步。

2.银行承兑汇票出票流程

(1)操作员单击"票据业务–电子商业汇票–出票"选择"银行承兑汇票",单击"出票申请",选中对应协议编号的票据出票,按照票据流程进行复核,出票成功后票据状态为"提示承兑待签收"。

(2)开户行的客户经理在银行系统中进行承兑操作,票据状态变为"承兑已签收"。

(3)操作员登录企业网银通过"票据业务–电子商业汇票–出票–交票/退票"进行交票,按照票据流程进行复核,交票成功后票据状态为"提示收票待签收",等待收款人签收票据。

（二）背书

操作员单击"票据业务–电子商业汇票–背书–申请"制单,然后按照票据流程进行复核。

（三）提示付款

操作员单击"票据业务–电子商业汇票–提示付款–申请"制单,然后按照票据流程进行复核。

（四）查询业务

1.查询交易流水,单击"票据业务–电子商业汇票–查询–交易流水查询"。

2.查询持有票据,单击"票据业务–电子商业汇票–查询–持票查询"。

3.查询是否在池,单击"票据业务–电子商业汇票–查询–综合查询"。

（五）签收业务

操作员单击"票据业务–电子商业汇票–应答–申请",选择"银行承兑汇票"或者"商业承兑汇票",选择具体的电票信息签收票据。如果系统提示需要复核员操作,则复核员登录网银系统进行复核处理。

💰 **业务处理**

【业务1】2020年12月12日，利康公司再次向淄博光华机械有限公司采购4台食品加工设备，货款226,000元。根据合同约定采用银行承兑汇票结算，交易合同编号为20201223。12月24日，魏丽通过网上银行签发一张电子银行承兑汇票，

业务处理过程如下：

1.操作员填写出票申请。单击"票据业务-电子商业汇票-出票"选择"银行承兑汇票"，单击"出票申请"，选中对应协议编号的票据出票（图4-1-29），按照票据流程进行复核，出票成功后票据状态为"提示承兑待签收"。

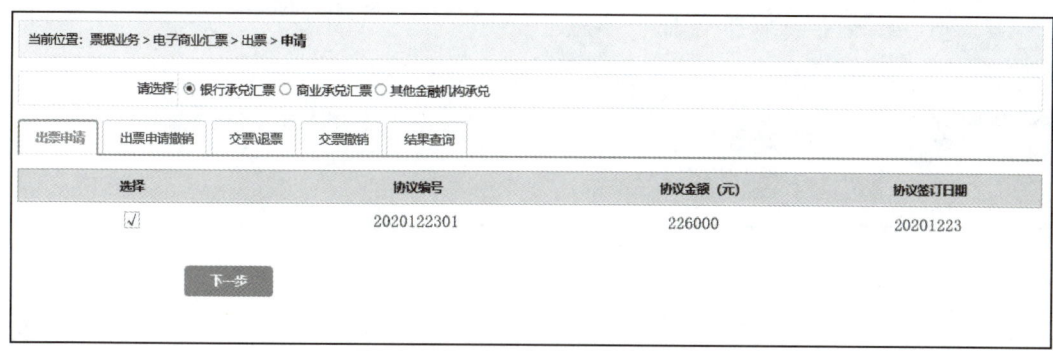

图4-1-29

2.开户行的客户经理在银行系统中进行承兑操作，票据状态变为"承兑已签收"，如图4-1-30所示。

3.操作员交票。操作员登录企业网银通过"票据业务-电子商业汇票-出票-交票/退票"进行交票，按照票据流程进行复核，交票成功后票据状态为"提示收票待签收"，等待收款人签收票据。

【业务2】2020年12月15日，魏丽将收到的一张银行承兑汇票背书转让给济南兴华商贸有限公司用以支付购货款20,000元。

业务处理过程如下：

1.操作员单击"票据业务-电子商业汇票-背书-申请"制单，选择需背书转让的票据并单击"下一步"，如图4-1-31所示。

2.操作员填写被背书人的全程、账户以及开户行，并单击"确定"按钮，如图4-1-32所示。

3.核对背书申请的信息，确认无误后，选择下级复核员，输入交易密码后单击"确定"按钮，制单完成，如图4-1-33所示。

4.复核员周亮登录复核员账户，进行复核，背书完成。

电子商业汇票系统
Electronic Commercial Draft System
电子银行承兑汇票
出票日期 2020-12-24
票据状态：承兑已签收
汇票到期日 2021-06-24
票据号码 16787263748958172637485
出票人
全称 山东利康食品有限公司
账号 3352028923567895
开户银行 中国建设银行股份有限公司滨州北海支行
收票人
全称 淄博光华机械有限责任公司
账号 3545778689907769
开户银行 中国建设银行淄博支行正安路分理处
票据金额
人民币（大写） 贰拾贰万陆仟元整
十 亿 千 百 十 万 千 百 十 元 角 分
¥ 2 2 6 0 0 0 0 0
承兑人信息
全称 中国建设银行股份有限公司滨州北海支行
账号 0
开户行行号 313221033332
开户行名称 中国建设银行股份有限公司滨州北海支行
交易合同号
承兑信息
出票人承诺：本汇票请予以承兑，到期无条件付款
承兑人承兑：本汇票已经承兑，到期无条件付款
承兑日期：2020-12-24
能否转让 可转让
评级信息(由出票人、承兑人自己记载，仅供参考)
出票人 评级主体： 信用等级： 评级到期日：—
承兑人 评级主体： 信用等级： 评级到期日：—
备注
提示：请选择A4纸横排打印。
打印
返回

图4-1-30

电子商业汇票
购买凭证申请
支票保付
出票
背书
贴现
质押
提示付款
追索
应答
查询
电子商业汇票 > 背书 > 申请
申请
商业承兑汇票
背书
背书撤销
背书保证
背书保证撤销
修改删除
结果查询
汇票号码：
票据金额：
搜索
更多搜索
汇票号码
持票人
承兑人
票据金额（元）
出票日期
汇票到期日
票据状态
3333220210507916667898
山东利康食品有限公司
中国建设银行股份有限公司滨州北海支行
20,000.00
2020-06-29
2020-12-29
背书已签收
全选
持有票据笔数：1
持有金额合计：20,000.00
已选票据笔数：1
已选票据金额：20,000.00
第1页/共1页
确定
下一步
批量背书模板下载

图4-1-31

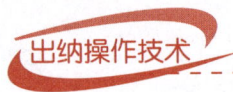

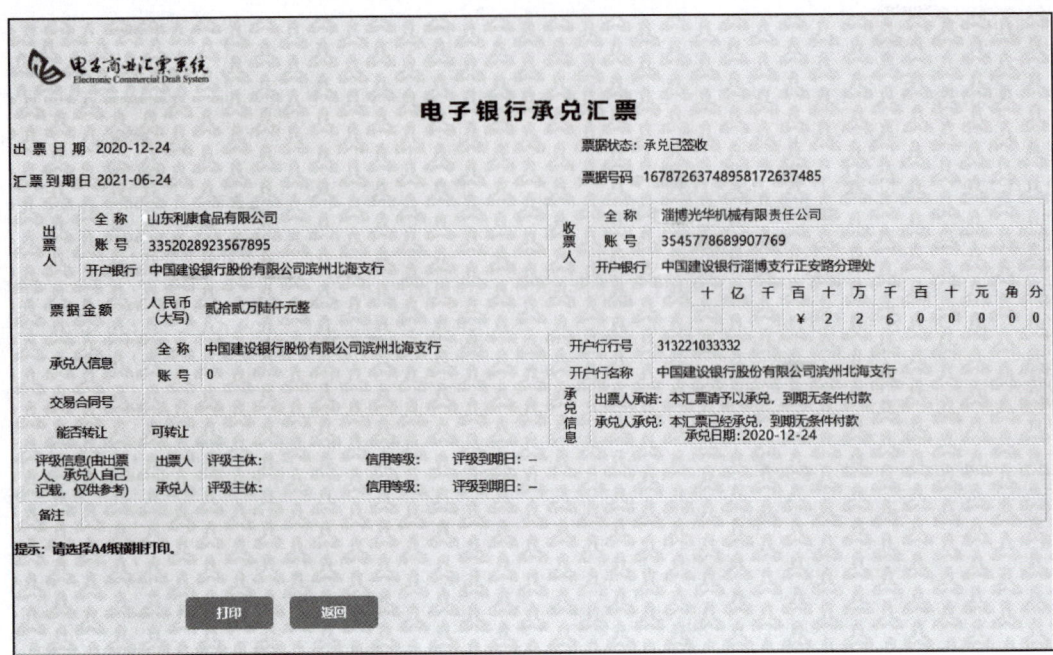

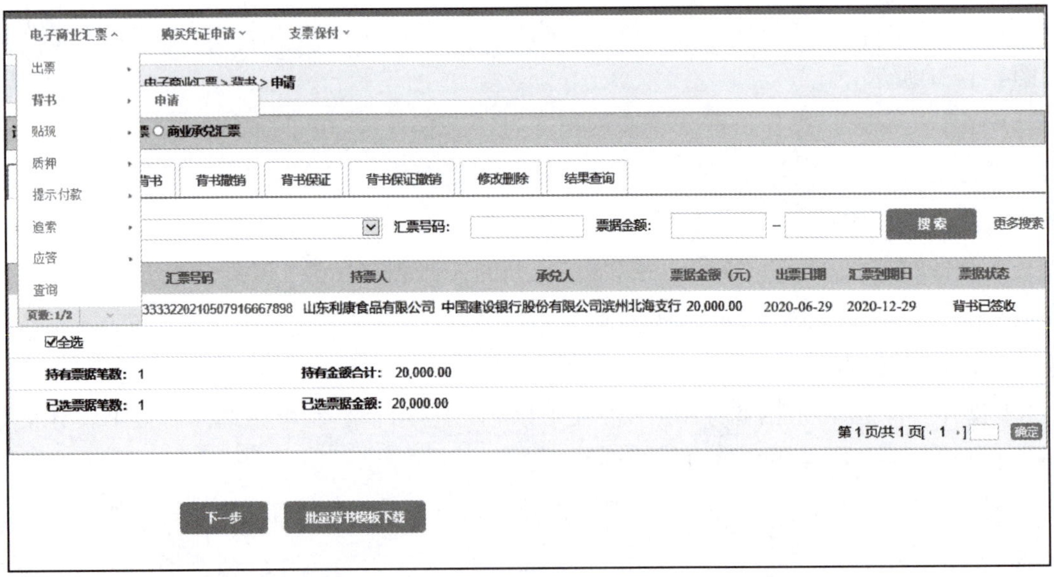

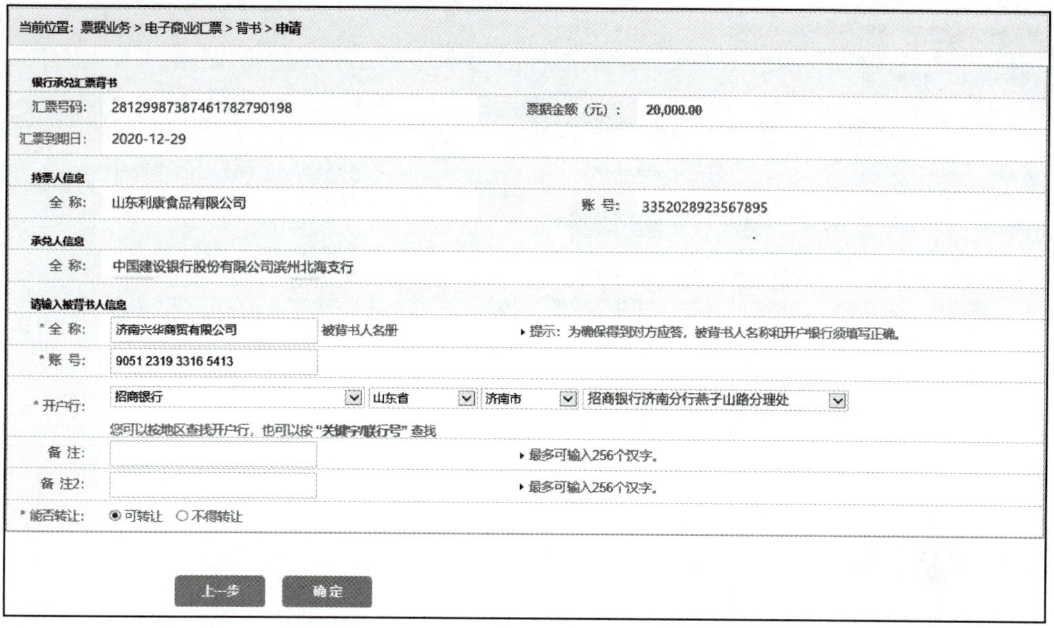

图4-1-32

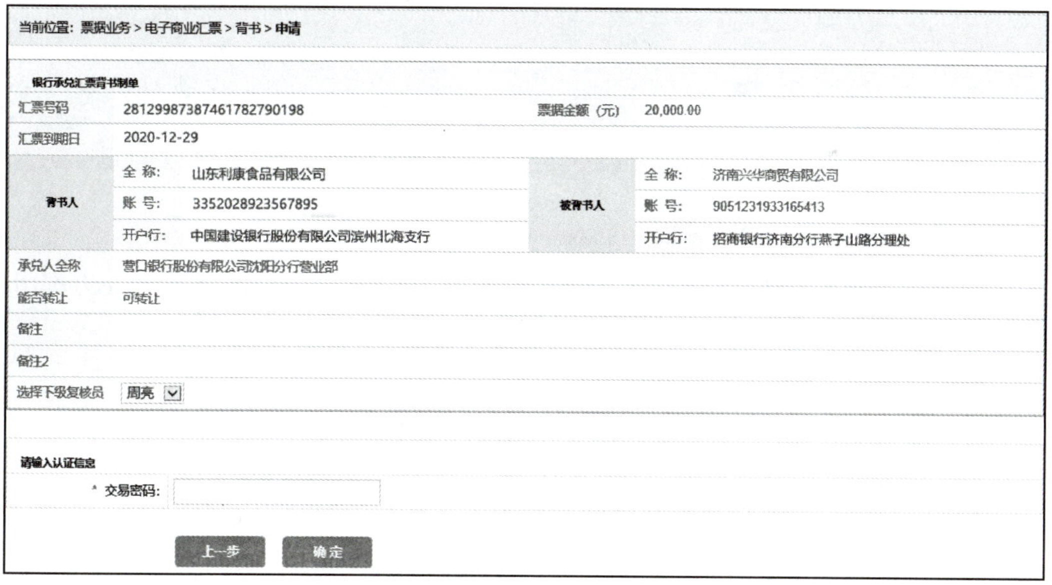

图4-1-33

【业务3】2020年12月17日，魏丽签收购货单位出具的一张电子银行承兑汇票。

1.签收电子银行承兑汇票。操作员单击"票据业务–电子商业汇票–应答–申请"，选择"银行承兑汇票"，选择具体的电子银行承兑票信息并单击下一步进行签收，如图4-1-34所示。

2.复核员周亮根据系统提示登录网银系统进行复核处理，完成票据签收。

当前位置: 票据业务 > 电子商业汇票 > 待办业务 > **申请**

◉ 银行承兑汇票 ○ 商业承兑汇票

| 应答 | 批量收票 | 批量背书签收 | 批量承兑应答 | 结果查询 |

签约账号: 全部 　　　申请人名称: 　　　承兑人筛选: —请选择—▽　票据到期期限:
—请选择—▽
背书转让标志: —请选择—▽　承兑机构: —请选择—▽　查询

选择	汇票号码	票据金额(元)	出票日期	汇票到期日	出票人	申请人	承兑人	能否转
◉	367536829102938476378	40000.00	2020-06-25	2020-12-25	济南金龙商贸有限公司	德州蓝天商贸有限公司	中国建设银行济南分行阳光支行	可转

第1

下一步　下载当前页

图4-1-34

🗂 提升训练

通过教师联系校企合作单位，由校外实训指导教师演示网银票据业务功能，模拟办理一笔银行承兑汇票签发、背书业务。

📒 任务评价

一、任务测试

（一）单项选择题

1.网上银行密码安全使用提示，正确的是（　　）。

A.若操作员遗忘了自己的登录密码或交易密码，可向当地网上银行业务主办部门提出申请，进行恢复重置

B.若主管遗忘了自己的登录密码或交易密码，可直接由上级强制重置密码

C.每日连续输错密码超过最多次数，操作员状态将被冻结

D.建议设置相同的登录密码和交易密码，一旦设定后不要更换

2.证书安全使用提示，不正确的是（　　）。

A.在他人电脑上安装、使用证书后，应及时删除证书

B.不要在网吧等公共场所下载、安装、使用证书

C.为防止遗忘或丢失密码，可将证书密码、客户号放置在容易找到的地方

D.在同一台计算机上用不同的角色做完业务之后，须退出该浏览器重新进入，并选择对应的证书号，以防出现证书号和操作员不匹配现象

3.下列关于企业网上银行不同的角色与权限规定，错误的是（　　）。

A.操作员权限一般由出纳拥有，负责收款人信息、结算金额等信息的录入

B.复核员权限一般是会计主管拥有，主要负责审核出纳提交的付款信息

C.复核分为复核信息无误、复核信息有误和保留意见三种情况

D.网银盾的管理员权限一般是总经理拥有，主要负责对操作员和复核员的权限控制及复核

（二）多项选择题

1.能够通过网上银行实现的操作有（　　）。

A.交易记录查询　　　　　　B.行内、跨行转账

C.证券投资　　　　　　　　D.管理支票与信用卡

2.网上银行又被称为"3A银行"，因为能够（　　）为客户提供金融服务。

A.在任何时间　　　　　　　B.在任何地点

C.用任何金额　　　　　　　D.以任何方式

3.通常情况下，企业网银盾U-key的三个使用者角色包括（　　）。

A.银行客户　　　　　　　　B.操作员

C.复核员　　　　　　　　　D.管理员

（三）判断题

1.对于企业出纳而言，网上银行结算是一项必备的职业技能。（　　）

2.为了降低企业网络交易风险，一般银行会给企业几个不同权限的网银盾，每个网银盾权限不一致但密码一致。（　　）

3.管理员复核权限除大额度支付自己掌控外，其余复核权限交会计主管。权限主要是对操作员和复核员的权限控制。（　　）

参考答案

办理网上银行结算
业务任务测试
参考答案与解析

二、综合自评

自评项目	自评内容	自评结果	
专业能力	网上银行的开通、登录、转账、查询、电子商业汇票等业务的办理	A□　B□　C□　D□	A：85分及以上 B：75~85分 C：60~75分 D：60分以下
素质提升	互联网支付中风险防范意识提升，保护网络信息安全、严守结算纪律的职业素养培养	A□　B□　C□　D□	
	网上银行转账付款、票据签发等工作中严谨细致、精益求精的工匠精神培养	A□　B□　C□　D□	
	网上银行转账付款、票据签发等工作中诚实守信的职业品格培养	A□　B□　C□　D□	
查缺补漏（分条列出尚未掌握的知识点和技能点）			

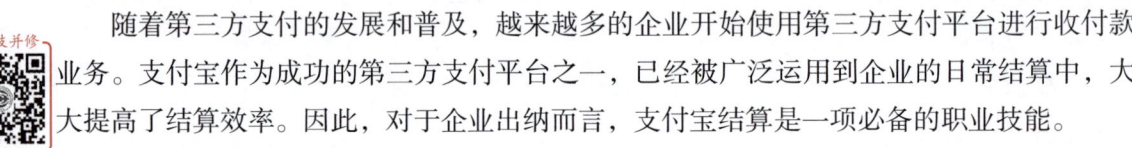

任务二　办理支付宝结算业务

 **任务导入**

　　滨州市大庆食品有限公司的采购员来到利康公司购买一批燕麦片，付款时发现自己忘记携带转账支票。利康公司的出纳魏丽说到："我们早就开通了支付宝收款，你可以扫描二维码转账付款啦，这样很方便的！"

　　你使用过支付宝吗？你了解支付宝的使用方法和功能吗？

　任务分析

　　随着第三方支付的发展和普及，越来越多的企业开始使用第三方支付平台进行收付款业务。支付宝作为成功的第三方支付平台之一，已经被广泛运用到企业的日常结算中，大大提高了结算效率。因此，对于企业出纳而言，支付宝结算是一项必备的职业技能。

第三方支付

　　本任务主要进行企业支付宝结算业务办理训练：

　　1.办理企业支付宝开通业务。

　　2.办理支付宝结算收款业务。

　　3.办理支付宝结算付款业务。

　任务目标

　　1.知识目标

　　(1)掌握支付宝结算的功能及适用范围。

　　(2)掌握企业开通支付宝结算的办理流程。

　　(3)掌握支付宝结算收款业务办理流程。

　　(4)掌握支付宝结算付款业务办理流程。

　　2.能力目标

　　(1)能熟练办理企业支付宝开通业务。

　　(2)能熟练办理支付宝收款业务。

　　(3)能熟练办理支付宝付款业务。

　　3.素质目标

　　(1)提升对互联网支付的资金安全、信息泄露等问题的风险防范意识，规范支付账号管理和操作流程，谨防网络诈骗。

(2)培养在支付宝结算工作中严谨细致、精益求精的工匠精神,诚实守信的职业品格。

子任务一　办理企业支付宝开通业务

🪙 工作情境

随着近几年第三方支付的普及，越来越多的企业开始使用支付宝进行款项的结算。为了提高工作的效率，利康公司的领导决定开通支付宝企业版本。11月1日，周亮安排魏丽进行支付宝企业版本的网上开通。

🪙 知识准备

一、什么是企业版支付宝

企业版支付宝是一个面向企业，提供专业化财务管理和资金结算服务的第三方支付平台。支付宝相当于一个银行账户，由单位出纳管理。目前支付宝功能逐步完善，企业可以使用支付宝进行零售款、货款、客户订金、员工预借差旅费等小额款项的收付，具有使用方便快捷，交易时间短，且资金即时到账的特点。除此之外，支付宝还提供了与银行之间进行转账、下载单位往来业务的电子凭证、开具发票、下载单位资金往来的日账单和月度账单,查看每日或每月的业务账单和资金账单等功能。目前企业大部分都是使用支付宝进行收款，使用其付款的业务比较少。

二、支付宝企业账号的开通

企业使用支付宝进行资金的收付需要开通支付宝企业账号。开通支付宝企业账号的工作流程是：准备相关证件和材料→注册企业支付宝账号→激活账户→企业实名认证。支付宝企业账户的开通全程在线完成，操作方便。

🪙 业务处理

【业务】11月1日，魏丽申请开通支付宝企业版本。

业务办理过程如下：

1.准备相关资料

魏丽根据支付宝网页的提示准备申请开通支付宝企业账号的相关材料，具体包括：营业执照、法定代表人有效身份证件、法定代表人本人支付宝账号、未注册过支付宝/淘宝的邮箱、核准号或基本存款账户编号。

2.注册企业支付宝账号

登录网址https://b.alipay.com,单击右上方的"注册支付宝"按钮（图4-2-1）。

图4-2-1

　　根据页面的提示，再次确认开通账户需要的材料。注册企业账户有电脑端和手机端两种方式，魏丽选择电脑端进行操作。使用法定代表人郑涛的个人账户支付宝手机端扫描页面二维码注册（图4-2-2）。

图4-2-2

　　扫描二维码确定身份后，按照电脑页面提示，直接进入资料填写页面，录入企业信息。上传营业执照图片，系统自动获取图片信息并自动填写（图4-2-3）。

图4-2-3

授权使用法人的个人支付宝账号已留存的身份证照片，完善法人信息并选择开通实时提现免费到账（图4-2-4）。选择是否开通其他功能，并单击"下一步"按钮，

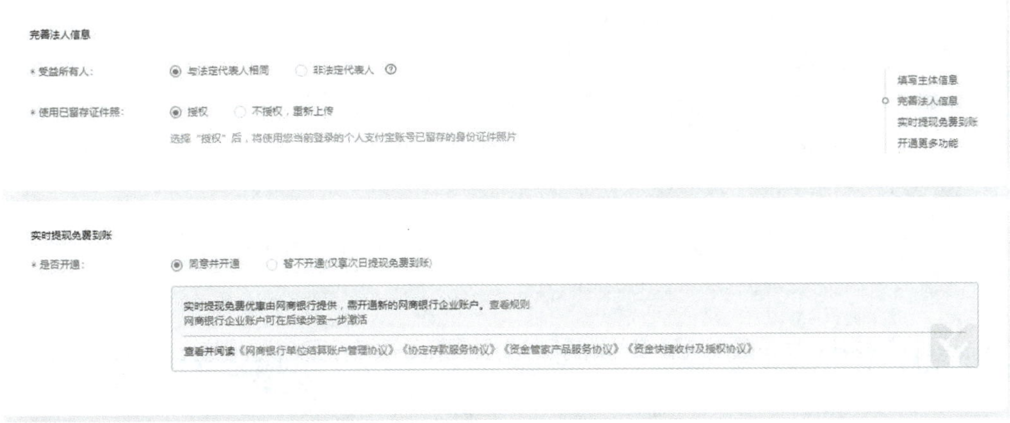

图4-2-4

3.设置密码

根据页面提示设置好双密码及安保问题，账号开通完成。

提升训练

通过教师联系校企合作单位，由校外实训指导教师演示开通支付宝工作流程。

子任务二　办理支付宝结算收款业务

🪙 工作情境

利康公司开通支付宝商家版进行资金管理和货款收付已有一段时间，便捷的支付方式吸引了越来越多的客户前来购买产品。11月20日，滨州市大庆食品有限公司联络利康公司购买燕麦片并采用支付宝转账进行货款支付。

🪙 知识准备

支付宝转账
付款

企业通过支付宝收款，主要由以下两种途径：第一，通过付款人扫描收款二维码进行收款；第二，通过付款人转账进行收款。企业在使用支付宝收款后，要及时取得证明收款的原始凭证，通常采用电脑截图后打印并由会计负责人签字确认的形式实现。

🪙 业务处理

【业务】12月3日，利康食品有限公司向客户滨州市大庆食品有限公司销售燕麦片10箱，单价1,000元，增值税税率为13%，货款通过支付宝平台进行结算。

业务办理过程如下：

1.魏丽收到销售部门送交的客户清单，审核客户基本信息、销售单价、金额等信息。

2.打开支付宝商家中心登录页面（图4-2-5），输入用户名和密码，单击"登录"，进入支付宝商家中心。单击"对账中心"下的"账务明细"，选择账户，输入查询时间，单击"查询"，核对流水明细，确认收到的款项是否正确（图4-2-6）。

图4-2-5

图4-2-6

电脑截图收款流水并打印后由会计主管审核并签字确认。

3.开具增值税专用发票。购货方为增值税一般纳税人，魏丽开具一式三联的增值税专用发票，并交李晓娜复核。复核无误后，将第二联、第三联（略）交给购货方，留存第一联（图4-2-7）以备记账。

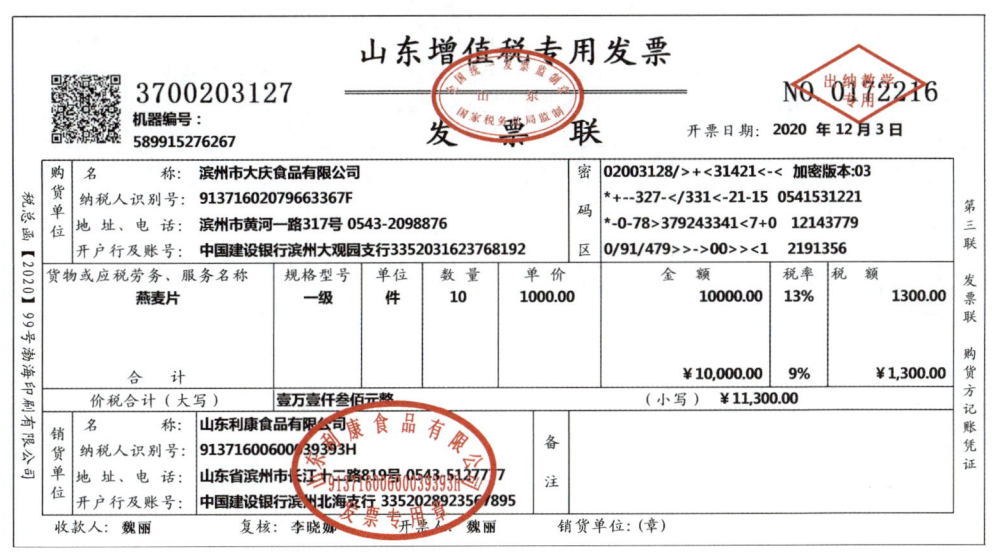

图4-2-7

4.魏丽将增值税专用发票的第一联及销售清单交周全填制记账凭证，交李晓娜审核（图4-2-8）。

5.魏丽根据审核无误的记账凭证，登记其他货币资金支付宝存款明细账（图4-2-9），并在记账凭证上加盖个人名章，随后将记账凭证交会计人员据此登记其他明细账和总账。

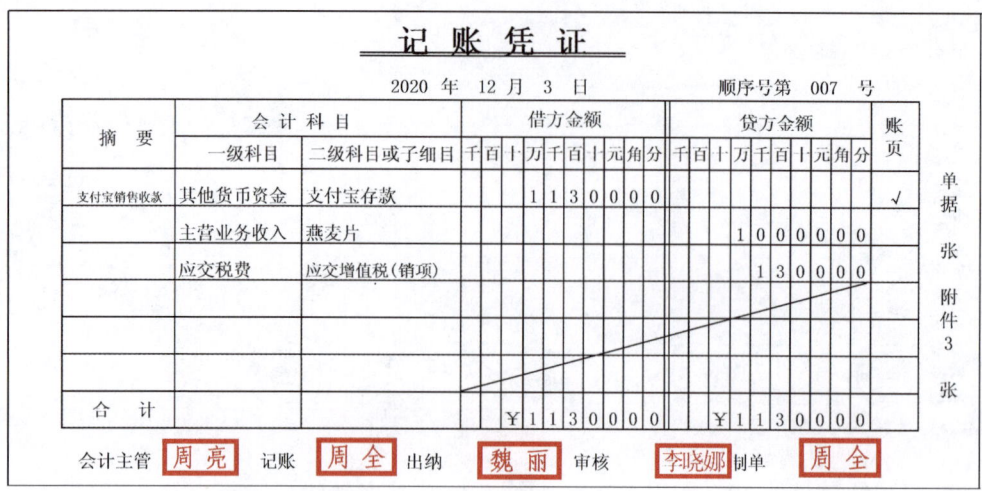

记 账 凭 证

2020 年 12 月 3 日 　　　　　　顺序号第 007 号

摘 要	会 计 科 目		借方金额	贷方金额	账页
	一级科目	二级科目或子细目	千百十万千百十元角分	千百十万千百十元角分	
支付宝销售收款	其他货币资金	支付宝存款	1 1 3 0 0 0 0		✓
	主营业务收入	燕麦片		1 0 0 0 0 0 0	
	应交税费	应交增值税(销项)		1 3 0 0 0 0	
合　　计			¥ 1 1 3 0 0 0 0	¥ 1 1 3 0 0 0 0	

会计主管 周亮　记账 周全　出纳 魏丽　审核 李晓娜　制单 周全

单据 张 附件 3 张

图4-2-8

说明：本凭证所附原始凭证3张（图4-2-7，销售清单、打印截图略）

其他货币资金-支付宝存款 明 细 账

2020年		凭证		摘 要	总页	借　　方	贷　　方	借或贷	余　　额
月	日	种类	号数			亿千百十万千百十元角分	亿千百十万千百十元角分		亿千百十万千百十元角分
				······				平	—0—
12	7	记	007	支付宝销售收款		1 1 3 0 0 0 0		借	1 1 3 0 0 0 0

图4-2-9

🪙 提升训练

通过教师联系校企合作单位，由校外实训指导教师演示支付宝收款业务功能，模拟办理一笔核对支付宝收款流水的业务。

子任务三 办理支付宝结算付款业务

工作情境

采购员张路预前往青岛出差采购，预借差旅费，为方便不使用现金支付而是转账到张璐个人的支付宝账号中，魏丽该如何处理该笔业务呢？

知识准备

企业通过支付宝付款，主要有以下两种途径：

1.扫描二维码支付；

2.通过转账支付。

业务处理

【业务】2020年12月10日，采购员张路预借差旅费2,000元，魏丽根据审核无误的借款单通过支付宝转账支付。

业务办理流程如下：

1.魏丽审核张路提交的经领导签批的借款单（图4-2-10）。

借 款 单

借款时间	2020 年 12 月 10 日	还款时间	2020 年 12 月 14 日
借款部门：采购部		借款人（签字）：张路	
借款事由：材料采购出差			
借款金额（小写）：	￥2000.00	大写	人民币贰仟元整
部门负责人审批	财务负责人审批		公司负责人审批
签字：王宇 2020 年 12 月 10 日	签字：周亮 2020 年 12 月 10 日		签字：郑涛 2020 年 12 月 10 日

图4-2-10

2.登录支付宝商家中心，单击"转账"按钮，进入转账页面，在"收款支付宝账户"输入收款人张路的个人账号，转账金额输入2,000元，备注选择借款，单击"下一

步"按钮（图4-2-11）。核对信息无误后，输入支付密码，单击"下一步"即可完成转账付款（图4-2-12）。

电脑截图付款流水并打印后由会计主管审核并签字确认。

転账到支付宝账号　　転账到银行账户

① 填写信息　　　　　② 确认信息　　　　　③ 查看结果

线上申请网商银行企业账户
⊘ 免跑网点　⊘ 企业支付宝余额免费实时提现　⊘ 转账、代发0手续费　　立即去 >

填写转账信息

付款账号	山东利康食品有限公司 likang@aliyun.com　可用余额11300.00元
收款账号	*路 38987482731@qq.com　　验证身份　　⚡快捷选择
转账金额	¥ 2000.00　　　　　转账限额说明 ⑦
转账备注	借款
短信通知	☐ 使用短信通知(免费)
服务费	免费　付款总额：¥2000.00　　　　　收费标准? 本月还可免费向他人转账20000.00元

下一步

图4-2-11

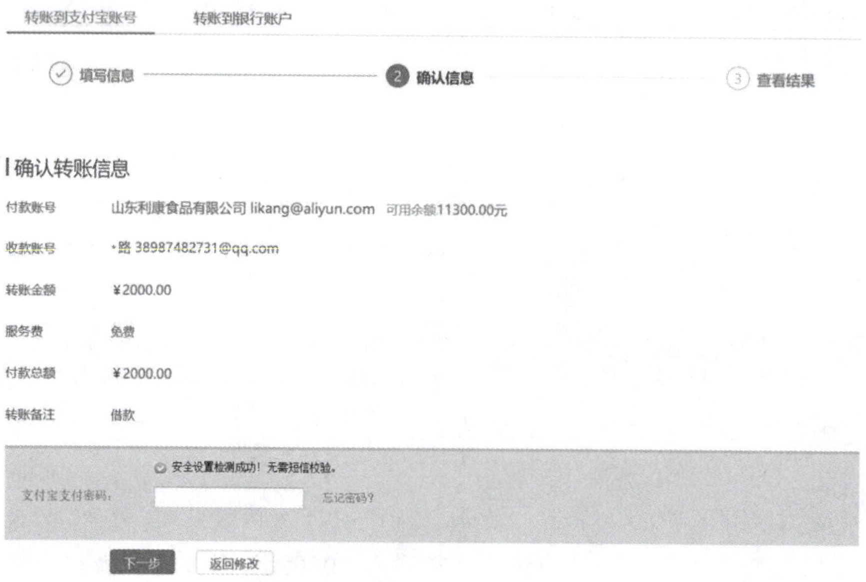

転账到支付宝账号　　転账到银行账户

✓ 填写信息 ——————— ② 确认信息　　　　　③ 查看结果

确认转账信息

付款账号	山东利康食品有限公司 likang@aliyun.com　可用余额11300.00元
收款账号	*路 38987482731@qq.com
转账金额	¥2000.00
服务费	免费
付款总额	¥2000.00
转账备注	借款

⊘ 安全设置检测成功! 无需短信校验。
支付宝支付密码：[　　　　　]　忘记密码?

下一步　　返回修改

图4-2-12

3.将借款单和打印的转账记录交周全填制记账凭证，并交李晓娜审核（图4-2-13）。

4.魏丽根据审核无误的记账凭证，登记其他货币资金支付宝存款明细账（图4-2-14），并在记账凭证上加盖个人名章，随后将记账凭证交会计人员据此登记其他明细账和总账。

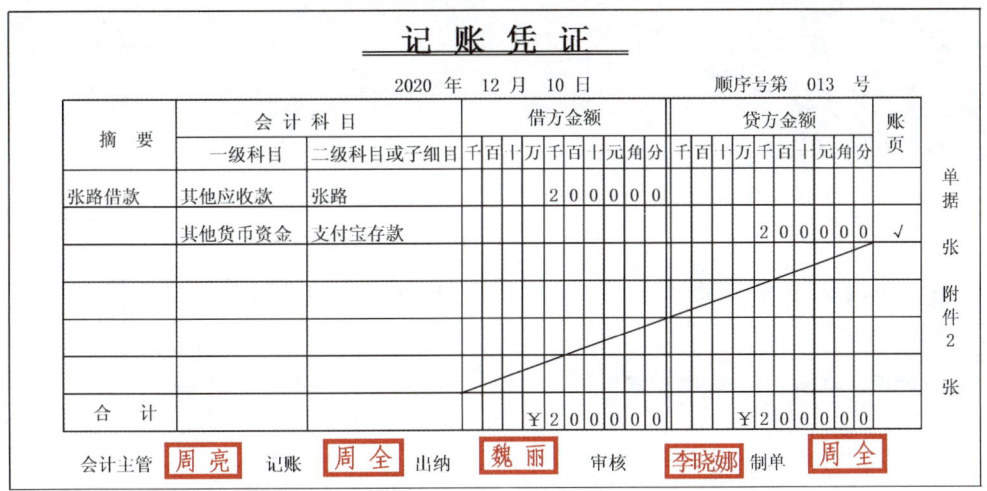

图4-2-13

说明：本凭证所附原始凭证2张（图4-2-10，打印截图略）。

其他货币资金-支付宝存款 明 细 账

2020年		凭证		摘　要	总页	借　方											贷　方											借或贷平	余　额									
月	日	种类	号数			亿	千	百	十	万	千	百	十	元	角	分	亿	千	百	十	万	千	百	十	元	角	分		亿	千	百	十	万	千	百	十	元	角	分
				······																								平									—0—		
12	7	记	007	支付宝销售收款				1	1	3	0	0	0	0														借			1	1	3	0	0	0	0		
12	10	记	013	张路借款																2	0	0	0	0	0			借				9	3	0	0	0	0		

图4-2-14

💰 提升训练

通过教师联系校企合作单位，由校外实训指导教师演示支付宝付款业务功能，模拟办理一笔转账给他人的业务。

任务评价

一、任务测试

（一）单项选择题

1. 支付宝是一种（   ）。

A. 电子支票工具   B. 电子货币

C. 第三方支付工具   D. 信用卡支付方式

2. 下列第三方支付中，属于线上支付的是（   ）。

A. 电话支付   B. 支付宝支付

C. 自助终端支付   D.POS 机刷卡支付

（二）判断题

1. 企业可以使用支付宝进行零售款、货款、客户订金、员工预借差旅费等小额款项的收付。   （   ）

2. 出纳人员应树立安全责任意识，规范支付账号管理，谨防网络诈骗、他人盗用账户等网络安全问题。   （   ）

3.POS 机刷卡支付、支付宝支付和微信支付都属于线上支付。   （   ）

办理支付宝结算业务任务测试参考答案与解析

二、综合自评

自评项目	自评内容	自评结果	
专业能力	支付宝的开通业务办理	A☐ B☐ C☐ D☐	A：85 分及以上 B：75~85 分 C：60~75 分 D：60 分以下
	支付宝收款、付款业务办理	A☐ B☐ C☐ D☐	
素质提升	网络支付安全意识提升	A☐ B☐ C☐ D☐	
	支付宝结算工作中严谨细致、不精益求精的工匠精神培养	A☐ B☐ C☐ D☐	
	支付宝结算工作中诚实守信的职业品格培养	A☐ B☐ C☐ D☐	
查缺补漏 （分条列出尚未掌握的知识点和技能点）			

任务三 办理微信结算业务

任务导入

为方便日常业务办理和拓宽销售渠道，利康食品有限公司开通了商户微信支付功能，企业可通过微信支付进行资金的查询、收付等功能。

你使用过微信支付功能吗？你对微信商户平台有了解吗？

任务分析

随着互联网技术的飞速发展，传统的支付方式发生了改变，微信支付已被称为近几年最为领先的第三方支付平台之一，迅速被应用到网上购物、到店消费等各类生活服务场景中。因此，对于企业出纳而言，微信结算是一项必备的职业技能。

本任务主要进行企业支付宝结算业务办理训练：

1.企业微信支付开通业务办理。

2.微信结算收款业务办理。

鉴于目前企业大部分都是使用微信进行收款，微信付款的业务比较少，因此对微信结算付款业务不再单独举例，其业务流程可参照个人微信付款和支付宝付款结算进行了解学习。

任务目标

1.知识目标

(1)掌握微信结算的功能及适用范围。

(2)掌握企业微信支付开通的办理流程。

(3)掌握微信结算收款业务办理流程。

(4)掌握微信结算付款业务办理流程。

2.能力目标

(1)能熟练办理微信支付开通业务。

(2)能熟练办理微信收款业务。

(3)能熟练办理微信付款业务。

3.素质目标

(1)提升互联网支付的资金安全、信息泄露等问题的风险防范意识，规范支付账号管

理和操作流程，谨防网络诈骗。

(2)培养微信结算工作中严谨细致、精益求精的工匠精神,诚实守信的职业品格。

子任务一　办理企业微信支付开通业务

工作情境

近年来，微信支付作为领先的第三方支付平台越来越受到企业和消费者的喜欢。为了提高工作效率，拓宽销售渠道，利康公司的领导决定开通微信商户平台。11月10日，周亮安排魏丽进行微信商户平台的网上开通。

知识准备

一、什么是微信支付结算

微信支付是集成在微信客户端的支付功能，用户可以通过手机完成快速的支付流程。微信支付以绑定银行账户的快捷支付为基础，向用户提供安全、快捷、高效的支付服务。微信支付商户平台支持线下场所、公众号、小程序、PC网站、APP、企业微信等经营场景。微信支付需要单位关联单位银行账户并完成身份认证，利用手机可即时完成与合作单位的商品和服务的款项收付。

企业可以使用微信进行零售款、货款、客户订金等小额款项的收付，使用方便快捷，交易时间短，且资金即时到账。

二、微信商户平台的开通

企业使用微信进行资金的收付需要开通微信商户平台。开通微信商户平台的工作流程如下：准备相关证件和材料→注册企业微信账号→激活账户→企业实名认证。微信企业账户的开通全程在线完成，操作方便。

业务处理

【业务】11月10日，魏丽申请开通微信商户平台用企业微信的资金收付。

业务办理过程如下：

1.准备相关资料

魏丽根据微信网页的提示准备申请开通微信支付商户平台的相关材料，具体包括：营业执照、对公银行账户、法人身份证。

2.填写申请单

登录网址https://pay.weixin.qq.com，单击右上角"接入微信支付"按钮后，魏丽使用个人微信扫码填写申请单（图4-3-1）。

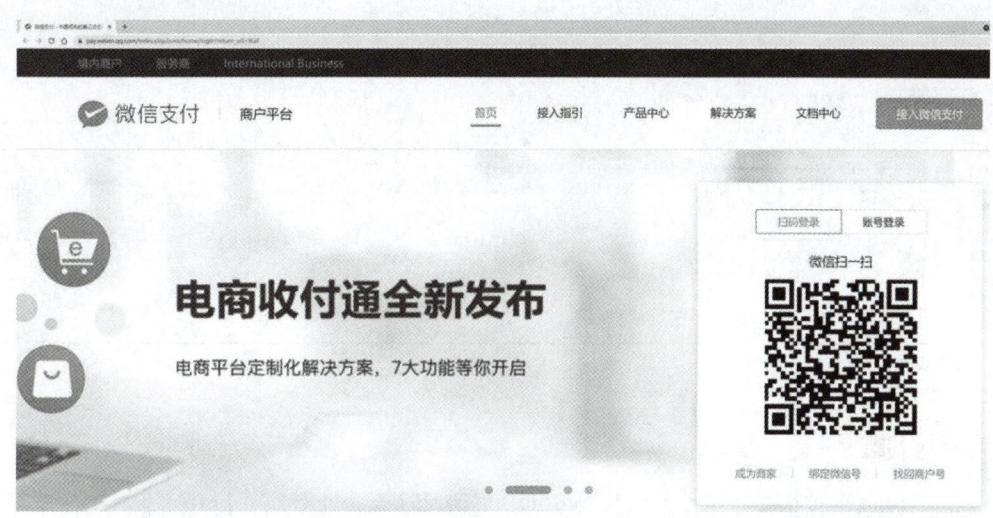

图4-3-1

根据页面提示填写商户资料，选择主体类型为企业（图4-3-2），分别完成主体信息、经营信息、法人开户意愿视频和结算规则的填写，核对信息并确认提交。

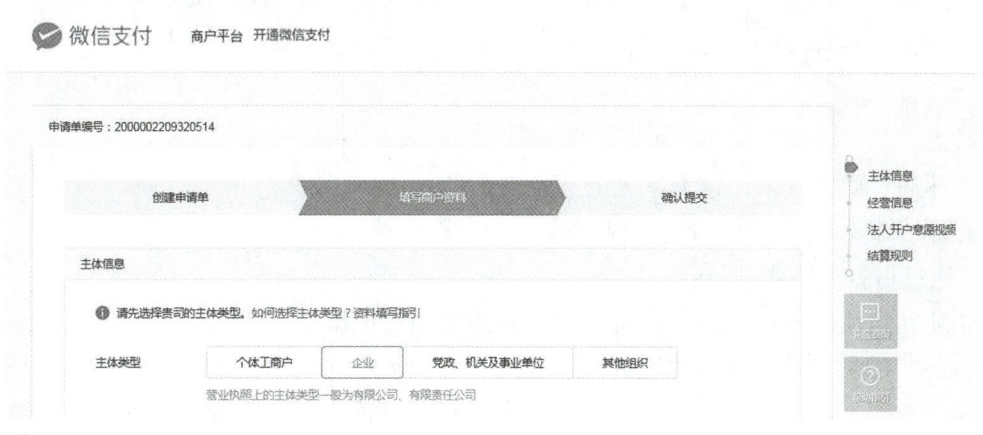

图4-3-2

3.账户验证

提交信息后，可以选择以下任意一种方式进行账户验证（图4-3-3）：方式一，在规定时间内使用法人微信扫码确认；方式二，在规定时间内使用户名为"山东利康食品有限公司"的银行账户汇款至验证账户。魏丽选择第二种方式进行账户验证。申请单在2个工作日内完成审核，审核通过后微信支付商户平台开通。

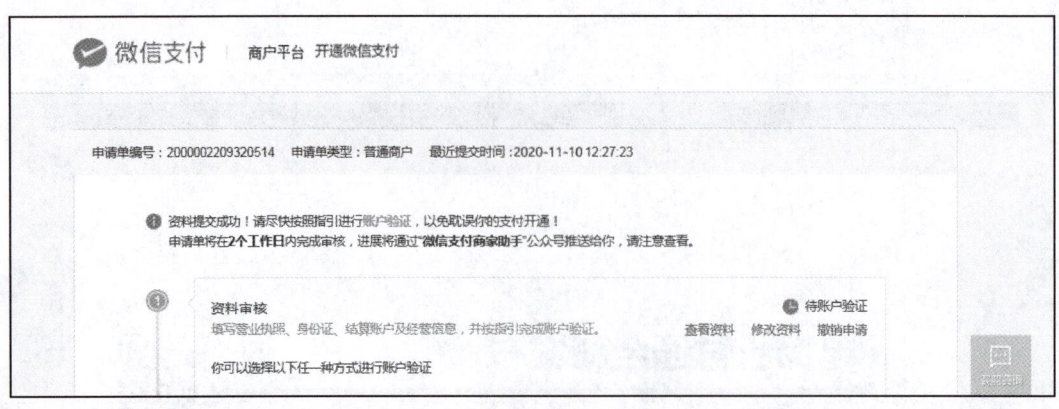

图4-3-3

提升训练

通过教师联系校企合作单位，由校外实训指导教师演示企业微信支付开通业务工作流程。

子任务二　办理微信结算收款业务

工作情境

2020年12月14日，滨城副食品批发有限公司的出纳通过扫描利康公司的付款二维码支付上月所欠的货款20,000元，支付手续简单，实时到账。

知识准备

企业通过微信收款，较为常见的途径有两种：

1.通过付款人扫描付款码进行收款；

2.通过付款人转账进行收款。

企业在运用微信收款后，同支付宝一样也要通过电脑截图流水、纸质打印并经会计负责人签字的形式获得证明收款的原始凭证。当一天中交易次数较少企业每次交易发生的金额较大时，可以分别对每一笔收款业务进行电脑截图。当企业一天的收款次数频繁且每笔的收款金额较小时，可以选择在当天营业结束后，汇总打印一天的微信收款流水截图作为原始凭证。

德知技并修

提防收款码"克隆"骗术

业务处理

【业务】2020年12月14日，滨城副食品批发有限公司通过扫描山东利康食品有限公司的收款二维码支付20,000元，归还前欠的货款。

业务办理过程如下：

1.魏丽登录微信支付商户平台,在"交易中心"找到该笔交易订单,确认收款并核对交易流水(图4-3-4)。

图4-3-4

2.打印资金入账的电脑截图并由会计负责人签字确认。

3.周全根据会计负责人签字确认的截图填制记账凭证,并交李晓娜审核(图4-3-5)。

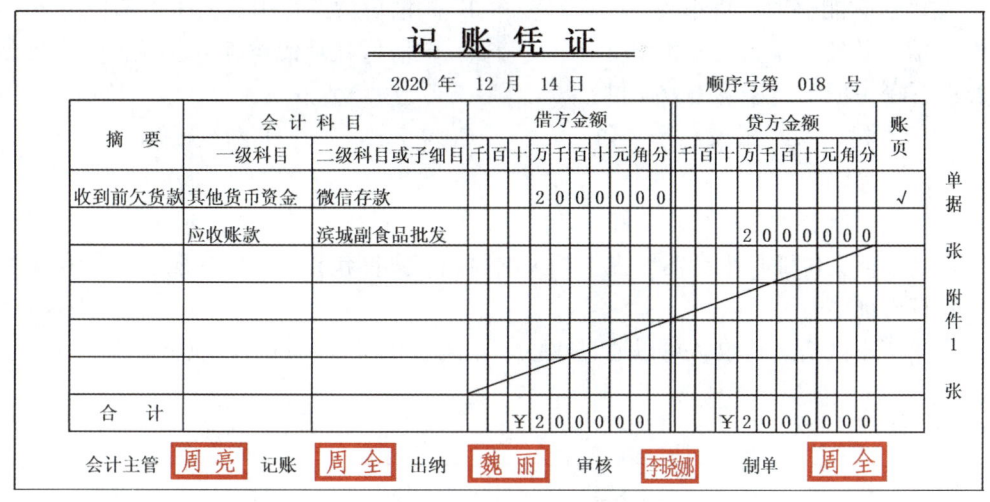

图4-3-5

说明:本凭证所附原始凭证1张(打印截图略)

4.魏丽根据审核无误的记账凭证,登记其他货币资金——微信存款明细账(图4-3-6),并在记账凭证上加盖个人名章,随后将记账凭证交会计人员据此登记其他明细账和总账。

🫘 提升训练

通过教师联系校企合作单位,由校外实训指导教师演示微信收款业务功能,模拟办理一笔微信收款结算业务。

其他货币资金-微信存款 明 细 账

2020年		凭证		摘 要	总页	借　方	贷　方	借或贷	余　额
月	日	种类	号数			亿千百十万千百十元角分	亿千百十万千百十元角分	平	亿千百十万千百十元角分
				······					——0——
12	14	记	018	收到前欠货款		2 0 0 0 0 0		借	2 0 0 0 0 0

图4-3-6

🗒 任务评价

一、任务测试

（一）单项选择题

1. 当前，"微信付款"已经成为一种比较流行的支付方式，下列说法正确的是（　　）。

A. 微信付款能够取代货币支付　　　　B. 微信付款使纸币失去了价值

C. 微信付款使货币失去了价值　　　　D. 微信付款是代替货币进行支付的新形式

2. 以下哪一项不属于第三方支付？（　　）

A. 微信支付　　　B. 支付宝支付　　　C. 拉卡拉　　　D. 网上银行

（二）判断题

1. 微信支付能够关联单位银行账户。　　　　　　　　　　　　　　　　　（　　）

2. 开通微信支付商户平台需要提供相关的材料，具体包括：营业执照、对公银行账户、会计主管身份证。　　　　　　　　　　　　　　　　　　　　　　　　（　　）

3. 企业使用微信进行收款可以通过收款二维码，也可以通过转账收款。（　　）

参考答案
办理微信结算
业务任务测试
参考答案与解析

二、综合自评

自评项目	自评内容	自评结果	
专业能力	微信的开通业务的办理	A□　B□　C□　D□	A：85分及以上 B：75~85分 C：60~75分 D：60分以下
	微信的收款、付款业务的办理	A□　B□　C□　D□	
素质提升	网络支付安全意识提升	A□　B□　C□　D□	
	微醺结算工作中严谨细致、不精益求精的工匠精神培养	A□　B□　C□　D□	
	微信结算工作中诚实守信的职业品格培养	A□　B□　C□　D□	
查缺补漏（分条列出尚未掌握的知识点和技能点）			

项目五　期末业务

　　根据出纳岗位职责，出纳在办理资金收付业务，并根据记账凭证逐笔顺序登记现金日记账和银行存款日记账后，应按要求定期对一定时期内的全部经济业务和相应的货币资金收支情况，进行汇总、整理，总结。为了确保账簿记账和会计报表的数字真实可靠，出纳还必须定期将各账簿的记录进行核对，以保证账证相符、账账相符、账表相符。

　　按照《会计档案管理办法》规定，各单位每年形成的会计凭证、会计账簿和财务报告等会计核算材料，应当在每年年末由会计机构按照归档要求，负责整理立卷，装订成册，编制会计档案保管清册。各单位应建立管理制度，确保会计档案妥善保管、有序存放、方便查阅、严防毁损、散失和泄密。出纳资料是会计资料的重要组成部分，出纳员应当妥善整理装订并统一归档。

★ 项目分析

　　本项目主要进行银行存款月末对账（库存现金日记账月末结账前的清查工作在项目二任务四清查库存现金中已经介绍，本项目不再累述）、出纳日记账的月末结账以及编写出纳报告、出纳资料归档等工作训练。通过学习达到以下要求：

　　1.掌握出纳月末对账的工作内容，能熟练地进行银行存款日记账与银行对账单核对，对保管的支票、发票、有价证券、重要结算凭证进行清点，按顺序进行登记核对，并能规范处理核对差异。

　　2.熟练掌握出纳月末结账的方法与基本要求，能熟练、规范地进行库存现金、银行存款日记账的月末结账。

　　3.掌握出纳报告的编制方法，能正确编制出纳报告。

　　4.掌握《会计档案管理办法》等法规制度对会计资料整理归档的基本要求、归档范围，掌握出纳资料整理的方法，能够规范地对出纳资料进行整理归档；掌握出纳资料移交的工作内容、基本要求与工作流程，能够遵循《会计法》、《会计基础工作规范》等法规制度，规范地做好会计出纳资料的移交工作，确保企业财务工作顺利进行。

★ **学习导图**

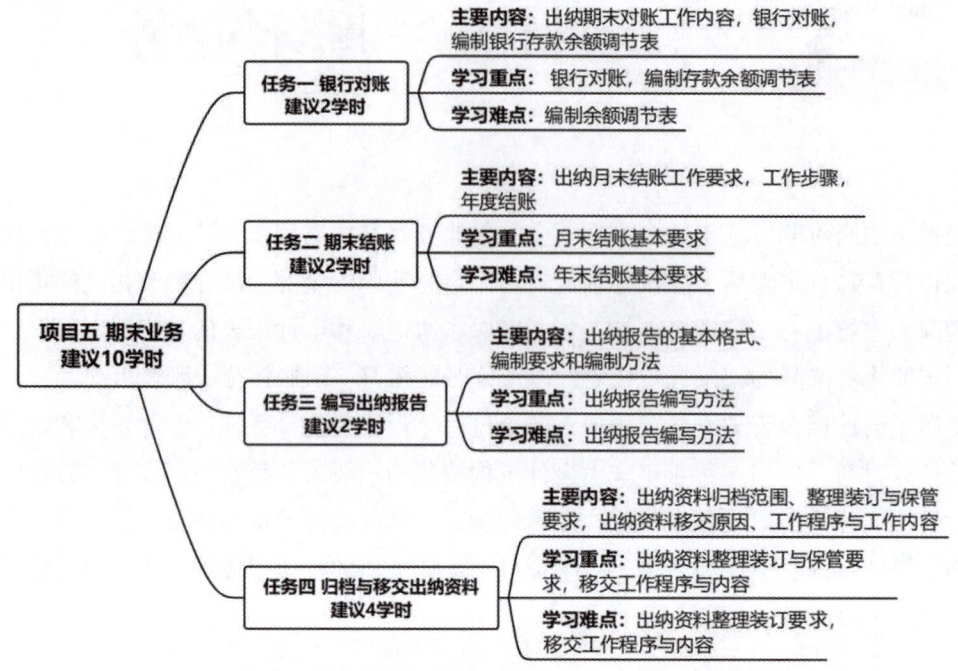

任务一　银行对账

💰 **任务导入**

　　账簿记录真实、准确是会计核算工作的最基本要求。账簿记录的丝毫差错都会导致一系列后果，事小危害大。为确保账簿记录正确，需要会计人员经常对账，只有对账正确，才能确保会计核算的真实准确。

　　某企业对账制度形同虚设，会计人员经常不对账。2020年9月3日，企业某销售员催要回一笔货款，汇票金额1,136,500元，出纳进账时误存入一家下属单位账户。该下属单位出纳工作极其负责，账目清晰整洁，资金日清月结。9月5日，该出纳发现存款账户多出1,136,500元，百思不得其解，从银行取回对账单后才恍然大悟。第二天，去总公司解释欲返还不当得利，总公司出纳拒不承认"丢失"。无奈，二人向总经理解释。在总经理的督促下，总公司会计人员才进行银行对账，最终挽回经济损失。

　　事后了解，财务人员为图方便，竟长期不对账，取回的银行对账单也不编制银行存款余额调节表。现金账不平，出纳员信奉"肉烂了在锅里"，短款时就随便写张欠条顶现金，心想："反正不是我偷的，我不说别人也不知道，早晚总能找到。"不到年底不对账，不到交接不对账。

银企对账是银行结算业务中的重要一环，需要银行和开户单位的高度重视。从本例来看，主要是企业财务人员对银企对账不重视和出纳未能严格坚持会计制度所致，教训深刻，发人深思。

📥 任务分析

对账是指会计核算中对账簿记录所做的核对工作。《会计基础工作规范》第六十二条规定，"各单位应当定期对会计账簿记录的有关数字与库存实物、货币资金、有价证券、往来单位或者个人等进行相互核对，保证账证相符、账账相符、账实相符，对账工作每年至少进行一次。"对账工作是保证账账、账证、账实相符的重要条件。所以，为了保证账簿记账和会计报表的数字真实可靠，单位每月应将各账簿的账户记录进行核对。对账主要包括账证核对、账账核对和账实核对。

在出纳工作中，特别是出纳进行日记账的月末结账之前，为确保日记账的账账、账证、账实相符，必须要对账。日记账与总账核对，日记账与凭证核对，日记账与货币资金、有价证券实有数核对等。账账核对、账证核对在会计基础课程中已详细学习，库存现金日记账每日都进行日清理工作（项目二任务四已详细学习），所以月末对账工作只是将日记账与库存现金总账核对发生额、余额是否一致。

本任务主要进行银行存款日记账的月末对账工作训练。

📖 任务目标

1.知识目标

(1)理解出纳对账的重要意义。

(2)掌握出纳对账基本要求与工作内容。

(3)掌握银行对账的方法，理解银行对账中未达账项及其形成原因，掌握银行存款余额调节表的编制方法。

2.能力目标

(1)能够规范地进行银行存款日记账的账证核对、账账核对、账实核对（银行对账）。

(2)能正确编制银行存款余额调节表，能查找银行对账不平的原因，并进行相应处理。

3.素质目标

(1)提升银行对账中严格遵守《会计基础工作规范》等国家财经法规和企业财务管理制度的职业素养。

(2)培养银行对账中严谨细致、精益求精的工匠精神,诚实守信的职业品格，对企业内外部善于沟通协调协作的服务意识。

工作情境

2020年11月30日，魏丽准备进行月末结账。在结账之前，按要求必须将现金和银行存款日记账与记账凭证核对，日记账与总账核对，银行存款日记账与银行对账单核对。魏丽将前两项核对工作完成后，接下来按照工作分工，需要会计周全进行银行对账，并编制银行存款余额调节表，以确认银行对账是否相符。

知识准备

一、出纳对账工作内容

根据《会计基础工作规范》关于确保账证相符、账账相符、账实相符的对账要求，出纳对账的工作内容包括：

(1)将日记账与相关收付业务的记账凭证核对。核对的项目主要包括：复查记账凭证与原始凭证是否完全相符，核对日记账与记账凭证金额与方向是否一致。如有不一致，应查明原因，并予以更正。

(2)将日记账的发生额、余额与总账发生额、余额核对。

(3)将银行存款日记账与银行对账单核对，并编制银行存款余额调节表。需要说明的是，按照内部控制制度的要求，出纳员不能承担银行对账及银行存款余额调节表的编制工作，本项工作应由负责银行业务的出纳以外的会计人员承担；在对账时间上，可以根据企业实际需要灵活安排。

学习其他货币
资金业务错弊的
一般查证方法

(4)对保管的支票、发票、有价证券、重要结算凭证进行清点，按顺序进行登记核对，其他货币资金业务的核对则较为复杂。

二、银行对账

银行对账，是将出纳负责登记的银行存款日记账与银行提供的银行存款对账单进行逐笔钩对。其中，银行存款对账单是银行记录企业资金流转情况的记录单，也就是银行对企业在银行的存款进行序时登记的账簿记录。

理论上讲，企业银行存款日记账与银行存款对账单无论是发生额，还是期末余额都应该是完全一致的，因为它们是对同一账号存取款的记录。但是，通过核对会发现双方的账目经常出现不一致的情况。原因有两个，一是有"未达账项"；二是双方账目可能发生记录错误。

未达账项是指银行收、付款结算凭证在企业和开户银行之间传递时，由于收到凭证的时间不同而发生的有些凭证一方已经入账，而另一方尚未入账，从而造成企业银行存款日记账记录与银行对账单记录不符现象。

未达账项是银行存款收付结算业务中的正常现象，主要有以下4种情况：

一是银行已经收款入账，而企业尚未收到银行的收款通知因而未入账的款项，如委托银行收款。

二是银行已经付款入账，而企业尚未收到银行的付款通知因而未入账的款项，如借款利息的扣付、托收无承付。

三是企业已经收款入账，而银行尚未办理完转账手续因而未入账的款项，如收到外单位的转账支票。

四是企业已经付款入账，而银行尚未办理完转账手续因而未入账的款项，如企业已开出支票而持票人尚未向银行提现或转账。

出现第一和第四种情况时，会使开户单位银行存款账面余额小于银行对账单的存款余额；出现第二种和第三种情况时，会使开户单位银行存款账面余额大于银行对账单的存款余额。无论出现哪种情况，都会使开户单位存款余额与银行对账单存款余额不一致，很容易开出空头支票，对此，必须编制银行存款余额调节表进行调节。

关于银行存款余额调节表的编制方法，将在业务处理中进一步学习。

💰 业务处理

【业务】　会计周全在对2020年11月中国建设银行滨州北海支行转来的银行对账单（图5-1-1）与银行存款——中国建设银行滨州北海支行日记账记录（图5-1-2）进行核对的基础上，编制银行存款余额调节表。

中国建设银行　滨州北海支行　分户账

户名：山东利康食品有限公司
账号：3352028923567895　　科目号：　人民币　　　　第　1　页

日期	摘要	凭证类别	凭证号	借方发生额	贷方发生额	借/贷	余额	柜员
20201101	期初余额					贷	633,810.00	略
20201102	收货款	汇票	1024#		50,000.00	贷	683,810.00	略
20201105	付养老保险费	转支	2115#	21,720.00		贷	662,090.00	略
20201107	提取现金	现支	2035#	8,000.00		贷	654,090.00	略
20201108	付地税费	转支	2116#	245.20		贷	653,844.80	略
20201110	付地税费	转支	2117#	8,785.85		贷	645,058.95	略
20201111	收货款	委收	2018#		36,000.00	贷	681,058.95	略
20201114	收货款	转支	3085#		86,250.00	贷	767,308.95	略
20201114	付材料款	电汇	7761#	30,000.00		贷	737,308.95	略
20201116	付电费	转支	2118#	97,911.00		贷	639,397.95	略
20201118	报差旅费	现支	2036#	5,000.00		贷	634,397.95	略
20201121	存入现金	转支	2119#		50,000.00	贷	684,397.95	略
20201126	收货款	委收	2020#		93,000.00	贷	777,397.95	略
20201126	预付材料款	电汇	7778#	10,000.00		贷	767,397.95	略
20201127	提现金备发工资	转支	2120#	85,000.00		贷	682,397.95	略
20201129	收回货款	委收	8088#		150,000.00	贷	832,397.95	略
20201129	付广告费	转支	2121#	6,000.00		贷	826,397.95	略
20201130	取现金	现支	2037#	3,383.00		贷	823,014.95	略
	本页余额					贷	823,014.95	

图 5-1-1

银行存款日记账　　12

2020年 月	日	凭证 种类	号数	结算方式	凭证编号	摘要	总页	借方	贷方	借或贷	余额
11	1					期初余额				借	6338100.00
	2	记	005	汇票	1024#	收到货款		500000.00		借	6838100.00
	5	记	006	转支	2114#	付材料款			316000.00	借	6522100.00
	5	记	007	转支	2115#	付养老保险费			217200.00	借	6304900.00
	7	记	009	现支	2035#	提取现金			80000.00	借	6224900.00
	8	记	012	转支	2116#	付地税费			2452.00	借	6222448.00
	10	记	015	转支	2117#	付地税费			87858.50	借	6134589.50
	14	记	016	转支	3085#	收到货款		862500.00		借	6997089.50
	15	记	018	转支	5089#	收到货款		500000.00		借	7497089.50
	16	记	021	转支	2118#	支付电费			979110.00	借	6517979.50
	18	记	025	现支	2036#	报销差旅费			50000.00	借	6467979.50
	21	记	030	转支	2119#	存入现金		500000.00		借	6967979.50
	26	记	037	委收	2020#	收到货款		930000.00		借	7897979.50
	26	记	041	电汇	7778#	预付材料款			100000.00	借	7797979.50
	27	记	045	转支	2120#	提现金备发工资			850000.00	借	6947979.50
	28	记	054	转支	2121#	缴纳增值税			503800.00	借	6444179.50
	29	记	060	委收	8088#	收回货款		1500000.00		借	7944179.50
	29	记	062	转支	2121#	支付广告费			60000.00	借	7884179.50
	30	记	068	现支	2037#	提取备用			33830.00	借	7850349.50
	30					本月合计		4792500.00	3280250.50	借	7850349.50

图 5-1-2

业务办理过程如下：

1.核对账单

根据内部控制制度的要求，银行对账应由登记银行存款日记账的出纳以外的会计人员进行。该公司由会计周全承担银行对账工作。

具体方法是，将"银行存款日记账"中的借方和贷方的每笔记录分别与"银行存款对账单"中的贷方和借方的每笔记录，通过结算方式凭证种类、编号、金额、摘要内容、记账方向等方面进行逐笔核对。经核对相符时，分别在各自有关数额旁边划"√"以作标记。在双方账单中没有划"√"标记的，排除双方账目记录错误后主要是由未达账项所致。而对于已查出的错账、漏账，有过错的一方应及时加以更正。但是，为了对账方便，银行记录错误可暂由企业出纳在"银行存款对账单"中进行假设性更正，事后再与银行联系，由银行更正其账目。

本业务中，经过核对账单后，"银行存款日记账"与"银行存款对账单"中均有记录对账不符，如图5-1-3，图5-1-4所示。

银行存款日记账 12

2020年		凭证		结算方式	凭证编号	摘 要	总页	借 方											贷 方											借或贷	余 额										
月	日	种类	号数					亿	千	百	十	万	千	百	十	元	角	分	亿	千	百	十	万	千	百	十	元	角	分		亿	千	百	十	万	千	百	十	元	角	分
						·····																																				
11	5	记	006	转支	2114#	付材料款																3	1	6	0	0	0	0	0	借			6	5	2	2	1	0	0	0
						·····																																				
	15	记	018	转支	5089#	收货款					5	0	0	0	0	0	0													借			7	4	9	7	0	8	9	5
						·····																																				
	28	记	054	转支	2121#	缴纳增值税																5	0	3	8	0	0	0	借			6	4	4	4	1	7	9	5
						·····																																				

图 5-1-3

中国建设银行 滨州北海支行　分户账

户名：山东利康食品有限公司
账号：3352028923567895　　　　科目号：　人民币　　　　　　第　1　页

日期	摘要	凭证类别	凭证号	借方发生额	贷方发生额	借/贷	余额	柜员
	·····							
20201111	收货款	委收	2018#		36,000.00	贷	681,058.95	略
20201114	付材料款	电汇	7761#	30,000.00		贷	737,308.95	略

图 5-1-4

2.编制银行存款余额调节表

对于图5-1-3、图5-1-4中列示的未达账项，应通过编制银行存款余额调节表加以调节，以便切实查清双方账目是否相符，查明企业银行存款的实有数额。该业务由周全编制银行存款余额调节表，如图5-1-5所示。

银行存款余额调节表

单位名称：山东利康食品有限公司　　　　2020 年 11 月 30 日

项目	余额	项目	余额
企业银行存款日记账余额	788,417.95	银行对账单余额	826,397.95
加：银行已收，企业未收		加：企业已收，银行未收	
（1）委拖收货款	36,000.00	（1）转账支票收货款	50,000.00
减：银行已付，企业未付		减：企业已付，银行未付	
（1）电汇付材料款	30,000.00	（1）转账支票付材料款	31,600.00
		（2）转账支票缴税	50,380.00
调节后的银行存款日记账余额	794,417.95	调节后的银行存款账户余额	794,417.95

图 5-1-5

上述银行存款余额调节表的结果显示，经过未达账项的调节后双方账目余额相等，说明双方记账基本没有错误，双方账目对账不平衡主要是由未达账项造成的。

此外还需要说明的是：

(1)调节后的余额是企业可以使用的资金余额。

(2)编制银行存款余额调节表只是为了检查账簿记录，达到查清账目的目的，并不是根据核对的情况更改账簿记录，所以出纳不得按照银行存款余额调节表调整日记账账面记录，各未达账项要等收到银行转来的有关凭证后才能进行账务处理。

(3)企业要确保一个银行账号编制一张银行余额调节表，即使没有未达账项也要编制。

🪙 提升训练

1.利康公司2020年8月31日的银行存款日记账与银行对账单记录情况分别如图5-1-6、图5-1-7所示。要求：进行银行对账并编制银行存款余额调节表（如图5-1-8）。

银 行 存 款 日 记 账　　　　9

月	日	凭证种类	凭证号数	结算方式	凭证编号	摘要	总页	借方	贷方	借或贷	余额
8	1					期初余额				借	583810.00
	2	收	002	汇票	5088#	销售产品		109810.00		借	693620.00
	5	付	007	转支	1014#	付材料款			15420.00	借	678200.00
	5	付	009	转支	1015#	付财产保险费			80120.00	借	598080.00
	7	付	010	现付	0018#	支取现金			1000.00	借	597080.00
	8	付	014	转支	1016#	偿还贷款			38560.00	借	558520.00
	10	付	018	转支	1017#	支付广告费			10000.00	借	548520.00
	14	付	028	转支	3018#	付养老保险费			37160.00	借	511360.00
	15	收	031	转支	4001#	收回货款		50000.00		借	561360.00
	16	付	038	转支	1018#	代垫运杂费			2000.00	借	559360.00
	18	付	043	现付	0019#	预付差旅费			5000.00	借	554360.00
	21	付	044	汇票	2187#	购入设备			100000.00	借	454360.00
	22	收	045	汇票	4014#	预收货款		60000.00		借	514360.00
	23	付	055	转支	1019#	支付印花税			1000.00	借	513360.00
	24	付	059	转支	1020#	购办公用品			800.00	借	512560.00
	25	付	069	电汇	6778#	预付货款			80000.00	借	432560.00
	26	收	071	特转	0111#	存入现金		500.00		借	433060.00
	27	收	072	特转	3832#	收到税款返还		20000.00		借	453060.00
	28	付	073	特转	6086#	缴纳增值税			50380.00	借	402680.00
	28	收	074	委收	7088#	收回货款		150000.00		借	552680.00
	28	付	075	特转	4840#	购转账支票			25.00	借	552655.00

图 5-1-6

中国建设银行 滨州北海支行 分户账

户名：山东利康食品有限公司
账号：3352028923567895　　　　科目号：　　人民币　　　　　　　　第　1　页

日期	摘要	凭证类别	凭证号	借方发生额	贷方发生额	借/贷	余额	柜员
20200801	期初余额					贷	583,810.00	略
20200802	收款	汇票	5088#		109,810.00	贷	693,620.00	略
20200805	付货款	转支	1014#	15,420.00		贷	678,200.00	略
20200807	提现金	现支	0018#	1,000.00		贷	677,200.00	略
20200808	付货款	转支	1016#	38,560.00		贷	638,640.00	略
20200810	付广告费	转支	1017#	10,000.00		贷	628,640.00	略
20200814	付养老保险费	转支	3018#	37,160.00		贷	591,480.00	略
20200815	付失业保险金	转支	3019#	8,000.00		贷	583,480.00	略
20200816	付运杂费	转支	1018#	2,000.00		贷	581,480.00	略
20200821	收利息	特转	3547#		318.00	贷	581,798.00	略
20200821	付设备款	汇票	2187#	100,000.00		贷	481,798.00	略
20200822	收货款	汇票	4014#		60,000.00	贷	541,798.00	略
20200824	付办公费	转支	1020#	800.00		贷	540,998.00	略
20200825	付货款	电汇	6778#	80,000.00		贷	460,998.00	略
20130626	存现金	特转	0111#		500.00	贷	461,498.00	略
20200828	交税	特转	6086#	50,380.00		贷	411,118.00	略
20200828	收货款	委收	7088#		150,000.00	贷	561,118.00	略
20200828	收货款	委收	7017#		17,000.00	贷	578,118.00	略
20200828	购支票	特转	4840#	25.00		贷	578,093.00	略
	可用余额						578,093.00	

图 5-1-7

银行存款余额调节表

单位名称：　　　　　　　　　年　月　日

项目	余额	项目	余额
企业银行存款日记账余额		银行对账单余额	
加：银行已收，企业未收		加：企业已收，银行未收	
（1）		（1）	
（2）		（2）	
减：银行已付，企业未付		减：企业已付，银行未付	
（1）		（1）	
（2）		（2）	
（3）		（3）	
调节后的银行存款日记账余额		调节后的银行存款账户余额	

图 5-1-8

2.分组讨论：出纳在进行银行存款日记账与银行存款总账的核对（账账核对）中，发现两账记录不符。如果经核对属于银行存款日记账记账错误，出纳应如何进行错账更正？（提示：请结合会计账务处理技术中的错账更正方法思考此问题。）

265

✎ **任务评价**

一、任务测试

（一）单项选择题

1.下列表示企业可以动用的银行存款实有数的是（　　）。

A.通过"银行存款余额调节表"调节相等后的银行存款余额

B.企业银行存款日记账余额

C.银行对账单余额

D.以上都不对

2.企业进行银行对账是逐笔钩对（　　）。

A.银行存款日记账与记账凭证

B.银行存款日记账与原始单据

C.银行存款日记账与总账

D.银行存款日记账与银行提供的银行存款对账单

3.对于银行已收款入账，企业尚未入账的未达账项造成的结果，下列描述正确的是（　　）。

A.会使企业银行存款账面余额大于银行对账单的存款余额

B.会使企业银行存款账面余额小于银行对账单的存款余额

C.企业银行存款账面余额等于银行对账单的存款余额

D.无法确定

（二）多项选择题

1.关于银行对账下列表述正确的有（　　）。

A.根据内部控制制度的要求，银行对账应由登记银行存款日记账的出纳以外的财务人员进行

B.出纳进行银行存款日记账月末结账前必须进行银行对账

C.出纳可以根据银行存款余额调节表调节银行存款日记账账簿记录

D.银行对账中经常会发现企业银行存款日记账与银行存款对账单发生额、余额不一致

2.未达账项主要包括（　　）。

A.银行已经收款入账，而企业尚未收到银行的收款通知因而未入账的款项

B.银行已经付款入账，而企业尚未收到银行的付款通知因而未入账的款项

C.企业已经收款入账，而银行尚未办理完转账手续因而未入账的款项

D.企业已经付款入账，而银行尚未办理完转账手续因而未入账的款项

3.出现下列（   ）情形未达账项时，会使开户单位银行存款账面余额大于银行对账单的存款余额。

A.银行已经收款入账，而企业尚未收到银行的收款通知因而未入账的款项

B.银行已经付款入账，而企业尚未收到银行的付款通知因而未入账的款项

C.企业已经收款入账，而银行尚未办理完转账手续因而未入账的款项

D.企业已经付款入账，而银行尚未办理完转账手续因而未入账的款项

（三）判断题

1.出纳月末结账前要进行对账，内容主要包括账账核对、账证核对、账实核对。
（   ）

2.银行对账单中的银行存款余额，就是企业可以动用的银行存款实有数。   （   ）

3.排除记账错误，经过未达账项的调节，银行和企业调整后的银行存款余额必定相等。   （   ）

银行对账任务测试
参考答案与解析

二、综合自评

自评项目	自评内容	自评结果	
专业能力	规范地进行库存现金、银行存款日记账的账证核对、账账核对、账实核对（即银行对账）	A□ B□ C□ D□	A：85分及以上 B：75~85分 C：60~75分 D：60分以下
	正确编制银行存款余额调节表，能查找银行对账不平的原因，并进行相应处理	A□ B□ C□ D□	
素质提升	银行对账中严格遵守国家财经法规和企业财务管理制度等职业素养提升	A□ B□ C□ D□	
	银行对账中严谨细致、精益求精等工匠精神培养	A□ B□ C□ D□	
	银行对账中诚实守信等职业品格培养	A□ B□ C□ D□	
	银行对账中对企业内外部善于沟通协调协作等服务意识提升	A□ B□ C□ D□	
查缺补漏（分条列出尚未掌握的知识点和技能点）			

任务二　期末结账

任务导入

　　会计人员都深有体会，月末及年末是会计人员最忙碌的时间，都在忙于结账。对于结账时间，大多数单位的会计结账日期是每月月末（年底结账是12月31日），而有些单位的会计结账日期是每月25日。实际上，关于会计结账时间我国会计法规没有明确规定，但从我国会计实际工作来说，一般都是按自然月末结账，有些单位由于业务量大，为了不影响纳税、报表等原因，会将结账日期提前几天。

　　利康公司关于结账时间遵从大多数单位做法，规定每月月末结账。每到月底，公司会计都会在对账无误的基础上按要求及时结账，出纳负责登记的日记账及其他明细账也必须按规定进行结账。

任务分析

　　为了了解某一会计期间（月份、年度）的经济活动情况，考核经营成果，必须在每一会计期间终结时进行结账。结账工作也是编制会计报表的先决条件。《会计基础工作规范》第六十三条规定，各单位应当按照规定定期结账。

　　结账是在会计期末（月末、季末、年末）将本期所有发生的经济业务全部登记入账后，计算出本期发生额和期末余额，在对账正确后，进行本月（季、年）合计，并用划红线作为本期业务处理完结的标志。

　　本任务在出纳完成月末对账的基础上，主要进行库存现金和银行存款日记账的月末及年末结账工作训练。

任务目标

　　1.知识目标

　　(1)理解出纳月末结账的重要意义。

　　(2)掌握出纳月末结账基本要求与工作流程。

　　(3)掌握出纳年末结账基本要求与工作流程。

　　2.能力目标

　　(1)能够规范地进行库存现金、银行存款日记账的月末结账处理。

(2)能够规范地进行库存现金、银行存款日记账的年末结账处理。

3.素质目标

(1)提升期末结账中严格遵守《会计基础工作规范》等国家财经法规和企业财务管理制度的职业素养。

(2)培养期末结账中严谨细致、精益求精的工匠精神,诚实守信的职业品格,对企业内外部善于沟通协调协作的服务意识。

工作情境

2020年11月30,魏丽完成了本月全部经济业务的日记账登记工作,并按要求完成了日记账与记账凭证核对,日记账与总账核对,以及银行存款日记账与银行对账单核对等对账工作。接下来,需要进行11月结账处理。

知识准备

微课

期末结账

一、出纳月末结账工作要求

出纳员将本期所发生的所有资金收付业务全部登记入账并核对无误后,应计算出本期现金和银行存款收入总额、支付总额和期末余额,以了解本单位本期货币资金的全部收付情况和期末结存情况,为编制会计报表提供依据。根据《会计基础工作规范》,各单位应当按照规定定期结账。

从结账周期看,出纳结账可分为日结账、月结账、季结账、年结账。日结账是在每日业务终了,出纳员逐笔、序时地登记完日记账后,结出本日余额。根据《会计基础工作规范》,现金日记账和银行存款日记账必须逐日结出余额。月结账是以一个月为结账周期,每个月末对本月的经济业务情况进行合计(本月合计),并在"本月合计"上、下各划一条通栏单红线以示完成月度结账(其他货币资金明细账的结账要求相同)。

二、出纳月末结账工作步骤

出纳人员在确认本月各项货币资金收付业务全部登记入账后,在库存现金、银行存款日记账最后一笔记录下划一条通栏单红线;然后,在下一行进行发生额的本月合计和结出月末余额,并在摘要栏内注明"本月合计";最后,在"本月合计"下面再划一条通栏单红线,表示完成月结工作(其他货币资金明细账的结账步骤相同)。

三、出纳季末和年末结账

对于季度结账,要求和工作步骤与月末结账一样,只是在结账时间上季度结账要在每个季度末进行。各单位可根据实际需要决定是否进行季度结账。

对于年度结账要求，要在年度终了，把各账户的余额结转到下一会计年度。在工作步骤上，出纳人员在12月"本月合计"（或第四季度本季合计）的下一行进行发生额的本年合计和结出年末余额，并在摘要栏内注明"本年合计"；然后，在"本年合计"下面再划一条通栏双红线，表示完成年度结账工作；最后，在下一行摘要栏中注明"结转下年"，并将该账户年末余额填写在下一会计年度新建有关会计账簿的第一行，在新账簿摘要栏注明"上年结转"字样。

 业务处理

【业务】2020年11月30日，魏丽在完成期末对账的基础上，进行本月现金和银行存款的月末结账工作。

下面以银行存款日记账（图5-2-1）为例说明出纳月末结账的工作流程，库存现金、有价证券明细账户等由出纳负责登记的日记账月末结账处理方法相同。

银行存款日记账　　12

2020年 月	日	凭证 种类	号数	结算方式	凭证编号	摘要	总页	借方	贷方	借或贷	余额
11	1					期初余额				借	6 3 3 8 1 0 0 0
	2	记	005	汇票	1024#	收到货款		5 0 0 0 0 0 0		借	6 8 3 8 1 0 0 0
	5	记	006	转支	2114#	付材料款			3 1 6 0 0 0 0	借	6 5 2 2 1 0 0 0
	5	记	007	转支	2115#	付养老保险费			2 1 7 2 0 0 0	借	6 3 0 4 9 0 0 0
	7	记	009	现支	2035#	提取现金			8 0 0 0 0 0	借	6 2 2 4 9 0 0 0
	8	记	012	转支	2116#	付地税费			2 4 5 2 0	借	6 2 2 2 4 4 8 0
	10	记	015	转支	2117#	付地税费			8 7 8 5 8 5	借	6 1 3 4 5 8 9 5
	14	记	016	转支	3085#	收到货款		8 6 2 5 0 0 0		借	6 9 9 7 0 8 9 5
	15	记	018	转支	5089#	收到货款		5 0 0 0 0 0 0		借	7 4 9 7 0 8 9 5
	16	记	021	转支	2118#	支付电费			9 7 9 1 1 0 0	借	6 5 1 7 9 7 9 5
	18	记	025	现支	2036#	报销差旅费			5 0 0 0 0 0	借	6 4 6 7 9 7 9 5
	21	记	030	转支	2119#	存入现金		5 0 0 0 0 0 0		借	6 9 6 7 9 7 9 5
	26	记	037	委收	2020#	收到货款		9 3 0 0 0 0		借	7 8 9 7 9 7 9 5
	26	记	041	电汇	7778#	预付材料款			1 0 0 0 0 0 0	借	7 7 9 7 9 7 9 5
	27	记	045	转支	2120#	提现金备发工资			8 5 0 0 0 0 0	借	6 9 4 7 9 7 9 5
	28	记	054	转支	2121#	缴纳增值税			5 0 3 8 0 0 0	借	6 4 4 4 1 7 9 5
	29	记	060	委收	8088#	收回货款		1 5 0 0 0 0 0 0		借	7 9 4 4 1 7 9 5
	29	记	061	转支	2121#	支付广告费			6 0 0 0 0 0	借	7 8 8 4 1 7 9 5
	30	记	068	现支	2037#	提现备用			3 3 8 3 0 0	借	7 8 5 0 3 4 9 5

图5-2-1

结账业务处理过程如下：

1.在确认本月各项银行存款收付业务全部登记入账的基础上，在银行存款日记账最后一笔记录下划一条通栏红线，表示本月业务登记到此结束。

2.在下一行结算出本月发生额和月末余额,并在摘要栏内注明"本月合计"。

3.在本月合计的下面划一条通栏单红线,表示完成月结工作。完成结账后情况如图5-2-2所示。

银 行 存 款 日 记 账   12

2020年 月	日	凭证 种类	号数	结算方式	凭证编号	摘要	总页	借方	贷方	借或贷	余额
11	1					期初余额				借	63381000
	2	记	005	汇票	1024#	收到货款		5000000		借	68381000
	5	记	006	转支	2114#	付材料款			3160000	借	65221000
	5	记	007	转支	2115#	付养老保险费			2172000	借	63049000
	7	记	009	现支	2035#	提取现金			800000	借	62249000
	8	记	012	转支	2116#	付地税费			24520	借	62224480
	10	记	015	转支	2117#	付地税费			878585	借	61345895
	14	记	016	转支	3085#	收到货款		8625000		借	69970895
	15	记	018	转支	5089#	收到货款		5000000		借	74970895
	16	记	021	转支	2118#	支付电费			9791100	借	65179795
	18	记	025	现支	2036#	报销差旅费			500000	借	64679795
	21	记	030	转支	2119#	存入现金		5000000		借	69679795
	26	记	037	委收	2020#	收到货款		9300000		借	78979795
	26	记	041	电汇	7778#	预付材料款			1000000	借	77979795
	27	记	045	转支	2120#	提现金备发工资			8500000	借	69479795
	28	记	054	转支	2121#	缴纳增值税			5038000	借	64441795
	29	记	060	委收	8088#	收回货款		15000000		借	79441795
	29	记	061	转支	2121#	支付广告费			600000	借	78841795
	30	记	068	现支	2037#	提现备用			338300	借	78503495
	30					本月合计		47925000	32802505	借	78503495

图5-2-2

年度终了,办理年度结账时,在按上述方法完成12月份月结的基础上,在下一行对库存现金、银行存款等日记账全年的发生额合计进行登记,在摘要栏内注明"本年合计"字样,并在下面划双通栏红线,然后,在"本年合计"下一行的摘要栏内注明"结转下年"字样,在下一会计年度新账簿对应账户的第一行摘要栏内写明"上年结转",并将余额填入余额栏。

💰 提升训练

1.根据银行存款日记账月结账的处理方法,在完成利康公司2020年11月份库存现金业务日记账记账工作的基础上,进行本月份结账,如图5-2-3所示。

现金日记账　　　　　　6

2020年 月	日	凭证 种类	号数	对方科目	摘要	总页	借方	贷方	借或贷	余额
11	1								借	8 2 1 0 7 0
	8	记	006	略	刘志预借差旅费			2 0 0 0 0 0 0	借	6 2 1 0 7 0
	21	记	026		收包装物押金		2 2 4 0 0 0		借	8 4 5 0 7 0
	21	记	027		现金盘盈		5 9 5 0		借	8 5 1 0 2 0
	26	记	039		差旅费报销余款		1 5 8 3 0 0		借	1 0 0 9 3 0 0
	27	记	042		收各部水电费		4 0 4 3 8 0		借	1 4 1 3 6 8 0
	27	记	044		购办公用品			7 9 0 0	借	1 4 0 5 7 8 0
	27	记	045		送存现金			5 0 0 0 0 0	借	9 0 5 7 8 0
	29	记	062		报销招待费			~~2 8 9 7 0 0~~ 2 0 9 7 0 0	借	~~6 1 6 0 8 0~~ 6 9 6 0 8 0
	29	记	063		付职工培训费			4 5 0 0 0	借	~~5 7 1 0 8 0~~ 6 5 1 0 8 0
	30	记	068		提取现金备用		3 3 8 3 0 0		借	9 0 9 3 8 0
	30	记	071		现金盘亏			6 0 0 0	借	9 0 3 3 8 0
	30	记	072		收到现金盘亏赔偿款		6 0 0 0		借	9 0 9 3 8 0

图5-2-3

2.在完成利康公司2020年全年库存现金和银行存款全部业务记账工作的基础上，在图5-2-4、图5-2-5中分别进行两本日记账的年度结账。库存现金和银行存款日记账12月份及全年发生额合计数据资料见表5-2-1。

现金日记账　　　　　　7

2020年 月	日	凭证 种类	号数	对方科目	摘要	总页	借方	贷方	借或贷	余额
12	14				承前页		4 7 5 5 3 9 0 0	4 9 4 4 8 7 0 0	借	9 3 5 0 3 0
	17	记	052	略	取现金		5 0 0 0 0 0 0		借	1 4 3 5 0 3 0
					......					
									借	1 3 5 8 6 3 0
	29	记	089		付广告费			4 5 0 0 0 0	借	9 0 8 6 3 0

图5-2-4

银行存款日记账　　　　　　13

2020年 月	日	凭证 种类	号数	结算方式	凭证编号	摘要	总页	借方	贷方	借或贷	余额
12	9					承前页		3 8 7 9 7 6 5 8 5	4 5 3 6 5 4 1 3 0	借	7 3 3 8 1 0 9 5
	9	记	012	转支	2124#	收到货款		5 0 0 0 0 0 0		借	7 8 3 8 1 0 9 5
						......					
	30	记	095	转支	2191	支付材料款			1 2 4 6 4 2 0 0	借	9 1 4 8 2 7 9 5

图5-2-5

表5-2-1

项　目	库存现金日记账		银行存款日记账	
	借方发生额	贷方发生额	借方发生额	贷方发生额
2020年12月份发生额合计	57,883.00	59,551.00	589,145.84	197,058.51
2020年全年发生额合计	682,314.00	702,796.00	4,428,845.62	6,522,936.88

任务评价

一、任务测试

（一）单项选择题

1.下列关于出纳月末结账的账簿表述正确的是（　　）。

A.现金日记账　　　　　　　　B.银行存款日记账

C.其他货币资金明细账　　　　D.以上都对

2.关于出纳结账，下列说法错误的是（　　）。

A.月末结账时要在日记账的最后一笔记录下面划通栏单红线

B.月末结账时还要在本月合计下面再划一条通栏单红线

C.年末结账时要在完成月末结账（或季度结账）后把各账户余额结账下年

D.日记账、月结账、年结账的要求是一样的

3.关于出纳期末结账的要求正确的是（　　）。

A.银行存款要对账

B.其他货币资金明细账无需查实核对

C.现金既然每日做了盘点，月末结账前无需盘点清查

D.以上都对

（二）多项选择题

1.从结账周期看，出纳结账可分为（　　）。

A.日结账　　　　B.月结账　　　　C.季结账　　　　D.年结账

2.出纳月末结账的工作步骤包括（　　）。

A.确认本月各项货币资金收付业务全部登记入账

B.在日记账最后一笔记录下划一条通栏单红线

C.在下一行进行发生额的本月合计和结出月末余额，并在摘要栏内注明"本月合计"

D.在"本月合计"下面再划一条通栏单红线，表示完成月结工作

3.出纳年末结账的工作步骤包括（　　）。

A.出纳人员在12月份"本月合计"（或第四季度本季合计）的下一行进行发生额的

本年合计和结出年末余额，并在摘要栏内注明"本年合计"

    B.然后，在"本年合计"下面再划一条通栏双红线，表示完成年度结账工作

    C.最后，在下一行摘要栏中注明"结转下年"，并将该账户年末余额填写在下一会计年度新建有关会计账簿的第一行

    D.在新账簿的第一行摘要栏注明"上年结转"字样

（三）判断题

1.现金日记账和银行存款日记账必须逐日逐笔结出余额。   （   ）

2.本月只有一笔业务记录的日记账，不需要本月合计直接划通栏单红线即可。

                                              （   ）

3.本月没有业务记录的日记账，不需要进行月末结账。   （   ）

参考答案

期末结账任务测试
参考答案与解析

二、综合自评

自评项目	自评内容	自评结果	
专业能力	规范地进行库存现金、银行存款日记账的月末结账处理	A□ B□ C□ D□	
	规范地进行库存现金、银行存款日记账的年末结账处理	A□ B□ C□ D□	A：85分及以上 B：75~85分 C：60~75分 D：60分以下
素质提升	期末结账中严格遵守国家财经法规和企业财务管理制度的职业素养提升	A□ B□ C□ D□	
	期末结账中严谨细致、精益求精的工匠精神培养	A□ B□ C□ D□	
	期末结账中诚实守信的职业品格培养	A□ B□ C□ D□	
	期末结账中善于沟通协调协作的服务意识提升	A□ B□ C□ D□	
查缺补漏 （分条列出尚未掌握的知识点和技能点）			

任务三　编制出纳报告

任务导入

魏丽做企业出纳员已经有一段时间了，回顾这一段时间的工作，她总结出了作为一名企业出纳的工作清单，工作内容基本上有10件事情：

1.每日要登记库存现金、银行存款日记账以及有价证券明细账。

2.每日终了要核对库存现金实际和账面数额，做到账实相符，编制现金盘点报告单。

3.不定期跑银行，为老板汇钱、取钱、电汇、提现、转账等现金业务。

4.每月定期抄税、报税，协助会计送报表到国税。

5.随时购买增值税专用及普通发票，并开具发票。

6.随时报销公司员工的费用。

7.每月办理社保业务。

8.每月根据工资表定期发放员工工资。

9.每月要与银行对账，并编制余额调节表。

10.每月按时对库存现金日记账、银行存款日记账及有价证券明细账结账，并编制出纳报告，报告本单位一定时期库存现金、银行存款、有价证券的收入、支出、结存情况。

通过上述工作清单可以看出，出纳工作主要是资金收付业务办理以及资金收支结存核算。其中，编制出纳报告是对出纳一定时期记账情况的书面总结，要按照单位要求及时规范地编制，并由相关人员审核、签字盖章后妥善保存。

任务分析

编制出纳报告是出纳一项必须定期进行的工作。根据出纳的工作内容，出纳要定期对负责的库存现金日记账、银行存款日记账及有价证券明细账户记录的收入、支出及结存情况进行汇总，并编制成表，即为出纳报告。对于编制日期也没有统一规定，各企业根据实际需要自行规定，可与本单位总账汇总记账的周期相一致。

本任务在出纳完成月末结账的基础上，进行出纳报告编制工作训练。

任务目标

1.知识目标

(1)理解出纳报告的作用。

(2)掌握出纳报告的编制要求和编制方法。

2.能力目标

能够规范地编制出纳报告。

3.素质目标

(1)培养出纳报告编制中严谨细致、精益求精的工匠精神,诚实守信的职业品格,对企业内外部善于沟通协调协作的服务意识。

(2)提升出纳报告编制中严格遵守《会计基础工作规范》等国家财经法规和企业财务管理制度的职业素养。

工作情境

2020年11月30日,魏丽按要求完成了本月现金日记账、银行存款日记账、有价证券明细账户登记、对账及月末结账工作。按照以往工作惯例,需要编制11月份出纳报告。

知识准备

一、出纳报告的基本格式

出纳人员记账后,应根据库存现金日记账、银行存款日记账、有价证券明细账等核算资料,定期编制出纳报告,报告本单位一定时期现金、银行存款、有价证券的收入、支出、结存情况,并与总账核对期末余额。

基本格式见表5-3-1。实际工作中,出纳报告没有固定统一的格式,各企业可根据实际情况自行设计。

表5-3-1

出 纳 报 告

年　月　日至　年　月　日

单位名称:　　　　　　　　　　　　　　　　　　　　　　　　　　　单位:元

项目	上期结余	本期收入	合计 (上期结存+本期收入)	本期支出	本期结存
库存现金					
银行存款 其中:XX银行 　　　XX银行 　　　XX银行					
其他货币资金 其中:银行汇票 　　　银行本票 　　　外部存款					

会计主管:　　　记账:　　　出纳:　　　复核:　　　制单:

二、出纳报告的编制要求

1.编制要及时

出纳报告的报告期应根据企业资金管理的需要,可以选择1天、10天、30天等。

2.内容真实完整

出纳报告上的项目内容应当与出纳日记账、有关明细账和备查簿内容相符,保证出纳信息的真实、完整、准确。

3.复核与签字盖章手续完备

出纳报告编制完毕后,须经相关人员复核、签字盖章。

三、出纳报告的编制方法

1.上期结余。指报告期前一期的期末结余数,填列时可直接从上一期出纳报告的"本期结余"栏抄录过来。

2.本期收入。根据对应账簿的本期借方合计数填列。

3.合计。根据"上期结余"与"本期收入"的合计数填列。

4.本期支出。根据对应账簿的本期贷方合计数填列。

5.本期结余。根据"合计"减去"本期支出"差额填列。各账户本期结余数应与账面结余数相一致。

业务处理

【业务】2020年11月30日,魏丽根据银行存款日记账(图5-3-1)、库存现金日记账(图5-3-2)及上一期出纳报告(图5-3-3)等资料,编制本月份出纳报告。

出纳报告编制过程如下:

1.根据上一期出纳报告的"本期结余"填列本期表中"上期结余",如图5-3-4所示。

2.填列表中本期各项目:

(1)根据库存现金日记账、银行存款日记账、其他货币资金——银行汇票三个账户的11月份借方发生额合计数填列表中"本期收入",如图5-3-4所示。

(2)根据"上期结余"与"本期收入"合计数填列表中"合计",如图5-3-4所示。

(3)根据库存现金日记账、银行存款日记账、其他货币资金——银行汇票三个账户的11月份贷方发生额合计数填列表中"本期支出",如图5-3-4所示。

(4)根据"合计"减去"本期支出"差额填列表中"本期结余",如图5-3-4所示。

3.将各账户本期结余数与账面结存数核对,经核对两者一致。

4.相关人员复核、签字盖章,如图5-3-4所示。

银 行 存 款 日 记 账　　　　12

2020年 月	日	凭证 种类	号数	结算方式	凭证编号	摘要	总页	借方	贷方	借或贷	余额
11	1					期初余额				借	633810 00
	2	记	005	汇票	1024#	收到货款		500000 00		借	683810 00
	5	记	006	转支	2114#	付材料款			31600 00	借	652210 00
	5	记	007	转支	2115#	付养老保险费			21720 00	借	630490 00
	7	记	009	现支	2035#	提取现金			8000 00	借	622490 00
	8	记	012	转支	2116#	付地税费			245 20	借	622244 80
	10	记	015	转支	2117#	付地税费			8785 85	借	613458 95
	14	记	016	转支	3085#	收到货款		86250 00		借	699708 95
	15	记	018	转支	5089#	收到货款		50000 00		借	749708 95
	16	记	021	转支	2118#	支付电费			97911 00	借	651797 95
	18	记	025	现支	2036#	报销差旅费			5000 00	借	646797 95
	21	记	030	转支	2119#	存入现金		50000 00		借	696797 95
	26	记	037	委收	2020#	收到货款		93000 00		借	789797 95
	26	记	041	电汇	7778#	预付材料款			100000 00	借	779797 95
	27	记	045	转支	2120#	提现金备发工资			85000 00	借	694797 95
	28	记	054	转支	2121#	缴纳增值税			50380 00	借	644417 95
	29	记	060	委收	8088#	收回货款		150000 00		借	794417 95
	29	记	061	转支	2121#	支付广告费			6000 00	借	788417 95
	30	记	068	现支	2037#	提现备用			3383 00	借	785034 95
	30					本月合计		479250 00	328025 05	借	785034 95

图5-3-1

现 金 日 记 账　　　　6

2020年 月	日	凭证 种类	号数	对方科目	摘要	总页	借方	贷方	借或贷	余额
11	1								借	8210 70
	8	记	006		刘志预借差旅费			2000 00	借	6210 70
	21	记	026		收包装物押金		2240 00		借	8450 70
	21	记	027		现金盘盈		59 50		借	8510 20
	26	记	039		差旅费报销余款		1583 00		借	10093 20
	27	记	042		收各部水电费		4043 60		借	14136 80
	27	记	044		购办公用品			79 00	借	14057 80
	27	记	045		送存现金			5000 00	借	9057 80
	29	记	062		报销招待费			~~2097 00~~ 2897 00	借	~~6960 80~~ 6160 80
	29	记	063		付职工培训费			450 00	借	~~6510 80~~ 5710 80
	30	记	068		提现现金备用		3383 00		借	9093 80
	30	记	071		现金盘亏			60 00	借	9033 80
	30	记	072		收到现金盘亏赔偿款		60 00		借	9093 80
	30				本月合计		11369 10	10486 00	借	9093 80

图5-3-2

出 纳 报 告

2020年 10月 01日 至 2020年 10月 31 日

单位名称：山东利康食品有限公司　　　　　　　　　　　　　　单位：元

项目	上期结余	本期收入	合计 （上期结余+本期收入）	本期支出	本期结余
库存现金	······	······		······	8,210.70
银行存款合计					633,810.00
其中：建行中海分理处	······	······	······	······	633,810.00
农行西城分理处					
其他货币资金合计					
其中：银行汇票	······	······	······	······	0.00
银行本票					
外部存款					

会计主管：周亮　　　　记账：周全　　　　出纳：魏丽　　　　复核：周亮　　　　制单：魏丽

图5-3-3

出 纳 报 告

2020年 11月 01日 至 2020年 11月 30 日

单位名称：山东利康食品有限公司　　　　　　　　　　　　　　单位：元

项目	上期结余	本期收入	合计 （上期结余+本期收入）	本期支出	本期结余
库存现金	8,210.70	11,369.10	19,579.80	10,486.00	9,093.80
银行存款合计	633,810.00	479,250.00	1,113,060.00	328,025.05	785,034.95
其中：建行中海分理处	633,810.00	479,250.00	1,113,060.00	328,025.05	785,034.95
农行西城分理处					
其他货币资金合计					
其中：银行汇票					
银行本票					
外部存款					

会计主管：周亮　　　　记账：周全　　　　出纳：魏丽　　　　复核：周亮　　　　制单：魏丽

图5-3-4

此外，未经有关领导批准，不得随意泄露出纳报告的内容。在接受工商、税务、审计等部门的检查时，出纳人员不得隐瞒、篡改出纳报告的内容。

🪙 提升训练

根据利康公司2020年12月份出纳有关账户资料（图5-3-5，图5-3-6，图5-3-7），编制本月份出纳报告（图5-3-8）。

现金日记账　　7

月	日	种类	号数	对方科目	摘要	总页	亿	千	百	十	万	千	百	十	元	角	分	亿	千	百	十	万	千	百	十	元	角	分	借或贷	亿	千	百	十	万	千	百	十	元	角	分
12	14				承前页					4	7	5	5	3	9	0	0				4	9	4	4	8	7	0	0	借						9	3	5	0	3	0
	17	记	052	略	取现金						5	0	0	0	0	0	0												借					1	4	3	5	0	3	0
					······																																			
					······																								借					1	3	5	8	6	3	0
	29	记	089		付广告费																		4	5	0	0	0	0	借						9	0	8	6	3	0
	31				本月合计						5	7	8	8	3	0	0					5	9	5	5	1	0	0	借						9	0	8	6	3	0
	31				本年合计				6	8	2	3	1	4	0	0				7	0	2	7	9	6	0	0		借						9	0	8	6	3	0
					结转下年																																			

图5-3-5

银行存款日记账　　13

月	日	种类	号数	结算方式	凭证编号	摘要	总页	亿	千	百	十	万	千	百	十	元	角	分	亿	千	百	十	万	千	百	十	元	角	分	借或贷	亿	千	百	十	万	千	百	十	元	角	分
12	9					承前页				3	8	7	9	7	6	5	8	5			4	5	3	6	5	4	1	3	0	借			7	3	3	8	1	0	9	5
	9	记	012	转支	2124#	收到货款						5	0	0	0	0	0	0												借			7	8	3	8	1	0	9	5
						······																																		
						······																																		
	30	记	095	转支	2191	支付材料款																1	2	6	4	4	2	0	0	借			9	1	4	8	2	7	9	5
	31					本月合计					5	8	9	1	4	5	8	4				1	9	7	0	5	8	5	1	借			9	1	4	8	2	7	9	5
	31					本年合计				4	4	2	8	8	4	5	6	2			6	5	2	2	9	3	6	8	8	借			9	1	4	8	2	7	9	5
						结转下年																																		

图5-3-6

其他货币资金-银行汇票　明细账　　2

月	日	种类	号数	摘要	总页	亿	千	百	十	万	千	百	十	元	角	分	亿	千	百	十	万	千	百	十	元	角	分	借或贷	亿	千	百	十	万	千	百	十	元	角	分
12	5	记	003	申请签发银行汇票						6	0	0	0	0	0	0												借					6	0	0	0	0	0	0
	8	记	010	支付货款																	5	8	0	0	0	0	借						2	0	0	0	0	0
	21	记	051	退回多余款项																		2	0	0	0	0	平							—	0			
	31			本月合计						6	0	0	0	0	0	0					6	0	0	0	0	0	平							—	0			
	31			本年合计					4	5	5	0	0	0	0	0				4	5	5	0	0	0	0	平							—	0			

图5-3-7

出纳报告单

年　月　日至　年　月　日

单位名称：　　　　　　　　　　　　　　　　　　　　　　　　　　　　　单位：元

项目	上期结余	本期收入	合计 （上期结存＋本期收入）	本期支出	本期结余
库存现金					
银行存款合计					
其中：建行中海分理处					
农行西城分理处					
其他货币资金合计					
其中：银行汇票					
银行本票					
外部存款					

会计主管：　　　记账：　　　出纳：　　　复核：　　　制单：

图5-3-8

📖 任务评价

一、任务测试

（一）单项选择题

1.下列不属于出纳报告编制要求的是（　　）。

A.出纳报告只要按月、年编制即可　　　　B.内容要真实

C.编制要及时　　　　D.计算要准确

2.出纳报告中签字盖章包括（　　）。

A.报告编制人——出纳签字

B.报告复核人签字

C.会计主管签字

D.以上都是

3.出纳报告中通常要列明（　　）。

A.库存现金的上期结余、本期收入、本期支出和本期结余

B.银行存款各明细的上期结余、本期收入、本期支出和本期结余

C.其他货币资金各明细的上期结余、本期收入、本期支出和本期结余

D.以上都对

（二）多项选择题

1.下列属于出纳报告编制要求的有（　　）。

A.编制要及时　　　　　　　　B.内容要真实

C.复核与签字盖章手续完备　　　　D.计算要准确

2.出纳报告的编制方法正确的有（　　）。

A.本期收入根据对应账簿的本期借方合计数填列

B.上期结余只能根据对应账簿的上期结余填列

C.本期支出根据对应账簿的本期贷方合计数填列

D.出纳报告编制的基本原理是期初余额+本期收入−本期支出=期末余额

3.出纳对于编制的出纳报告（　　）。

A.未经有关领导批准，不得随意泄露报告内容

B.数据必须计算准确无误

C.在接受工商、税务、审计等部门的检查时，出纳人员不得隐瞒、篡改报告内容

D.出纳报告可以对外公开

（三）判断题

编制出纳报告任务
测试参考答案
与解析

1.出纳报告属于对外报表。　　　　　　　　　　　　　　　　　　　　　　（　　）

2.在接受工商、税务、审计等部门的检查时，出纳人员也要经有关领导批准后才能提供报告内容。　　　　　　　　　　　　　　　　　　　　　　　　　　　（　　）

3.出纳报告无需每个月定期编制。　　　　　　　　　　　　　　　　　　　（　　）

二、综合自评

自评项目	自评内容	自评结果	
专业能力	规范地编制出纳报告	A□　B□　C□　D□	
素质提升	出纳报告编制中严谨细致、精益求精的工匠精神培养	A□　B□　C□　D□	A：85分及以上 B：75~85分 C：60~75分 D：60分以下
	出纳报告编制中诚实守信的职业品格培养	A□　B□　C□　D□	
	出纳报告编制中善于沟通协调协作的服务意识提升	A□　B□　C□　D□	
	出纳报告编制中严格遵守国家财经法规和企业财务管理制度的职业素养提升	A□　B□　C□　D□	
查缺补漏 （分条列出尚未掌握的知识点和技能点）			

任务四　归档与保管出纳资料

任务导入

2019年6月20日，开发区工业园某企业领导接到员工举报，出纳员形成的会计档案没有归档。领导询问，出纳员回答丢失了。公司董事会认为事情重大，遂责成公司审计和财务相关人员组成调查组对该单位出纳工作及会计档案管理进行检查，发现单位会计档案2018年至2019年现金日记账和银行存款账不知去向，并发现2015年至2018年现金日记账和银行存款账为后补。通过调查取证，认定该单位2015年以来出纳资料没有妥善保管并及时整理归档，存在重要会计资料丢失，构成违法行为，应追究责任人相关责任。

通过以上案例可知，对于不能妥善保管会计档案行为，是要追究法律责任的，构成犯罪的，还要依法追究刑事责任。此外，为了加强会计档案管理，堵塞财务管理漏洞，打击、预防经济犯罪，会计档案不能由财务部门保管，而必须由档案部门集中统一保管。

任务分析

出纳档案是会计档案的重要组成部分，是记录出纳的业务内容，明确相关经济责任的书面证明。一旦遗失或因保管不善而损坏，将给出纳人员本人和单位带来严重的影响。因此，出纳人员必须按规定对有关的会计资料进行妥善保管，定期进行分类整理、装订成册，并于每年年末编制出纳档案保管清册，统一归档。这对方便会计档案的查询，提高会计档案利用效率具有十分重要的意义。

本任务主要进行出纳资料整理装订及归档保管工作训练。

任务目标

1.知识目标
(1)理解出纳资料整理归档的重要意义。
(2)掌握出纳资料整理归档的范围、基本要求与方法。
(3)掌握出纳资料保管的基本要求。
2.能力目标
(1)能够遵循相关法规制度，规范地对出纳资料进行整理装订。
(2)能够按要求规范地编制出纳资料保管清册，将出纳资料交会计管理机构统一归档保管。

3.素质目标

(1)培养出纳资料归档与保管中严谨细致、精益求精的工匠精神,诚实守信的职业品格,对企业内外部善于沟通协调协作的服务意识。

(2)提升出纳资料归档与保管中严格遵守《会计档案管理办法》等国家财经法规和企业财务管理制度的职业素养。

🏛 工作情境

2020年12月31日,出纳员魏丽在完成了全年度的账务处理业务后,根据公司财务制度以及会计主管周亮的工作安排,需要对全年度所经手管理的各种凭证、账簿、报表及其他财务管理方面的重要凭证等出纳资料,进行分类整理、装订成册,并编制保管清册,以方便保管与日后查询使用。

🏛 知识准备

一、出纳资料整理归档范围

关于电子
会计档案

需要整理归档的出纳资料主要包括出纳进行货币资金收付与记账的各种凭证、账簿、报表,以及其他财务管理方面的重要凭证等出纳核算专业材料。这些出纳资料具体包括:

(1)出纳凭证,主要包括各项经费开支计划表、决算表、作为出纳收付款依据的经济合同、支票申请单、现金盘点报告单等需要单独保管以便查对的原始凭证。对于记账凭证,出纳过账后,随即传递给会计记账,在年终归档时应由会计进行整理装订并保管,所以,出纳只需要做好记账凭证在出纳业务处理阶段的保管工作即可。

(2)出纳账簿,主要包括库存现金日记账、银行存款日记账、有价证券明细账、辅助账簿及其他备查账簿等。

(3)出纳报表,出纳编制的财务报表主要是按月编制的出纳报告。

(4)其他资料,包括银行存款余额调节表、银行对账单、纳税申报表、会计档案移交清册、会计档案保管清册、会计档案销毁清册、会计档案鉴定意见书及其他具有保存价值的会计资料。

对于上述出纳资料,各单位应当整理归档,妥善保管。

在信息化、大数据时代,电子档案越来越普及。在会计档案资料中,通过计算机等电子设备形成、传输和存储的电子会计档案应按照《会计档案管理办法》修订内容要求进行妥善管理。

二、出纳资料的整理装订

1.出纳凭证的整理装订

由于出纳凭证繁多凌乱，容易遗失，所以要按照经济业务性质及单位要求进行分类排序。然后，根据凭证数量多少组卷（本），按照多则分、少则合的案卷组合方法，按日、旬、月组合成若干卷。最后，每卷分别装订成册，并添加封面封底，将填写完整（包括立档单位、凭证名称、起止时间、册数、页数、保管期限等信息，并由会计机构负责人、立卷人签名或盖章）的封面、封底，分别粘贴在每册前后。

2.出纳账簿的整理装订

在更换出纳账簿后，应对旧账簿进行整理装订（跨年度连续使用的固定资产等账簿，应在使用完的年度归档）。首先，对账簿页码编号，扉页、目录等项目信息应填写完整（对于活页账要抽出空白账页后再编页码）。然后，组卷，同一会计年度内的会计账簿按账簿种类组卷，一般一本账为一卷。最后，对活页账、卡片账按照封面、扉页、目录、账页、封底的顺序装订成册（订本账无需再装订）。

3.出纳报表的整理装订

对于出纳报告等出纳报表，应分类排序，添加封面封底，整理装订成册。

4.其他资料的整理装订

对于银行对账单、银行存款余额调节表等需要保管存放的重要单据等其他出纳资料，也应分类排序，添加封面封底，整理装订成册，归档保存。对于作废的支票、收据应与支票、收据存根一并整理装订，以确保票据号码的连续性。

三、出纳资料的保管

1.保管权限的要求

根据《会计档案管理办法》规定，单位的会计机构或会计人员所属机构（单位会计管理机构）按照归档范围和归档要求，负责定期将应当归档的会计资料整理立卷，编制会计档案保管清册。

学习《会计档案管理办法》

单位保存的会计档案一般不得对外借出。确因工作需要且根据国家有关规定必须借出的，应当严格按照规定办理相关手续。会计档案借用单位应当妥善保管和利用借入的会计档案，确保借入会计档案的安全完整，并在规定时间内归还。

单位因撤销、解散、破产或其他原因而终止的，在终止或办理注销登记手续之前形成的会计档案，按照国家档案管理的有关规定处置。单位分立后原单位存续的，其会计档案应当由分立后的存续方统一保管，其他方可以查阅、复制与其业务相关的会计档案。单位合并后原各单位解散或者一方存续其他方解散的，原各单位的会计档案应当由合并后的

单位统一保管。单位合并后原各单位仍存续的，其会计档案仍应当由原各单位保管。

2.保管期限的要求

出纳资料根据《会计档案管理办法》规定的会计档案的保管期限进行保管。会计档案保管期限分为永久、定期两类。定期保管期限一般分为10年和30年。会计档案的保管期限，从会计年度终了后的第一天算起。

3.出纳档案的销毁

根据《会计档案管理办法》规定，单位应当定期对已到保管期限的会计档案进行鉴定，并形成会计档案鉴定意见书。经鉴定，仍需继续保存的会计档案，应当重新划定保管期限；对保管期满，确无保存价值的会计档案，可以销毁。

会计档案鉴定工作应当由单位档案管理机构牵头，组织单位会计、审计、纪检监察等机构共同进行。参加人员至少应包括会计机构、审计机构、纪检监察人员，必要时还应法律部门参加。具体鉴定时，可先由档案部门会同会计部门通过逐卷、逐份档案阅读的方法，提出初步的鉴定结论。

经鉴定可以销毁的会计档案，应当按照以下程序销毁：

(1)单位档案管理机构编制会计档案销毁清册，列明拟销毁会计档案的名称、卷号、册数、起止年度、档案编号、应保管期限、已保管期限和销毁时间等内容。

(2)单位负责人、档案管理机构负责人、会计管理机构负责人、档案管理机构经办人、会计管理机构经办人在会计档案销毁清册上签署意见。

(3)单位档案管理机构负责组织会计档案销毁工作，并与会计管理机构共同派出人员监销。监销人在会计档案销毁前，应当按照会计档案销毁清册所列内容进行清点核对；在会计档案销毁后，应当在会计档案销毁清册上签名或盖章。

电子会计档案的销毁还应当符合国家有关电子档案的规定，并由单位档案管理机构、会计管理机构和信息系统管理机构共同派员监销。

保管期满但未结清的债权债务会计凭证和涉及其他未了事项的会计凭证不得销毁，纸质会计档案应当单独抽出立卷，电子会计档案单独转存，保管到未了事项完结时为止。单独抽出立卷或转存的会计档案，应当在会计档案鉴定意见书、会计档案销毁清册和会计档案保管清册中列明。

单位因撤销、解散、破产或其他原因而终止的，在终止或办理注销登记手续之前形成的会计档案，按照国家档案管理的有关规定处置。

业务处理

【业务】根据公司财务制度以及会计主管周亮的工作安排，2021年1月12日，出纳员魏丽对所经管全年度的各种凭证、账簿、报表及其他的重要凭证等出纳资料，进行分类整理、装订成册，并编制保管清册。

业务办理过程如下：

1.准备用品

准备的主要用品包括：剪刀、账夹、穿账线绳、装订机、胶水等，以及出纳凭证牛皮纸封面封底、出纳账簿封面封底、出纳报表封面封底若干张。

2.整理装订

(1)整理装订出纳凭证。首先，根据经济业务的性质和本单位财务管理的要求对凭证进行筛选分类排序。然后，对各类凭证分别进行组卷，如现金盘点报告单可一月一卷。一般每卷1.5至2.5厘米为宜。最后，每卷分别装订成册，并填写出纳凭证封面，如12月份现金盘点报告单装订封面见表5-4-1，将封面封底粘贴于每册前后，由会计机构负责人、立卷人签名或盖章。

表5-4-1

单位名称	山东利康食品有限公司
资料名称	库存现金盘点报告单　凭证
会计年度	2020 年度
起止时间	2020 年 12 月 01 日至 2020 年 12 月 31 日
资料册数	本月份本资料共　1　册，本册是第　1　册 本年度本资料共　12　册，本册是第　12　册
卷内张数	本册资料共　23　页，自第　页至　页
保管期限	30 年
会计机构负责人：	立卷人：

(2)整理装订出纳账簿。首先，对库存现金日记账、银行存款日记账、其他货币资金——银行汇票明细账户等需要更换的账簿，补充编写页码、目录及扉页信息。然后，按会计账簿种类组卷，一本账为一卷。最后，填写活页账、卡片账的账簿封面，如其他货币资金——银行汇票明细账的账簿封面见表5-4-2，再按照封面、扉页、目录、账页、封底的顺序，将各册账簿分别用穿账线绳装订成册，会计机构负责人、立卷人签名或盖章。

表5-4-2

单位名称	山东利康食品有限公司
资料名称	其他货币资金－银行汇票　账簿
会计年度	2020 年度
起止时间	2020 年 01 月 01 日至 2020 年 12 月 31 日
资料册数	本月份本资料共　1　册，本册是第　1　册 本年度本资料共　1　册，本册是第　1　册
卷内张数	本册资料共　10　页，自第　1　页至 10　页
保管期限	30 年
会计机构负责人：	立卷人：

(3)整理装订出纳报表。首先将出纳报告等出纳报表分类排序。然后，分类组卷，如全年度出纳报告可组成一卷。最后，每卷分别装订成册，并填写装订封面，如出纳报告装订封面见表5-4-3，将封面封底粘贴于每册前后，由会计机构负责人、立卷人签名或盖章。

表5-4-3

单位名称	山东利康食品有限公司
资料名称	出纳报告 报表
会计年度	2020 年度
起止时间	2020 年 01 月 01 日至 2020 年 12 月 31 日
资料册数	本月份本资料共 1 册，本册是第 1 册 本年度本资料共 1 册，本册是第 1 册
卷内张数	本册资料共 12 页，自第 页至 页
保管期限	10 年
会计机构负责人： 周亮	立卷人： 魏丽

(4)整理装订其他出纳资料。将平时保管的银行对账单、银行存款余额调节表等需要单独存放保管的重要单据，进行分类排序；作废的支票、收据要与支票、收据存根一并按序号排序。然后，按资料类别分别组卷，如全年度银行存款余额调节表可以组成一卷。最后，每卷分别装订成册，并填写装订封面，如银行存款余额调节表装订封面见表5-4-4，将封面封底粘贴于每册前后，由会计机构负责人、立卷人签名或盖章。

表5-4-4

单位名称	山东利康食品有限公司
资料名称	银行存款余额调节表 资料
会计年度	2020 年度
起止时间	2020 年 01 月 01 日至 2020 年 12 月 31 日
资料册数	本月份本资料共 1 册，本册是第 1 册 本年度本资料共 1 册，本册是第 1 册
卷内张数	本册资料共 12 页，自第 页至 页
保管期限	10 年
会计机构负责人： 周亮	立卷人： 魏丽

3.编制并装订保管清册

会计档案保管清册中应明确会计档案的类别、日期、档案名称、起止时间，以及保管期限、归档日期等信息，以便于查阅使用。会计档案保管清册可按照出纳凭证、出纳账簿、出纳报表、其他资料四类分别编制，其基本格式见表5-4-5。

表5-4-5

类别：出纳账簿						第 2 页共 4 页			
序号	档案题名	起止时间	页数	卷号	柜号	保管期限	归档日期	移交日期	销毁日期	备注
1	山东利康食品有限公司2020年库存现金日记账	2020.01.01-2020.12.31	100	9	11	30	2021.01.12			
2	山东利康食品有限公司2020年银行存款日记账	2020.01.01-2020.12.31	100	9	11	30	2021.01.12			
3	山东利康食品有限公司2020年其他货币资金－银行汇票账簿	2020.01.01-2020.12.31	10	9	11	30	2021.01.12			
4	山东利康食品有限公司2020年其他货币资金－外埠存款账簿	2020.01.01-2020.12.31	4	9	11	30	2021.01.12			

　　上述会计档案保管清册按出纳凭证、出纳账簿、出纳报表、其他资料分别编制完成后，编定页数，添加封面、扉页、封底，装订成册，加盖企业公章、法人章及会计主管个人名章，永久保存。会计档案保管清册封面见表5-4-6，扉页见表5-4-7。

表5-4-6

表5-4-7

立档单位	山东利康食品有限公司		单位负责人印章	
档案名称	会计档案保管清册			
档案页数	共 658 页，自第　　页起至　　页止			
启用日期	2021 年 01 月 12 日		会计主管人员签章：	
经管人员姓名	经管时期		移交人签章	移交日期
李晓娜	自 2021 年 01 月 12 日 至　　年　　月　　日			年　　月　　日
	自　　年　　月　　日 至　　年　　月　　日			年　　月　　日
	自　　年　　月　　日 至　　年　　月　　日			年　　月　　日

🪙 提升训练

1.关于会计档案案卷的排列及编号管理

(1)案卷排列

方法一，按照类别–年度排列。案卷按凭证、账簿、财务报告、其他四类分开，再按时间顺序排列。这种排列方法适用于一般单位，应优先推荐。

方法二，按照年度–类别排列。即先将不同年度的会计档案分开，同一年度的会计档案按凭证–账簿–财务报告其他顺序排列。由于凭证、账簿、报表外形尺寸不同，这种排列方法易造成柜架浪费。补救的方法是全部使用同一规格的卷盒，一盒中可装若干凭证、账簿、报表，但应注意盒脊上填写若干个案卷号。

方法三，会计资料种类较少，档案数量较多的单位，可采用先按保管期限，再按年度，然后按形式（名称）的方法排列。

方法四，财政部门的会计档案，先按保管期限，再按年度，然后按组织机构，最后按形式（名称）排列。会计资料种类较多的银行、税务机关等单位，可采用先按保管期限，再按年度，然后按会计资料种类，最后按形式（名称）的方法排列。

会计档案排列方法很多，各有利弊，各单位应选择适合本单位的排列方法，要注意方便适用，选定后不要随意变动。

(2)编案卷号

方法一，编大流水号。一般单位应编大流水号。凭证、账簿、财务报表分别编各年度累计的大流水号。如2019年有12本凭证编1–12号；2020年从13号开始编号。

方法二，编小流水号。会计档案特别多的单位，可编小流水号。同一年度同一类型的会计档案案卷都从1开始编卷号。如2019年有12本凭证，编1–12号，2020年又从1号开始编号。

2.关于会计档案的编目与上架管理

(1)确定保管期限

按财政部、国家档案局制发的《会计档案管理办法》的规定，明确会计档案的保管期限。

(2)拟写案卷题名

会计档案应逐卷填写案卷题名。案卷题名由会计核算单位、会计年度、会计核算材料的名称三部分组成。如：国家档案局2020年总账；国家档案局2020年度财务报告。

(3)编制目录

会计档案应编制会计档案保管清册。

首先，填写保管清册目录表，见表5-4-5。

其次，装订保管清册。

会计档案保管清册应依次编定页数，添加封面、扉页、封底，装订成册，加盖公章，永久保存。扉页应为"会计档案经管人员一览表"，以便明确责任。会计档案保管清册一般用牛皮纸封面装订，装订的工具一般用线绳。

任务评价

一、任务测试

（一）单项选择题

1.出纳登记的日记账和明细账保管期限是（　　）。

A.永久　　　　　　B.10年　　　　　　C.30年　　　　　　D.5年

2.银行存款余额调节表、银行对账单的保管期限是（　　）。

A.永久　　　　　　B.10年　　　　　　C.30年　　　　　　D.5年

3.下列关于出纳资料移交说法最为正确的是（　　）。

A.移交会计档案的单位，应当编制会计档案移交清册

B.交接会计档案时，要由交接双方的单位有关负责人负责监督

C.电子会计档案应当与其元数据一并移交，特殊格式的电子会计档案应当与其读取平台一并移交

D.以上都对

（二）多项选择题

1.需要整理归档的出纳资料主要有（　　）。

A.出纳凭证　　　　　　　　　　B.出纳账簿

C.出纳报表　　　　　　　　　　D.银行存款余额调节表等其他资料

2.根据现行的《会计档案管理办法》规定，会计档案的保管期限分为（　　）。

A.5年　　　　　　　　B.永久　　　　　　　　C.10年　　　　　　　　D.30年

3.关于会计档案资料移交的要求正确的有（　　）。

A.当年形成的会计档案，在会计年度终了后，可由单位会计管理机构临时保管一年，再移交单位档案管理机构保管

B.因工作需要确需推迟移交的，应当经单位档案管理机构同意。单位会计管理机构临时保管会计档案最长不超过三年

C.单位会计管理机构在办理会计档案移交时，应当编制会计档案移交清册，并按照国家档案管理的有关规定办理移交手续

D.在临时保管期间，出纳档案资料可由出纳兼管

参考答案

归档与保管出纳
资料任务测试
参考答案与解析

（三）判断题

1.单位内部形成的属于归档范围的电子会计资料满足规定条件可仅以电子形式保存，形成电子会计档案。　　　　　　　　　　　　　　　　　　　　（　　）

2.单位保存的会计档案一般不得对外借出，确因工作需要且根据国家有关规定必须借出的，应当严格按照规定办理相关手续。　　　　　　　　　　　　　（　　）

3.会计档案保管清册的保管期限是30年。　　　　　　　　　　　　　（　　）

二、综合自评

自评项目	自评内容	自评结果	
专业能力	遵循相关法规制度，规范地对出纳资料进行整理装订	A□　B□　C□　D□	
	按要求规范地编制出纳资料保管清册，将出纳资料交会计管理机构统一归档保管	A□　B□　C□　D□	A：85分及以上 B：75~85分 C：60~75分 D：60分以下
素质提升	出纳资料归档与保管中严谨细致、精益求精的工匠精神培养	A□　B□　C□　D□	
	出纳资料归档与保管中诚实守信的职业品格培养	A□　B□　C□　D□	
	出纳资料归档与保管中对企业内外部善于沟通协调协作的服务意识提升	A□　B□　C□　D□	
	出纳资料归档与报关中严格遵守国家财经法规和企业财务管理制度的职业素养提升	A□　B□　C□　D□	
查缺补漏（分条列出尚未掌握的知识点和技能点）